U0647730

■ 浙江省哲学社会科学规划后期资助课题"网络社会的身体部署：探究数字青年的网络具身行动"（20HQZZ25）成果

浙江省哲学社会科学规划
后期资助课题成果文库

网络社会的
身体部署

探究数字青年的网络具身行动

王 喆 著

ZHEJIANG UNIVERSITY PRESS
浙江大学出版社

图书在版编目（CIP）数据

网络社会的身体部署：探究数字青年的网络具身行动 / 王喆著. —杭州：浙江大学出版社，2021.6
ISBN 978-7-308-21483-4

Ⅰ. ①网… Ⅱ. ①王… Ⅲ. ①互联网络—传播媒介—研究 Ⅳ. ①G206.2

中国版本图书馆 CIP 数据核字（2021）第 115460 号

网络社会的身体部署：探究数字青年的网络具身行动

王　喆　著

责任编辑	陈静毅
责任校对	汪淑芳　汪　潇
封面设计	周　灵
出版发行	浙江大学出版社
	（杭州市天目山路 148 号　邮政编码 310007）
	（网址：http://www.zjupress.com）
排　　版	杭州好友排版工作室
印　　刷	广东虎彩云印刷有限公司绍兴分公司
开　　本	710mm×1000mm　1/16
印　　张	15.5
字　　数	222 千
版 印 次	2021 年 6 月第 1 版　2021 年 6 月第 1 次印刷
书　　号	ISBN 978-7-308-21483-4
定　　价	62.00 元

版权所有　翻印必究　印装差错　负责调换

浙江大学出版社市场运营中心联系方式：（0571）88925591；http://zjdxcbs.tmall.com

前　言

在网络社会中,网络作为基础设施将人与人联结在一起,而身体作为人的物质基础,可与网络相连,形成人与技术的联结。生活在网络社会的"母体"之中,人会体验何种变化?新媒体研究中较为主流的观点,倾向于认为计算机技术的去身体化以及远程监控造成对"肉身"的直接取代,而网络行动中的鼠标点击、点赞或实时分享被认为无法与线下集体行动相提并论,集体行动中的"实体团结"极为重视个体和群体在时空上的接近性。但在近年的网络行动中开始出现新的"行动剧目",新的行动主体"数字青年"也随之走到了聚光灯下。

网络行动的现实观察和理论困境之间充满张力,本书立足"具身性"的相关概念群,来观察技术、身体和行动之间的关系,尝试通过文献梳理来论证"数字青年"和"网络具身行动"这两个概念的适用性,以帮助本书进行聚焦,并在此基础上提出了技术入身、"共做"实践和身体交错三层分析框架。在网络社会中,数字青年的身体本身在网络行动中起到了非常重要的作用,而在网络行动中所体会到的行动意义和对他人的感知,也是通过身体的经验和相对应的网络行动方式而形成的。本书以"身体速写"的研究方法搜集资料,包括"站姐"、玩家和短视频内容创作者的日常实践,以及"杨超越杯编程大赛"这一网络行动中参与者的经验感受,借此考察数字青年如何感知、观察、重组、运行自己的网络化身体,并经由和他人一起行动而重新将自己的主体性与他人的主体性进行联结,继而生成探索技术、自我和他人之意义的动态过程。在网络社会中,数字青年的存在很难简单还原到"肉身"或"技术"任何一端,而是持续处于"显身/隐身""控制/创造""锚定/延异"之间的二元调校状态。本书认为,"具身性"的进路将反思如何"做"传播学研究,提供不同于单从技术角度或行为角度出发的实践空间。

可提前说明的是,在理解数字青年的网络具身行动的问题上,本书有以下几个核心立场与观点:

其一,虽然计算机中介传播造成"虚拟化身"和"去身体化"的可能困境,但是要讨论行动主体,仍然不可能抛开身体来进行探讨。确实,技术的实质之中存在抽象化(abstraction)、普遍性(universalism)以及标准化(standardlization)带来的偏颇。"技术"本身会制定一套既定流程让所有人都能使用,这套流程是经过通则化的(generalized),而且不论具体的情境如何,在操作方面皆能有效地进行。不过,当技术中介性地运用于实践之中时,这些实践是由"此在身体"(here-body)决定的,且随着"此在身体"而有所不同,它会在日常生活实践之中维系行动或再建构传播实践。

其二,网络技术带来的影响并非单维度的身体增强或身体化约,这两者在具体语境中拉锯,日常技术实践的经验也就有了其结构性的"偏向"。数字青年在网络行动中有时显身,有时隐身,同时也有人显身,有人隐身,这使得行动者成为一个流动的、关联的、闪烁的群聚。而若要透视这多元的行动主体,则需要重返田野实践,通过实际的观察和访谈才能看到他们网络具身行动之中的多样性。

其三,从个体层面到群体层面,网络行动的实现需要身体交错作为基础。在网络社会中,数字青年借由照顾他们自己的身体和别人的身体,能够超脱他们单纯的有机体存在。身体并非与有意义的社会行动议题或生而为人的议题无关,反之,正是身体本身为人们提供手段去超越纯粹生物性存在的限制。正是通过生活于其中、与之共存、全心观照以及细心照料一个人的身体和他人的身体，人们才得以成为拥有各式能力和潜力的具身存在。

其四，根据以上三点，重返"身体"不仅仅是本体论和认识论上的改变，还有针对网络行动的方法论上的调整。如果要融合性地兼顾主体与技术、在线与线下、个体与集体、自我与他人，需要有效地改进传统的社会科学研究方法。主体的身体若不仅仅被视为"受访者"，则是可以牵扯出一片"田野"的，而具身性如何纳入方法，也将是本研究在方法上的贡献，让研究方法更恰到好处地为研究问题服务。

本书共有六章。第一章是问题意识的缘起和描述；第二章梳理数字青年的网络具身行动中关于技术、身体与行动方面的文献，介绍既往研究中对于数字原住民和数字青年的概括与描述，对身体的偏差理解，以及集体行动研究中的问题；第三章梳理知觉现象学和社会结构主义中与"身体"相关的重要论述，并将其放置在数字青年的实践语境中进行讨论，形成后续研究的分析框架以及可能的研究方法；第四章和第五章利用第三章细化的概念框架实际分析与诠释数字青年的网络具身行动，以具体案例中的身体速写、访谈和行动观察等为基础的经验材料；第六章探讨在实际研究中所衍生出的新议题。综合而言，本书主要进行网络具身行动的理论建构，资料搜集的目的在于为理论建构提供支撑证明，而非纯然的实证资料研究。正如后现象学对于人类经验和实践的重视，将哲学分析和经验探索结合起来，是从技术实践中"发展"出来的哲学思考，是真正地将技术身体视为起点。本书希望把理论和实证研究相结合，着重考虑从理论上层如何往下走，做中层的传播研究。

王　喆

2020 年 10 月 1 日

目　录

第一章　身体部署

在一个绝对静态的社会里,是不会有问题产生的。问题由变化而生,但变化不是孤立的。

——沃尔特·李普曼(Walter Lippmann),1925

第一节　机械的人?

媒介是让个人与自身、与他人,以及与环境的关系生成秩序的装置(Peters,2015)[5]。身处一个网络技术(www、App、Wi-Fi、5G、热点……)作为基本需求和设施的年代,我们无法不活在一个经由互联网构建、联结的世界之中。虽然互联网的诞生源于大科学(big science)、军事计划(military research)以及自由主义文化(libertarian culture)的整合共创(卡斯特,2001),但相信极少有人会将其视为纯粹的、物质的科技物,毕竟它与日常生活之间有着天衣无缝的嵌入关系:它不仅仅是商业活动、文化讨论和公共意见发生的场域,更是具有让人们赖以生存或引导记忆的力量。某个社会若要被称为"网络社会"(networked society),必有两个基本特征:第一是有成熟的网络通信科技以及信息管理/流通科技来构成基础建设(infrastructure);第二是网络社会有再生产和体制化的特色,遍及不同社会

1

网络之内或之间，作为建构人类组织及社会关系的基本形式（巴尔尼，2012)[30-31]。在这样的"网络社会"中，网络将全球的人与资源联系在一起，人们拥有的是一种"技术化的生活形式"（technological forms of life, Lash, 2002），需要通过各式各样的技术互动接口来让日常生活的运作变得可能，但身体作为人的基础设施和物质基础，可与网络联结。这意味着什么呢？巴尔尼（2012)[3]认为网络社会这项命题所引发的含义，用"母体"(matrix)这个比喻尤为合适，他将网络视为子宫，从中孕育出具有新的可能性的社会形态。那生活在这一网络"母体"之中，人又会体验何种变化？在我看来，变化会直接体现在"身体"上。

一、症候式解读

我在所任职的大学授课时，带学生玩过一个由 Frederik Berg、Rebecka Eriksson 与 Tobias Wrigstad 设计的游戏《# Flesh》。在这个游戏中，我因地制宜地进行了些许改良，参与者需要用便利贴来标识出自己最重要的身体部位，以及说明它所代表的个性和价值。如图 1-1 所示，在课堂进行游戏的过程中，有一位男同学向全班同学进行了分享，他说："我给我的手机也贴上了便利贴，因为我觉得它就是我身体很重要的一部分。我不大爱说话，但是我可以在网络上和人轻松地交谈，我在现实生活中不能哭，但表情包可以代我哭。"听闻此言，其他同学无不会心大笑。

而也是在这间教室里，教室前面的墙上挂着一个"手机袋"，校方希望学生能在上课前将手机放入此袋中，通过上交手机来使学生的身心固定在教室之中，让他们专心致志地认真听讲，"低头族"能因此变成"抬头族"。而这对学生而言，无异于被迫将自己身体的一部分截掉抛开。"拿着手机可能还能稍微听听课，手机被拿掉心情会很焦虑，想七想八完全不知道自己神游到哪里去了。"一个学生跟我谈起这一"无手机课堂"的举措，言语中充满了无奈。

图 1-1　一位男同学分享手机对于他的意义

　　由此可见，日新月异的并非仅仅是技术的变迁，从这些年轻人的"身体"症候来看，传播沟通中的个体无疑也已经发生了变化。若从现象问题出发，这些有所变化的个体组织或参与公众事件、集体行动时，会有何种新的现象？对于这些新现象中的个体和群体，何种认识论和方法论会是恰当的且能给人启发的呢？

　　作为一名大学教师，我接触最多的便是这群所谓"沉溺网络"的"数字青年"(digital youth)①。他们积极地接触最新的互联网科技产品，同时也沉浸于互联网文化之中，技术物成为他们赖以感知、认识自身环境的基础。近年来，我时常见到他们在课堂上进行直播，也"反哺式"地向我热情推荐有趣的手机 App；一些在班级中很孤僻的学生，竟是在网络上拥有数十万名粉丝的网红。与此同时，网络中由青年人主导及参与的网络行动也让我屡屡生出意料之外却又情理之中的感叹，而一些参与这些网络行动的"非青年"也会觉得温习了年轻的感觉，并将一些网络行动的技巧带入工作生活的其他领域。因而，"数字青年"不单单是对某一特定年龄阶段的人群进行描述的概念，更是体验了某一特定社会经历后对自己的感受和体认所形成的自我界定："数字青年"并非一个边界清晰的特指，它概括了当下大多数的青年群体，也捕捉到了那些网络行动参与者的行动感受。近年来，多次出现的"帝吧出征"②类网络行动便是一个既标注当下社会境况又昭示未来趋势的典型事件，它让我看到网络社会的青年们如何行动，网络行动参与者如何抒发感受，以及网络行动如何从娱乐性的日常生活中形成。

行动主体虽然难以捉摸、极具流动性，但"出征"成为网络民族主义行动的固定剧目③。"帝吧出征"使用的"爆吧"行动源于百度贴吧中的娱乐社群之间的相互斗争，"爆吧"能让"敌人"在瞬间失去战斗力，这种网络行动帮助一个群体开创出一个能够发现并表达某种另类身份的认同空间，而参与者

---

① 我在本研究中摒弃"数字原住民"(digital natives)这一指称，是考虑到该概念中所隐含的生理世代统一化、技术决定论以及造成代际对立的意涵，而"数字青年"并非一个有清晰年龄边界的概念，更倾向于指向生成中的"技术性-社会性"，此概念的脉络和内涵将在第二章进行详细解释。

② 在《国际新闻界》2016 年 11 月的特刊中，针对"帝吧出征"，学者们从行动者逻辑、使用的符号/图像、情感动员和组织方式等各方面进行了比较深入的探讨。我的小文《"今晚我们都是帝吧人"：作为情感化游戏的网络民族主义》也位列其中，其中针对蔡英文脸书(Facebook)主页的访客留言足迹做了较为详细的诠释，可作为参考资料。

③ "集体行动剧目"(repertoire of collective action)是指特定地区的人们在特定时期能够采取的集体行动手法的集合。Tilly(1979)通过这个概念想表明，特定人群的集体行动的"标准形式是习得的，在数量和范围上是有限的，是变化缓慢的，是适应他们所处的特定环境的"。因而，剧目既是一种社会结构(反映特定时期和地区的资源分配状况)，也是一种文化(反映特定时期和地区的价值认同、认知方式和水平以及情感取向)。

"国家面前无爱豆(idol,偶像)""像爱护爱豆一样爱国"的表述非常引人注目。这些话语将娱乐和政治同构地并置在一起,从中可以看到网络的出现打破了大众媒体所营造的树茎状空间感,将信息获取、娱乐、游戏、消费、社会交往等曾经各司其职的社会功能都整合到了一个平台上。

"出征"只是近年来网络集体行动的一种,但在其他能见度和集体性相对较小的行动中也可以看到青年一代成了行动的主体。"××观光团到此一游""帮助××上头条""换头像/换 ID""吃瓜群众前排围观"①等行为,也是数字青年在以自身行动参与网络议题,从而表达自我观点和情感。这些网络行动的模式也来自数字青年们的网络日常生活,技术直接介入网络行动发酵和升级的过程之中,头像/ID 是他们"身体"的一部分,而参与者的"显身"展演极具爆发性和嬉戏性,同时又可瞬间"隐身"或被"隐身",使得行动消散得也尤为迅速。从这些现象之中,可以看出一些与既往网络集体性行动相异的现象。杨国斌(2013)[34-35]在梳理中国网民的网络行动的一篇文章中,认为中国网络行动具有普遍性、议题多样性、有组织基础、目标温和以及采取非扰乱式手段这些特征。比如,网络行动的某些个案具有组织性,是以合法独立的组织为基础的持续性运动,但其他一些个案则是对线下社会不公的自发响应,或者纯粹由个人发起,大量网民同时参与,但彼此之间缺乏协作。这些行动模式透露出当时的行动个体和社会背景的时代特征。各式技术被熟练地运用起来,这样的网络行动不一定有特定的组织,也不一定有统一的行动议程,参与者往往是在行动过程中生成新的自我意识("身体")和集体意识("身份")。这是一种新的身体部署和身份政治,突发的网络行动恐怕最终还是要回到事件背后去考察青年参与者日常的身体经验、情感结构,其中便包括技术具身的体验。

---

① 陆斗细(2018)认为"围观式政治参与"是公民利用网络及相关技术进行虚拟聚集,以话语为主要行为方式,围绕一定的议题展开虚拟集体行动。除了话语之外,刷屏评论、将头像/ID 换成与议题相关的图像或口号,都是类似的网络行动。但陆斗细认为围观式参与行为与现实政治参与行为的区别主要在于前者以"话语"为载体,后者以"身体"为载体。

二、新现象带来的挑战

这些新的现象挑战了传统理论和文献所拘泥于的几个不证自明的前提,比如将行动主体的日常身体视为惰性身体,他们的行动也随之被视为"懒人行动主义"(slacktivism);娱乐性的群体行动和政治性的集体行动之间被划出了一条难以跨越的鸿沟。

首先,使用数字技术的身体往往易被批判为具有惰性的身体。比如,在维利里奥(2004)看来,传播的革命造成了接收者及发送者的一种行为惰性,受着惰性控制的互动双方,将自己的运动和位移能力转交给了机器,自愿地限制着他身体的动作和冲动,由可动的人,变为自动的人,并最终变为机械的人,成为机器所奴役的一个存在物。随着数字媒体进一步发展,类似的笃定认知也未曾退场。韩炳哲(2019)在他的随笔式论文中做出了这样的判断:网络的数字居民因为缺乏内向性而不聚集,没有灵魂,亦无思想。这些人是独自坐在计算机屏幕前的、与世隔绝的、分散的"隐蔽青年"。此外,他还借用 Flusser 的预测来作为佐证:新的人类将动指而不动手,不再有任何事情需要他们动手和加工,因为他们所处理的不是物质的东西,而只剩非物质的信息,他们将只想游戏和享受。这些人不是劳动人,而是游戏人。显而易见,在这些媒介哲学家看来,游戏人与劳动人相比,是轻浮的、萎缩的、闪烁的,过着一种"非物质生活"。

这样的"批判话语"其实在每种"新"媒介兴起时都会出现,特别是那些起到沟通"中介"作用的媒介,直到这种"新"媒介成为带有"灵光"的"旧"媒介——在更新的媒介的冲击下,人们会开始缅怀这些曾经的新媒介的纯粹。比如,小说家卡夫卡认为书信带来了一种可怕的灵魂错乱。在给其挚友米莲娜的一封信中,他写道:"怎么会有人认为,人们可以通过书信彼此交流!人们可以思念一个远方的人,可以触碰一个近处的人,除此以外的一切都超出了人类的能力。"(卡夫卡,2014)这说明,虽然卡夫卡也写信,但他仍觉得书信是与无肉身的幽灵的交流,写在纸上的亲吻不会到达它的目的地,它会在半路上被幽灵捕获,被它们攫取,因而需要"尽可能地排除人与人之间的幽灵作祟",并且实现"自然的交流"和"灵魂的安宁"。

如果仅仅停留在这些带有预设的批判之上,社会科学研究恐怕是无法进行下去的。这些批判所带来的一种结果是直接无视或忽视身体,将主体视为虚拟个体,将社群视为虚拟存在,并对其进行道德上的否定;另一种结果则恐怕是带着对身体的焦虑而执着于返回到"纯粹的""自然的"肉体,而贬低或拒斥媒介的中介化作用。这样先验性的批判会阻碍我们切入当下正在发生的活生生的现实。

其次,使用数字技术的青年往往容易单纯地以出生年龄作为界定的唯一标准,或者强调数字技术对青年的绝对影响,用"上瘾"的隐喻剥夺主体的能动性。比如,有时学术研究和商业报告把出生在某一年份后的青少年归为一类,如"90后""00后""千禧一代",刻板化地强调其与前代不同的世界观和沟通行为;有时又会强调其网络媒体使用的沉迷状态,如"拇指姑娘"(Serres,2015)、"网络世代"、"App一代"(Gardner & Davis,2013)等。国外针对数字原住民的主流研究往往从教育和引导青少年的目的出发,或将个体视为拥有单一特征(如创造者、剽窃者、攻击者等),或将整体以数字落差划分,探讨个体对于身份和隐私的忧虑,较少从动态的个体/集体的社会行动切入。此外,在商业经济的讨论中,这一代往往被视为未来消费主力("年轻用户"),讨论他们的数字生活中所体现出来的消费兴趣和经济投入,并在此洞察的基础上如何为商业发展"带来好生意"。比如企鹅智库数据中心在2017年8月发布的《"95后"报告:未来消费主力的今日喜好》和后来的若干白皮书,都是将这一代人视为消费主力(企鹅智库数据中心,2017)。这些关于数字青年的界定,显示出研究者往往是出于教育或商业的目的对其进行了解,较少将之视为有能动性的行动者,忽略了从"技术化生活"到"自我技术"中所蕴含的丰富的主体可能性。

主体可能性在中国当下的语境中有其独特的价值,因而大多数研究往往会不证自明地划分集体和个体、在线和线下、娱乐和政治,使得这些二元对立预设愈加难以撼动。这些二元对立不仅在中国语境中存在,国外的研究也往往会强调数字原住民网络生活中令人悲观的对立生态,比如在Banaji(2011)[34]针对欧盟国家数字原住民政治参与的大型研究中,确实发现一半的受访者表示他们对娱乐(音乐、电影、八卦和购物)网站更感兴趣,而对明显的公民网站没有多大兴趣,对于竞选政治则不感兴趣。与此同时,只有10%～20%的受访者表示出对环境议题、新社会运动和精神道德相关网站的兴趣。

就中国网络社会的实际情况而言,这种二元对立的划分显得悖论重重:一方面政府严格监管网络舆情,另一方面也希望能通过互联网企业发展新经济,而用户活跃度是这类经济的基础。这一状况使得普通用户之间通过网络能实现较好的内部整合,但在纵向整合——也就是民众与权力结构之间的整合中却相对较差。而在尚未出现互联网的时候,研究者就已经发现,纵向整合越差,越容易导致民怨累积;横向整合越好,则越有利于运动组织招纳民众加入集体行动(Oberschall,1973)。

确实,在中国经常发生的是一些组织性很差、持续时间很短的"网络事件",但"社会运动"的集体行动则并不多见,甚至不被官方认可,亟待"维稳"(冯仕政,2013)[326]。这反而使得数字青年"行动"的暧昧意义在当下远比教育和商业更引人深思,更成为一个"真正的"问题。同时,关于数字青年的研究也应将其身处的社会性纳入考虑,这也就是说,研究者不应只看到"数字"或"青年",而应将网络科技的青年使用者视为技术性-社会性的世代(techno-social generation, Hart-Brinson et al., 2016)。这一概念基于Mannheim(1952)的"世代理论",认为不同的人群以不一样的方式体验着技术化生活,经历了同一变革时间点的人群会共享体验。在此,这样的视角意味着必须特别重视作为世代区隔标志的网络和实践,亦即年轻世代如何主动地选择是否及如何使用新媒介技术,这一整个长期参与的社会过程[用Manheim 的术语来说,是"动态失衡"(dynamic destabilization)]形塑了一代人。

三、研究问题的提出

综上所述,针对近年来网络行动种种有别于以往的现象症候,我希望由这一系列疑问作为探索的开端:若将数字青年的身体视为"技术性-社会性"的,从这个角度出发,是否能更好地理解他们网络行动模式之中所呈现出的新特征? 从近年的网络行动案例中,我们或可以看出主体们正在寻找瞬时的集体,获取实时性满足。他们若有"组织",这些组织也一度隐身于次文化领域(比如"粉丝团""游戏圈""贴吧小组"等),在传统网络行动模式和话语讨论之外找到了自己的处世之道,积极地采用流行的网络技术和网络文化以创造智慧行动的环境。在此之中,行动模式和行动主体之间产生了极大的悖论:为什么行动模式存在一致性和延续性,而行动主体则具有不稳定性和反思性? 这种网络行动究竟会对参与者和网络公共论域产生什么影响? 这是我在 2016 年的论文中初步探讨"帝吧出征"案例后仍然非常好奇的经验性疑问,也是这本书研究的发端。可以确定的是,主体身体经验的变化,使得一些不同于传统社会中的集体行动形式开始涌现,甚至"打破"了原有的二元固态界线。这些数字青年的实践让我们看到网络行动如何重组日常身体经验,继而将参与者引入新的情境当中,同时这些行动又挑战了现代性中一度"不言自明"的二元对立关系(如集体/个人、科技/人文、娱乐/政治),将这些对立的关系重新联系了起来,形成多股挑战的力量。这些挑战也恐怕会指出之前传播受众研究和网络行动研究中的一些未尽之处,让我们进一步探及传播学研究中人与技术、人与他人的沟通问题。

若将现象放置于理论脉络中,则需要重新回到身体——兼具物质性和社会性的身体。本书聚焦数字青年,并探讨他们的网络行动,是希望在此群体被再次"解体"（disembodiment）成"虚拟/真实""娱乐/政治""情感/理性"等强势的二分概念之前，去考察在网络行动的讨论中一度被磨灭的经验身体。对于关系性主体生成中的数字青年而言，网络行动是一个成长事件、一个重构自身的契机，其中涉及与科技交融、与他人沟通、将私人倾向挪用至公共的讨论。

当然，回到身体并非意味着简化身体，而是将身体视为讨论的基础，以看到身体所承担的多重力量与交缠的维度。在第二章的文献综述中，我将从技术现象学出发去讨论身体的物质性和技术性，这一章将会是比较细致的铺陈。但在这之前（及之后），我想让大家看到身体这个聚合体所拉扯出的更为广阔的图景，我称之为网络社会的"身体部署"。

"部署"（dispositive）一词最初指的是军事部署，Foucault（1977）率先借这一术语来比喻体制型构力量对主体所构成的影响，在最初的这一用法中体制的"规训机制"和"生产机制"占据了较大的论述空间，但他也同时注意到了人类改造自身的安排。比如，他指出18、19世纪时，在西欧的医院、监狱、工厂、学校、军队等处所发展出的各种空间安排、操练规训与知识分类，是生产新权力与知识效果的种种机制。这些机制不但形成各种新的知识、制度空间，而且是人类施加于自身以改造自身的重要安排，这就是各种部署。简而言之，部署是一种彻底异质的集合体，是多种要素间可能建立的网络，这些要素包括体制、话语、法律、规范性决策、行政措施、科学陈述及哲学/道德命题等。Agamben（2009）指出，因为Foucault对部署的构想、应用与讨论维度相当广泛，"我会说任何事物都可以是一个部署，只要是它有能力在某种方式上掌握、指向、决定、拦截、建模、控制或稳定生存物（living being）的姿态、行为、意见或论述"。因而，部署本身是一种网络，并强调若干异质元素在其中起到的作用，比如掌握、指向、决定、拦截、建模、控制或稳定。在此研究中，我将用"部署"指称存在于种种异质元素间的联结本质，强调这些元素之间的各种关系构成，但将中心节点设为"身体"，以获得全景式的描述。围绕身体,技术、经济、话语、行动决策等元素之间存在一种位置转变与功能调整的互动过程。

在 Foucault 所述的案例中,要解开这些部署线路的纠结,就像是要画一张地图,进行制图工作,测量未知的地界,这就是 Foucault 所说的"从基础做起"。在本书中,基础就是身体,并且是数字青年的身体,网络化身体部署包含了网络社会的身体认识论与身体技术施行在行动中的分布、规则和策略。具体而言:①肉身经由网络技术的种种可供性(affordances,如档案、可搜索性、组合性、联结等)而重构(延展或缩限)的双重身体;②通过双重身体的沟通实践而生成的自我意识(如反思型自我、关系型自我);③在网络行动中与他人"共做"而形成的联结性他我关系及权力话语。这也就是说,本研究采取的是具身性(embodiment)视角。"embodiment"这个词在哲学、语言学和心理学中都有出现过,它的译法也很多,比如体认、涉身性、肉身化、身塑、具身性等(张连海,2015)[55-67]。我较为认同的是将之翻译为"具身性",指的是情感、理智、反思等精神现象与具体的身体行动密切相关,技术等外物要发挥作用也是基于身体、涉及身体的,具体的身体结构和身体活动应被视为人的认知基础。

于是,在先前提出的经验性问题的基础上,结合社会科学领域具身性理论,我们亟待进一步探讨的问题将围绕网络-身体、技术性-社会性展开。

研究问题之一:从书信、报纸、电报、电话和电视的发展脉络来看,所有技术都是"身体技术"(body techniques),只是技术和身体的联结方式、程度不尽相同。当下的媒介更多地凸显了身体,不仅仅是视觉和听觉,而是结合了听觉、视觉、触觉,以及交流能力和知觉的多重感官经验,甚至还有很多重新修正和维持身体呈现的具身技术。然而,大多数围绕数字青年进行的研究承接了计算机中介传播中"虚拟化身"和"去身体化"的逻辑,或认为"肉身"已完全被虚拟化身所取代,或认为"身体"已渐趋消散并造成"去主体""去认同"(吴志远,2018)[113]。可以说,在新的媒体科技环境下,"身体"遇到了新的问题。在数字青年一步步生成其主体认知的过程中,网络技术扮演了什么样的角色?针对浸身于种种技术可供性之中并开展技术化生活的数字青年,我们应该如何理解他们身体和技术互动关系的复杂性?

研究问题之二:网络技术为人们组织和参与行动提供了新的契机,也为研究者们带来了新的困惑。基于"去身体化"的逻辑,关于网络行动的研究往往会将敲敲鼠标点个赞或分享贬低为"懒人行动主义",认为其无法与线下集体行动相提并论。与此同时,人们又相信使用网络会大大增加行动的可能性和触及面,认为新技术必然可以形成并改造公民的政治行动。在现实中,我们看到的是网络技术将原处于光谱两端的娱乐与政治在一个屏幕上联结和整合起来,也将匿名空间和社交图谱联结起来,行动者更多地通过个人化的参与渠道、个人化的生活风格采取行动、触碰议题。这样的联结不再是均质的、抽象的、无差异的。互联网最初被设计出来时,是一个去中心的时空结构,但是现在互联网已经再中心化了(比如二八法则、幂次分布、中心节点、头部用户等),社交媒体更多地希望与真实身份进行联结。这说明引导网络社会的逻辑绝不仅仅是技术逻辑,同时还在与社会逻辑进行博弈。因而,在网络行动中,作为网络流量之承载的身体是具有个体意义"根源性"(rootedness)的,这也让网络社会不再是一个抽象的技术概念,而是由真实的、彼此相连的身体所组成。在承续第一个研究问题的基础上,我想继续提问的是:数字青年的网络行动是否呈现特定的模式?又是何种特定模式?数字青年们为何会选取某种特定的技术使用策略,而非其他?数字青年的"身体"如何在行动中被联结起来?网络行动中的行动模式与他们的技术化生活世界有何联系?

研究问题之三:网络作为一个概念化的统称,涵盖了各式社交媒体应用或网络服务商所具有的诸多不同维度的可供性:技术世界为组合和联结提供了无尽的可供性,建构一个技术对象即准备一种可供性。同时,数字青年在日常生活和消费中也不断强调个性化,这使得他们无法被视为一个整体。

与中国过往世代相比,数字青年生活中的集体性弱很多,而网络技术更是让个体从共同生活形式(communal forms)中解放了出来,个体的根本冲动不再被家庭、学校等同质化的集体力量压缩。即便如此,却也可以看到他们在网络中不断地寻找"集体"(如各种基于志趣而形成的网络社群,这些社群不以初级团体式的关系为前提),并日夜与那些被认为和自己有共同之处的他人即兴互动,或者通过想象他者而进一步塑造自己对于自我或我群的认知,这又体现出人类对社群长存的需求。这种超越了集体-个体的二元对立的群聚往往在网络行动中非常显著地浮现出来。数字青年与技术的具身关系,如何既延伸又缩限他们在网络行动中的自我意识和集体意识?通过在网络中介的行动"共做",会让他们感触到网络社会中何种面貌的"集体"或何种被中介的"他者"?在这些互相角力的公共场域之中,行动者所形成的多样而互相重叠的身份,是否有可能会形成一个在政治和社会生活的协商与辩论之中浮现的"公共的身体"(Somers,1993)?

第二节 观察焦点:网络具身行动

在前文所提出的问题中,这些关于数字青年的技术化生活的论述可归纳为一个观察焦点——"网络具身行动"。这一观察焦点有两个组合成分:一是较侧重于主体的"具身行动";二是较侧重于联结体的"网络行动"。这意味着我们除了看到网络行动中技术所提供的促使主体及其行动模式持续变化、生成的部分,也要看到技术在行动前后如何被个体主动地选择及使用。在媒介技术的更新和学术研究范式的流变之中,这两者既是网络社会身体部署现象层面上的变化趋势,结合起来又能为我们理解数字青年提供可能的新途径。

"网络具身行动"首先是一种"技术入身"现象,强调的是数字青年习惯性地、创造性地与网络技术一起行动。在日常生活中,打卡/签到、标签、

hashtag（推文话题）、"帮助×××上头条"、自制表情包或懒人包等都是数字青年所熟悉的网络动作。特别是对那些积极主动的"产出者"而言,他们基本上是在一边乐于自制,一边学习新的技能,一边收获粉丝或追踪者,以此来适应和维持网络社会日新月异的动态发展。以近年在数字青年群体中大受欢迎的"抖音"App 为例,我们可以发现其如何鼓励用户将动作、音乐、镜头和特效完美地融合在一起,内容创作者们创作短视频的熟练程度更让我们看到人与技术的无缝衔接,令人叹为观止。而数字青年这种日常性的行为举止也会逐步融入与他人一起开展的网络行动中,比如各种围绕行动目标而重新创作、实时创作的政治表情包或漫画,利用小程序进行拉票、投票或众筹,架设影音直播平台或简报分享平台(郑宇君和陈百龄,2016)等。数字青年积极地与传播技术一起实时参与行动,让技术扮演了比行动组织更为重要的角色,快速扩散个人故事和个人表达。要透视这一现象特征,则需要探讨当下网络行动中物质性和主体性的关系。

　　每个人都有自己的身体,对个人而言,这直接影响什么事物是有意义的,以及这一事物如何产生意义。人们的现实是由身体动作的模式、定位时空的轮廓以及与对象互动的形式来塑造的(Johnson,1987)[19]。正如前文所述,在现象学的脉络中,这种以身体为中心、为基础继而想象并理解抽象概念的思考路径便被概括为"具身性"。具身性不仅仅关于大脑,更倾向讨论沉浸在社会文化和技术中介的复杂世界中的身体。这一脉络反对将对身体的理解限定在自然科学的解释模型之中,根植于 Foucault 对于监视和自我监视的讨论、Lacan 的精神分析,以及 Merleau-Ponty 和 Heidegger 的现象学理论,他们之后的现象学更是着重讨论身体的经验和感觉如何被技术涉入。

　　本书在后现象学脉络下聚焦于"具身"这一概念,旨在强调数字青年在理解技术、认知自我、感受他人的过程之中的个体经验和具象实践的维度,而"具身"概念可以成功纳入人类行动中物质性和主体性关系。若将数字青年视作技术性-社会性的群体,那么他们的身体远比纯粹的"肉身"更为复杂。一方面,网络社会的技术逻辑持续将个体卷入,而媒介技术本身也越来越成为身体的技术;另一方面,个人身体并非被动地由技术所改造,而是在日常生活和网络行动之中积极主动地、创造性地、因时而动地、因地制宜地使用技术。在身体部署中,媒介技术不仅是人的延伸,同时也可能是一种化约。本书对这一身体与技术具身关系的理解,一方面来自技术的可供性概念,另一方面来自 Ihde(1990)[131]的"人-技术-世界"的框架。

一、"人-物-环境"关系

可供性的概念指的是行动机会、对象和环境为能动者提供了独特的行动选择(Gibson,1979)[31]。这个来自生态学的概念指出,即使环境中存在一样的事物,这些事物对生物的意义和价值也因生物个体为何而异。比如,Gibson(1979)[119]在界定可供性时提到:

"如果地表是近乎水平的(而非倾斜的),近乎平面(而非球面或凹凸不均),面积够大(相对于动物的体积),同时质地坚实(相对于动物的体重),那地表提供了支持的能供……于是动物是可以在上面行走和奔跑的……它不会像在水面或沼泽那样沉下去。"(钟蔚文,2015)[40]

因而,可供性应被视为一种"人-物"关系。它提醒我们,只有先探究个体和环境的相对位置,才能真正透析一个事物的性质。这是因为事物性质的存在不是环境或个体单方面可以决定的,而是两者互补、互动的结果。在个体一端,身体的主动性是非常重要的,Gibson(1979)[32]指出人的所有感官(视觉、听觉、嗅觉、触觉等)是一起工作的,人是通过感官的综合来获取关于世界的信息。在此基础上,Norman(1988)探讨环境的重新设计时,强调以人为中心、方便适用的产品设计理念,也将可供性的概念纳入论述,认为事物的性质和使用者的能力之间的关系决定了事物可能会被如何使用。若要发挥作用,可供性和反可供性(anti-affordances)必须被发现、被觉察。即使可供性未被觉察,它也仍然存在。不过对于设计师而言,为可供性提供明显的线索才能让事物更好地被操作。类似的，在后现象学中也有一个与"可供性"很相近的概念——多重稳定性（multistability），意思是任何技术都有多种目的，会通过不同的方式对不同的使用者产生不同的意义。技术既有各种"稳定性"，又有"变异性"，"技术不是'整体'，也不可能从多种多样的情境中割裂开"（Ihde，1990）[47]。这令现象学有了进一步的发展，比如，它尝试更新了 Heidegger 关于锤子的著名论述，在 Heidegger 的论述中，人使用锤子的方式仅仅是一种较为普遍的使用方式，要么达成一种透明的具身性，或者完全无法使用该工具。而引入可供性和多重稳定性的概念之后，后现象学得以借此发现使用锤子的其他多种方式。

可供性的设计和操作在网络技术中体现得很明显。Boyd（2014）[11] 以社交媒体为例，将其视为青少年的游乐场，发现青少年会依自己的社交需求及社交情境而频繁使用社交媒体，而非单方面地依循社交媒体原有的设计来进行使用。在这样的使用情境中，社交媒体的可供性带来的机会和挑战包括：①持久性，即在线表达和内容的长久存在；②可见性，即受众目睹一切的潜在可能；③扩展性，即内容极易被分享；④可搜寻性，即找到内容的可能性。可以说，社交媒体的可供性为数字青年进行相关网络行动做好了铺垫：当进入其他行动情境之中时，社交媒体能依此发挥相应的作用，促成网络行动的生成。但是，"可供性"的概念具体如何运用于网络行动之中，被多人察觉并发挥作用，是本书需要再深入探究的理论议题。

二、"人-技术-世界"关系

Ihde 的"人-技术-世界"框架亦是根据结合身体知觉和物质性的视角，并进一步强调互动行动中挖掘、展现个体和技术的关系。在这一框架内，Ihde 提出，人的实践行动总是发生在技术的结构作用所构成的脉络之中，而技术的结构性作用也总是在人的协同实践中不断持续确认、完成，才得以浮现与维系（曹家荣，2012）[30]。Ihde 进一步用他的概念工具"宏观知觉"

(macroperception)与"微观知觉"(microperception)来分析身体和文化之间的镶嵌关系,前者指的是在看、听、闻、触等身体行动中产生的知觉,后者则指的是文化层面上的诠释型知觉,即在技术实践之中人们形成了对于该技术物所属文化脉络的诠释与理解(Ihde,1990)[29]。这些论述其实也与 Ihde 的身体一和身体二的概念相联系,我将在后文进行更具体的阐释。从上述的概念脉络中,我们可以看出,在数字青年的技术化生活之中,"具身性"可用于讨论他们在网络技术的结构化脉络中所采取的实践,以及他们如何通过身体的知觉和行动了解并诠释技术。

三、人的联结和技术的联结

那么,可供性和"人-技术-世界"框架如何帮助我们理解网络行动呢?很重要的一点是,它点明了联结性的本质,这是网络技术结构化脉络中所浮现出的人的联结和技术的联结之中的要点。

确实,传统集体行为研究往往聚焦于个体形成整体的过程及行动结构;网络数字技术普及之后,"数字化网络行动"(digitally networked action)在现象和理论层面,都成为人们关注的焦点,学者们开始讨论网络行动到底新在何处,所产生的影响究竟意味着什么。针对网络社会中浮现出的、新的联结形态,van Dijck(2013)在他的著作中以社交媒体为例,提出了社交媒体双重联结的逻辑,以及社交媒体与社交活动的交互关系。一方面,社交媒体使人与人产生联结;另一方面,平台之间相互联结,让彼此成为有价值的资源。其中,社交媒体的六大组成元素——技术、用户、内容、所有权、管理及运营模式形成了一个相互依赖的媒介生态系统,重组社交活动。从网络生态的角度来看当前网络社群的流动变化,郑宇君(2016)认为:一方面,社群必须在社交媒体的内在结构限制下进行互动;另一方面,人们为了追求更好的社交或信息接收方式,也会弹性地调整个人对社交媒体的使用方式。这就意味着,当将人的联结和技术的联结同时纳入考虑时,必须同时从人的能动性与网络内在结构的限制来看,才能厘清两者的共同演化如何造就今日网络社会浮现的样貌。这一思考逻辑与前文探讨数字青年技术身体的逻辑一脉相承。

要充分理解网络行动,Bennett 和 Segerberg(2012)[739-742] 提出必须区分以下两个逻辑:人们比较熟悉的"集体性行动"和不太了解的"联结性行动"。"联结性行动"是在网络社会的背景之下针对网络行动的变化而提出的概念,强调数字传播促成的个人化政治,以及经由数字技术而促成的行动网络。Bennett 和 Segerberg(2012)[742]认为联结性行动的网络是通过弹性的社会网络"弱联结"来促使个人表现认同,继而引导了复杂的社会与政治景观,形成了新形态的网络行动,重新塑造了传播和动员的逻辑。他们的研究区分"个人化框架"和"集体性行动框架",而不再以在线和线下来进行行动的区分。其中,"个人化框架"不像"集体性行动框架"需要集体身份认同或不同层次的组织资源,而一旦能够保持不同网络的畅通以联结个人化网络、激发大规模的愤怒与同情,便能持续受到公众关注。从这个概念中,可以看到技术平台及应用的可供性如何取代传统的固有组织的角色,以及个人化表达和个体能动性如何超越组织化的效能。比如,美国的"占领华尔街运动"便以"我们是百分之九十九"(We are the 99 percent)的口号,来支持个人故事和影像快速在脸书(Facebook)、推特(Twitter)、汤博乐(Tumblr)等社交媒体上分享传播。但在其他国家的政治和技术语境之下,网络集体行动也仍是这样一种"联结性行动"吗?我恐怕无法先下此结论,因而还是暂时用"网络行动"[①]来笼统指代。

鉴于"双重联结"和"联结性行动"中都需要探讨行动主体究竟是具有何种网络经验的个人,以及这两个概念都让我们看到作为技术的网络只有被行动者熟练操作,才能在特定的情境中发挥作用,因而"网络行动"得以与

---

① 一般而言,大多数研究者都会使用网络"集体行动"作为代称,但"集体行动"在语境中进行转换时无法完全适用,因此使用"网络行动"作为一个折中的代称,同时也希望让网络技术所扮演的角色能够受到更多的关注。

"具身"组合起来。"网络具身行动"这个概念组合同时强调了个体和联结体的生成需要操作技术的行动,以及理解当下的网络行动需要返回到日常生活中技术身体的实践之中来进行探讨。"网络具身行动"是一种基于技术和技术、人和人的重新联结而浮现出的行动模式,强调的是人基于个人的独特性或异于他人的技能,而自发地进行"共做"实践,为行动中沟通实践的"同"而贡献个体/技术的"异",并在此过程中触摸"他者"及重塑主体性。

总括而言,"网络具身行动"概念中对"具身"的重视源自把身体作为认知的起点,认为只有从身体出发才能捕捉到个体主动操作技术、改造环境的经验。同时,技术环境也不再是外在于个体的刺激物,也不是让身体消散的决定性力量,而是与数字青年的身体融合在一起,使之成为网络行动浮现的充分要件。概念中的"网络行动"则重新调整了"组织"在网络行动中的指代和意义,同时重视人的联结和技术的联结,超越了在线/线下、个体/集体的二元对立,这使得对网络行动的理解也需要回到行动者与技术的具身关系。鉴于此,在本书的题目和问题意识中,"网络具身行动"成为切入并描述数字青年一部分技术化生活的重要概念。这一解题策略和观察角度背后的理论脉络将在第二章中详细论述。

第二章 技术、身体与行动

这种新个体的诞生是一个好消息。

——米歇尔·塞尔(Michel Serres),2015

第一节 理解"数字青年":
一个技术性–社会性的视角

无论是将"数字青年"视为目前青年人的生命阶段,还是各种网络行动积极参与者的自我定位,对于其中大多数人而言,网络科技及其特性是网络社会中理所当然的生活部分。然而,"数字青年"所揭示的这些网络社会变化的特性让许多"格格不入者"深感好奇或不安。因此,这些"数字青年"成为显著的研究对象,通过研究他们对媒介的使用、他们的网络文化,研究者可以熟悉网络文化,或者通过研究网络来理解青少年。一般而言,这形成了以"网络世代"为标志的社会学途径,以"青年数字文化"为主题的文化研究途径,以及充满争议性的"数字原住民"概念。本章将针对这三方面进行文献综述,并基于综述提出用"数字青年"描述当下网络社会行动中的青年主体和其他非青年的积极行动者,以及与之相呼应的"技术性–社会性"研究视角。

一、世代、媒介和青年数字文化

在大多数人的认知中，"青年"指的是处于一定年龄阶段的群体或个体，这其实是一种仅从生理性状（如年龄或生命周期）出发的判断。但是，"青年"更应被视为一个因历史和社会而形成的社会类别。青年的年龄划分随着时代发展和地域差异而产生不同的界定，并无定论，但是研究者们一直以"世代"这个颇为重要的概念来理解成人和青少年之间的相互关联（Mayall，2013）。一般而言，世代是社会的结构性特征，就像社会中的性别、族裔或阶层这些宏观结构中的组成元素一样。"世代解释"（generation explanation）模式一度统治着青年研究的主流话语，主要强调年龄差异所造成的代沟决定了文化类型的差异性，而青年共享着同样的行为模式，"青年"的概念只有通过代与代之间的承接才得以建构。其中主要的核心观点是：历史上较重要的概念是世代，而不是阶级（Jefferson，1973）。然而"世代解释"的不足之处在于只注重年龄这一维度，把青年文化看成同质的、铁板一块的文化。

Mannheim 的世代概念相对较为强调社会和世代特质的相互关系。在他的概念诠释中，一个人隶属于一个世代，虽然可能会随着年龄增长而有所改变，但基本上世代的特质会贯穿个人的整个生命史。更重要的是，Mannheim 认为基于年龄的同群世代会享有一段共同的历史，继而发展出一种集体感。由于生活在同一历史、政治和文化时期，同群世代发展出相似的态度，这会转化为一种共有认知，促成了社会的转型。这便意味着，一个世代中的个体会积极地反思他们的共有经验，并用他们共存的空间来制造改变，或者至少基于他们的共有经验来有意识地洞悉和质问之前世代所创造和传承的知识或观念（Narvanen & Nasman，2004）。

类似的世代视角有助于研究者在青年的个人生命史与社会发展史之间建立联系，在不同年龄群体和社会结构之间建立桥梁，从而分析社会变动对特定世代的设定，以及特定世代给社会带来的影响等。大众媒体非常乐于呼应这类研究,"80 后""90 后""00 后"等世代词语成为解释青年文化时流行而方便的概念。在这些媒体的描述中,以"80 后""90 后"为主体的青年具有当下时代的优点,比如丰富的知识储备、开放宽容的胸怀、强烈的自尊心与自信心;但也有着极为鲜明特殊的时代病症,比如过于关注自我、人际关系疏离、成功愿望强烈等。因此,他们面对社会生活的各个方面所持有的意愿以及意愿的表达方式和以往会有很大的不同(邓蕾,2016)[84]。这样的描述不仅容易将一个世代同质化,还容易将抵抗的目标指向泛化的父辈文化。

此外,媒介是社会发展的一部分,由于媒介在人类的生活世界中扮演越来越重要的角色,所以对于青少年而言,媒介的影响力已经和同龄人、家庭及学校一样重要。研究者们也越来越倾向将媒介技术的发展与世代结合起来,以描述人群的特殊性和时代的变迁。比如,Innis(1972)和 McLuhan(2001)曾大量讨论媒介创新在社会中的传播如何改变过往的传统规则和互动模式。LaFrance(1996)更是细致地提出,可以将媒介与世代结合起来对人群进行划分,20 世纪 60 年代的儿童可称为电视世代,20 世纪 70 年代的儿童可称为电游世代,20 世纪 80 年代的儿童可称为"任天堂世代",而 20 世纪 90 年代的儿童则可称为互联网世代。网络社会的逻辑和"青年"的文化特质、意象和劳动力、消费力、发展力形成了一种同构关系,"经济社会的生产、生活、组织逻辑正经历着一种文化意义上的青年化……如果说,农业社会是老年人的社会,工业社会是中年人的社会,那么,'互联网+'社会可能迎来了真正意义上的'青年+'社会"(邓蕾,2016)[85]。确实,从世代分化来看,不同世代成长的媒体环境不同,造成了世代差异。就成长于网络社会中的一代人而言,他们的媒体使用、传播空间的策略使用和集体记忆分享都有很大的不同(Napoli,2014),共享某一技术的经验成为世代变迁的基础。

这种论述让我们看到在网络社会中研究青年世代的合理性,然而需要注意的是,世代共享某一技术的经验并不意味着青少年都会自动拥有这些媒介素养,而拥有这些媒介素养的个体并不一定能被归为青少年。针对我国网络社会中的青少年,朱丽丽(2018)[12]提出了文化研究的视角,考察的是数字空间的青年群体的日常世界与生活方式,强调的是这些青少年的多元态势,尝试用个案来拼贴出当下数字青年总体性的日常生活文化图景,认为新的技术样态与青年群体的日常生活是相互渗透与相互构建的。青年文化研究的视角与技术决定世代特征的论述不同,它旨在提醒研究者注意同一媒介世代内部的文化多元性,任何对"青年"做一致的、明确的界定都可能被否定。在这样的视角下,家国同构的、媒介决定的、同质整体的"青年"概念和角色期待是很难成立的。在网络社会的现实中,已很难找到所有人都认可的生产、生活、交往方式,道德标准乃至生命周期。与"个体崛起"和"青年社会"相伴随的现象一定首先并最终表现在文化多元性上,甚至,年轻族群变得无比多元、无比复杂,他们既是抵抗的又是依附的,或者是超越二元对立寻求互通的。"在这一发展趋势下,如果要试图准确地把握青年及青年发展的内涵及规律,就必须对研究对象的复杂性和研究者认识上的局限性有基本了解并设法超越,青年研究'重返'文化成为必然。"(邓蕾,2016)[84]"文化"的概念在此得到了更新,它不再是一种抽象法则,也不是撇开日常学习和行为的一种心理结构,这是文化研究为社会学和传播学研究所带来的重要启示,"媒介世代"的主流解释和其中的特殊概念都需要在对日常生活的实际研究中被重新检视,媒介技术和年龄并不能无缝地以"必然性"捆绑在一起,"数字青年"有可能是某一特定的个人生命阶段,也可能是受到了特定社会阶段的感召而形成的主体类别。

二、数字原住民或数字青年?

研究者对研究对象的称谓暗含特定的研究视角。无论是在网络社会研究中,还是在公众讨论中,"数字原住民"都是一个流行词,用来描述具备卓越非凡的数字智能与技艺的青年群体。具体而言,"数字原住民"是指出生于1980年之后的那群善用已成形的数字网络技术的群体,他们拥有了运用这些技术的技能(Palfrey & Gasser,2008)[1]。这一术语的出现具有时代特征和政治根源,大致可视为出自美国的技术理想主义,指向的是大多数成年人(或老年人)对新生一代的希望与恐惧。以摇滚乐团"感恩而死"(Grateful Dead)的作词人身份而出名的约翰·佩里·巴洛(John Perry Barlow),时常用挑衅的词语来表达政治观点,他曾经在 1996 年的世界经济论坛发表《网络空间独立宣言》("A Declaration of the Independence of Cyberspace"),正面挑战工业世界的各国政府。在区别"来自网络"的人和传统世界群众时,他以"原住民"和"移民"相互对照:

> 你们是害怕自己的小孩,只因为他们是那个世界的原住民,而各位永远都是个移民……你们就是太懦弱才不敢面对自己的责任。在我们这个世界,所有人性的情感和表现,从最卑微到最高贵,都是严丝密缝的全球数字对话的一部分。我们把空气抽光,让鸟儿不能拍翅飞翔,就没办法让他们不会窒息。(巴洛,2004)

巴洛可能并不是第一个提出原住民和移民说法的人,但他充满诗意的语言中所突显出的代沟恐惧,引起了公众反应。很多人都以为《网络空间独立宣言》的意思是说,对于小孩天生应该具备的知识,大人也应该感到恐惧。数字原住民在公众讨论中成为流行的说法,人们开始认为所谓的"原住民"具备卓越非凡的科技力量和技能。这个词在公众讨论中流行起来之后,学者对于它的基本含义的批判也随之展开。在 Boyd 和 Jenkins 的讨论中,"数字原住民"的论述强调世代差异,世代差异既赞美青年又将青年病态化,在人类历史上,原住民常常会被强大的"移民"(如殖民者)所奴役、杀害或漠视,这种具有丰富内涵的象征往往伴随着被边缘化的历史和不平等的权利分配。(詹金斯,2017)[49]虽然不是所有移民都这样,但是我们想到一个严重的问题:使用"数字原住民"来进行讨论,到底会理解成什么意思? 说这话的意思是要肯定青少年很厉害,还是想要破坏他们对科技的参与呢? 我们是打算承认这些原生知识很宝贵，还是认为它们应该受到限制和管制呢？能熟练使用科技的年长者无论如何都无法成为数字原住民吗？抛开概念表层的对错二元而潜入微妙的现实中，是多数研究者希望做到，但也难以做到的一次尝试，其中很多争议性的议题仍有待探讨。

（一）争议一："年龄＋技术"还是"年龄／技术"？

"数字原住民"是一代人还是一个善用技术的群体？这一度是相关研究中争论的焦点，也就是说世代（或年龄）是否和技术不可分。正如前文所述，世代本来是一种从生物性的代际划分而来的概念，因而研究者最初关注到数字原住民时，会直接将数字原住民视为出生在 1980—1994 年的一代精英，而这一代人又和"互联网一代"及"千禧一代"有所重叠，几个术语中都同时强调技术如何紧密融入这群人的日常生活之中。Prensky（2000）[10] 将数字原住民和数字移民进行了比较，认为他们之间的差异就如同说母语和带口音的移民语言一样。这成为一种有效的隐喻，以区分年轻和年长一代。在很多类似的讨论中，有些人就像学习语言一样很容易就学会科技语言，但有些人只是被动地接受科技知识。新的一代人不再记得写信、印刷，基本完全依赖在线生活，不再区别在线和线下，每天 24 小时、每周 7 天永久在线。而这足以引起全部人——包括父母、教师、领导、法律制定者——的重视，急于应对这一全球性的急剧变化。

将数字原住民视为一个整齐划一的世代，默认使用相似媒介的年轻一代是同一类人，有着相似的态度、价值观与行为，且与年长一代之间有无法逾越的隔阂。这便模糊了青少年实践中可能存在的细微差别。从前文对于世代的讨论我们可以看到，世代由生物性质决定（比如出生年份）越来越变成是由社会状况来决定，世代的诞生往往响应了时代中的主导事件，比如军事、政治、经济或文化方面等。那么，在数字青年的讨论中，世代不仅可以由主导性的技术来标示，同时发生改变的还有心智、行为、文化及其与他人关系中的种种习惯。Jenkins 极为生动地指出：

数字原住民的说法,是让我们认识并重视一些学习过程及文化表现的新方式,就是伴随个人计算机及网络计算机成长的新世代所带来。但是数字原住民一词也可能掩盖了青少年在信息获取能力和科技适应上的差异。数字原住民的说法让我们更不会注意到数字分化的状况,青少年参与各种科技平台的能力和机会不均,造成文化经验和社会身份上的落差。说青少年是数字原住民,就等于认定他们作为一个整体共享且掌握知识,而忽略了大家都不熟悉且不确定的网络世界。(博依德,2015)

这意味着数字青年由于接触网络的能力和机会不均,对网络世界或熟悉或陌生,而产生对网络不同的理解和不同的网络行为模式。Jenkins 所鼓励的是一种近距离研究数字青年的姿态,这种近距离的观察会揭示出他们并非同构型的原住民:有些人对网络的使用仅仅是日常学习生活的延展,与年长世代使用电话或电视等媒体所获得的意义并无太大差异,而有些人则会创造性地使用互联网。比如,Tapscott(2009)在《数字化的一代》(*Grown Up Digital*)一书中,曾直陈数字青年将政治行为带入了生活,这比前几代人的程度要更加深入,由此形成更有力、更多样的社会行动。数字青年并非整齐划一的一代人,依据网络平台的不同、媒介素养的不同、学习生活环境的不同,网络世代发展出了不同的青年群体。

由于“数字原住民”较容易让人产生一个“世代”的联想,且有生物性质决定论的含义,因而被学者们认为这更多的是一种修辞,而非“有用”的概念,反而会造成对网络社会中年轻人所面临的挑战的理解偏差(博依德,2015)[220]。我也发现用“数字原住民”来界定研究对象是一个较为精准的快捷路径,比如可以用出生年代作为“挑选”研究对象的门槛。但实际上,我们很难划分一个精准的出生年代,与此同时,不同世代的行动参与者会因为享有共同的日常实践而呈现出相似的体认状态。或许通过扬弃旧词,我们反而有机会更好地捕捉现象本身,用现象去解释群体特征。

（二）争议二：决定性的技术？

在关于数字原住民的研究中，大部分研究会过于聚焦作为主体的人，使得网络技术仅仅变成他们进行文化再生产的载体、工具或平台，而缺乏充分探讨这些网络技术的内在逻辑，难以回应网络社会的技术逻辑和网络技术的可供性如何与青少年们的实践能力形成关系性的联结。

然而，当技术这一端得到强调时，比如在传统的媒介效果研究范式之下，研究者们会主要探讨社交网站、博客或微博、手机应用程序、实时通信、网络游戏对成长中的青少年的认知发展造成何种影响，这些网络媒介的使用被视为自变量，它们所带来的潜在影响或好或坏，而青少年则被视为被动的受影响者（Blair et al.，2015）。

很多学者都认同这一预设前提，倾向预设技术决定使用者的行为与文化，比如认为数字青年思维方式和技能的不同（像是超文本的使用、从实时信息中找出社交线索等）纯粹来自科技环境。这或多或少在数字青年的研究中形成了"技术决定论"的研究趋势。与社会性和文化性相比，这类研究更倾向于讨论技术对数字青年的技能和心智所造成的影响，并将技术所带来的变化视为一种时代的范式转移——虽然每一次变动都是由于新技术的诞生。

在现象层面上，近年的大多数研究确实都会强调数字青年心理认知上的差异性。比如，Dingli 和 Seychelld（2015）[9] 认为数字原住民是那些并不觉得数字时代和技术持续升级有任何问题的一代，视周身的环境为自然的存在。年轻人中每个群体都有一套新的技能，这些技能被他们拿来进行最优化的使用。在这些主流研究中，皮亚杰的认知发展阶段和数字青年的科技化生活之间的联结关系是主要脉络，研究者们认为数字青年理解和利用技术的方式源自成长阶段把玩的各种设备——桌上计算机、笔记本计算机，以及游戏掌机等。使用技术就是一种学习过程，从学习风格、偏好到学习策略和学习的重新概念化，这反映了深层的认知结构，包括个人的能力模式

(Dingli et al.，2015)[57-58]。在类似的研究中，认知被视为一种内部的表征/再现(representation)，是由环境所提供之刺激而形成的：环境客观地独立于个体之外，不会因个人的行动而有所改变。借用一个比喻，数字青年的认知有如反映外部环境的一面镜子。

然而，随着数字技术越来越普及，社会被这一现实所影响，社会性的维度无法再被忽视。Palfrey 和 Gasser(2008)[13]认为与数字宇宙平行共存的，是已嵌入地域性和本土性的习俗、习惯和价值的网络。这些因素和其他的社会、经济情境一同塑造了数字青年使用数字技术的方式，还影响了他们如何让机会变成现实，如何迎接新的挑战。总的来说，技术的特质与潜能一旦面临不同的人群、不同的社会情境，将会以不同的方式实现，或者无法实现。

当把所有年轻人归为一类，并将科技视为一种必然趋势时，"数字原住民"成了一个"快概念"，会让人忽略正在成长起来的青少年在实践中的多元性(詹金斯，2017)[33]。考虑到争议一和争议二，如今大多数学者都不再使用"数字原住民"这个指代性名词，但它还是很受民众的欢迎。Palfrey 和 Gasser(2008)[14]因此认为，学界及保护青少年的人应该再利用这个概念，把它分辨得更精确。他们认为光是抛掉这个不合适的名称无法厘清新科技带来的改变。他们对数字原住民重新进行了描述，更强调不平等状况，以纠正过去的错误观念："数字原住民共有的全球性文化，严格来说并非按照年纪来区别，而是根据一些条件和互动经验，包括他们跟信息科技、信息本身如何互动，他们彼此之间、跟他人、跟其他机构如何互动。那些不是'数字原住民'的人对于数字科技也可以跟年轻人一样熟悉，甚至比年轻人还厉害。而且，没有人一出生就必定是个数字青年。"他们在研究讨论中，用了很多篇幅来分辨谁才是数字原住民，谁又不是。他们特别留意那些意料之外的参与差异，以及数字不平等造成的种种难题。

虽然他们希望再次调用并重新定义"数字原住民"这个术语的努力很值得赞许，但目前还不知道大家是否真的都能了解他们论证中的细致论点。

而若要运用他们的缜密论证,或许也可以用另外的词语来取代之,比如用"数字青年"肯定与批判青年在网络社会的参与行为,以避免人们仍指涉整个世代,并且也可通过更新词语来实现视角上的转变,避免生物性质决定论和技术决定论。

三、技术性–社会性的视角

当我用"数字青年"这个概念来指称本研究的研究对象,实质上是想由此带出一个技术性–社会性的视角。青少年们的行动场域越来越受限于次文化或消费领域,成年人又没有意识到青少年是如何使用技术来进行联系、学习并实现公共参与。于是当把所有群体的年轻人都混为一谈,并将科技视为一种必然趋势时,人们会忽略正在成长起来的青少年在实践中的多元性,以及网络技术在具体实践中所展示出来的不同潜力。可以说,技术性与文化性成为研究数字青年的关键词,两者之间似有因果关系。然而,其中因果关系是否如此线性相关? 这些研究是否真能描绘出一代青少年共享的科技–社会–文化情境的复杂性? 我认为在技术决定论、社会建构论之间,更应提倡的应是社会–技术相互建构论,"将技术与社会之间单向的'是……还是……'的争论变成'既是……又是……'的双向辩证关系"(朱丽丽,2018)[4]。类似的,在提出数字青年的概念时,Subrahmanyam 和 Smahel(2011)用了相互建构模型(co-construction model),他们发现虽然网络技术的设计者们提供了平台或工具,但在实际使用中,使用者们会共同建构他们使用工具的方式,而这种方式是设计者们始料未及的。因而,数字青年应被视为和其他用户一同创造数字世界的主动用户,他们被这一共同创造的网络文化影响的同时又影响着网络文化的发展。

青年们如何主动地选择是否及如何使用新媒介技术,其实是一个由主体长期参与的社会过程。在试图更新数字原住民的概念之时,Prensky(2011)[17-20]再次强调,数字原住民的本质不限于将他们的一切视为所具备的数字能力或知识,而更可能是一种文化,一种对数字技术感觉到舒适的信念,认为技术是日常生活中有趣的小伙伴。数字原住民与他人的区别最终体现在两点上:其一是他们将数字的增强性视为人类生存不可分割的事实;其二是他们拥有数字智能,体现在他们通过数字增强的能力来实现自身的能力,以及做出更聪明的决策,这是一种拓展的智能(extended cognition)。此处所强调的正是他们会通过多元而丰富的行动,调整、修正和创造情境。这呼应了 Sterelny(2003)在生物演化中发现的认知工程(epistemic engineering),认为人类往往通过以下几个途径改变环境、创造利基:①改变物质环境,如筑巢或搭建类似的居所;②建立社会组织,如设置分工制度,使得有些资源比较容易取得;③改变认知环境(epistemic environment)(钟蔚文,2015)[47]。

在学校里,青少年需要培养技能和增进知识的机会,才能有效率且有意义地运用当代科技。但如今他们更多是在非正式的场合进行学习,通过参与社交媒体,青少年同时也在学习如何了解一个联络频繁而交织紧密的世界。学者 Davidson(2011)表示,现在的孩子乐于使用新科技就是在学习,而这种学习上的改变,让那些固守于自己过去学习经验和环境的成年人不知所措。青少年参与网络媒体,是为了控制自己的生活,控制自己和社会的关系,在这个过程中,他们会开始理解人与人之间的关系,以及信息又是如何在人与人之间流动。他们也会学习到社交世界为何,并在其中培养出社交技巧。换句话说,数字青年使用数字技术是非常日常的,而不是一种奇观;不是以戏剧性的创新操作为特色,而是以惯常的沟通形式和信息交换。人们如何开始将自己界定为一个世代中的成员,是在微观的日常互动中建构起来的。

在这一框架中,有一些以技术性-社会性的视角来理解数字青年的具体研究可供参考。比如前文曾简述过的 Boyd(2014)[8] 所做的青少年社交媒体使用行为的研究,发现社交媒体的可供性成为数字青年与之行动相关的情境,同时,这一情境中的可供性又促成了他们网络行动的生成。基于长期的研究观察,Boyd(2014)[5] 发现数字青年的在线参与行为并不乖戾(eccentric),反而是非常正常的,甚至是可以预期的。为了更好地囊括复杂的事实,Boyd 将她关于数字青年研究的书名定为《键盘参与时代来了》(*It's Complicated*),在书中探讨社交媒体作为一个文化现象,如何重塑信息和沟通的环境系统。这一主题存在两个可供讨论的维度:网络化的公众是由网络技术重构的公众,既有通过网络技术构建的空间,又有经由使用者、技术和具体实践交织起来而浮现的结果——想象的社群。在 Boyd 看来,要理解何者为新、何者非新,重要的是理解技术如何引介新的社会可能性,而它们又如何挑战人们关于日常互动的种种假设。也就是说,社交媒体的技术能力其实并不新,"新"的是社交媒体如何通过嵌入数字青年的日常生活,变为实践中的技术功能,而改变和放大社会情境——如何使用科技,而非科技本身,改变了社会进程。在与技术互动的过程中,对技术可供性的强调使得数字青年扮演了积极主动的角色,他们会有选择性地依照不同情境启动(enact)技术的可供性。这样的理解使得我们得以跳脱出认为新技术必然可以形塑并改造公民行动领域的窠臼。

　　类似的,Gardner 和 Davis 聚焦于手机客户端(App),也并非泛泛地讨论数字技术。他们在所著的《应用程序的一代》(*The App Generation*)一书中,强调客户端不仅仅是种技术,还是新人类的心理症候,并进一步探讨客户端的可得性、增长和力量,如何让新一代变得具有差异性和特殊性,特别是他们的认知如何沉浸在三个主题之中:个人认同感,和他人的亲密关系,如何施展创造性和想象性的力量。教育、政治、工作、个人道德等领域都产生了类似这三者的变化趋势。Gardner 和 Davis 尝试将思考和行动统称为"人类心理"(human psychology),认为其包括感知、分类、决策、行动以及其他心理过程。因而,App 一代是伴随着 App 客户端成长起来的,他们觉得世界是客户端的集合,他们的生活由客户端有序地串联起来。与 Boyd 的研究相比，这两位作者尝试将复杂现状进行一个更清晰的划分，认为客户端一方面会鼓励人们追求新的可能性，这是客户端能动性（App-enabling），而同时，使用者又让客户端约束或决定了自己的选择和目标，产生了客户端依赖性（App-dependence）。因而，从科技的观点来看，客户端可以分为两类：一类是管控人的行动过程，继而驯化了依赖性；另一类是开拓情境，打开了人可能的行动过程，继而对用户进行赋权。人类心理也可以分为两类：一类是个人愿意或者强烈希望依附科技；另一类是唾弃这种技术习惯，寻找科技其他可能的情境。可以说，Gardner 和 Davis 尝试重新讨论数字青年研究中的因果关系，并看到了科技和主体均持有的能动性，但是清楚对立的分类界限却不禁仍让人产生怀疑。

综上所述，数字青年的研究应考虑数字青年身处的社会性和作为基础建设的科技性，这也就是说，研究者不能只看到"数字"，也不应只看到普遍性的"青年"，而应将网络科技的青年使用者视为技术性-社会性的世代。若在 Mannheim 的世代理论基础之上进一步强调技术性-社会性的视角，我们得以在研究中看到不同的人群如何以不一样的方式体验着技术化生活：经历了同一变革时间点的人群会共享体验，必须特别重视作为世代区隔标志的网络和实践，亦即年轻世代如何主动地选择是否及如何使用新媒介技术，这个长期参与的社会过程塑造了一代人。

正如 Earl 和 Kimport（2011）[21]所说："人们对技术的使用——有时很日常，而有时非常具有创造性——才导致了（各种各样的）社会和政治变化。"从技术性-社会性的视角去理解数字青年，是在以出生年代和年龄为基础的同群分析基础上，进一步关注技术在社会动态进程中如何被数字青年使用，以及他们如何通过不同的技术使用实践活动建构出主体认同的想象，以更好地捕捉在人与人、技术与技术、人与技术联结中生成的动态过程。

毋庸置疑，"青年"是一个现代概念，它的定位更多的是基于思想状态而非生理状态（Hall，1908）。"数字青年"则是它当代的升级版本。我国现在的网络行动中涌现出越来越多的青年人,但这些网络行动和实践中并未排除不同世代的参与者。他们使用网络技术的行为共享了一些显著特色,比如快闪式的协作、游戏式的架构、显身和隐身的切换等,种种身体力行构建出新的认知工程。"数字青年"不是一个严格意义上的界定概念,而是一个承担起"技术性-社会性"视角的词语,它尝试捕捉特殊社会情境下的网络行动,去理解青年们的网络实践,强调的是"人-技术-社会"之间的关联性,而非一维的决定论,这为如何观察本研究的研究对象奠定了概念基础。

第二节 传播学研究中的身体转向

在前文中,我们已看到了以"数字青年"为对象的研究在当下的重要性。关于数字青年的研究视角很多,若同时考虑技术性和社会性的视角,会发现两者的交集汇聚于"身体"上,并亟须以身体转向来直面"去身体"的危机。从 20 世纪 80 年代开始,身体研究脉络在遭遇网络时又开始被撼动,身心二元的割裂感甚至重新通过"桶中脑"的想象被巩固了。有些批评家认为,西方思想历来都倾向将身体边缘化,在社会学和人类学中对身体渐长的兴趣只是一种时尚。另一些批评家则认为身体如此突显,正暗示着它的消失。无论怎样,在网络科技环境之中,计算机技术的去身体化以及远程监控造成了对"肉身"的间接取代。

如果说数字青年的"身体"被动地受到网络技术逻辑的影响,那这样的身体恐怕会一点点消散或完全被虚拟化身所取代,最终使得身体在网络社会中丧失重要意义,因为人们将仅依据其认知结构和计划来进行相应的行动——比如计算逻辑。这种境况好似科幻小说中那些大量的关于网络社会的幻想——人们进入虚拟世界就定居在"信息"之中,人群聚成了"信息",思想有了"形体",而"肉体"成了"文字"或其他符号。同时,即便当学者们看到了"身体",并尝试去论述网络媒介如何让对话双方具备突破地理空间限制从而获得身体在场的权力，也仍会强调"身体述情"的本质（刘汉波，2017）。

"述情"原本是一个心理学概念，意为大脑机制意识到情绪的存在，能够辨认并感知不同的情感，通过一定的方式表述出来；身体述情则是运用面部表情或肢体动作等与身体有关的行为表述内心的情感。类似这样的研究落入了一个窠臼，即将人的认知和情感视为由内而外的一种表述，并最终体现在网络文化话语或符号之中。进一步说，人们的行为和思考似乎都可通过与语言结构进行模拟来理解。语言游戏、作为论述的文化、作为文本的世界、符号帝国……这些可谓 20 世纪 60 年代人文社会科学语言学转向中的重要视角，在很大程度上再次影响了网络社会中关于主体的讨论。在这一章中，关于"身体"多次转向的论述将始于"身心二元论"，身体被视为边缘的、低等的，直到梅洛-庞蒂（Merleau-Ponty）、福柯（Foucault）等人文社会学家多次尝试将"身体"拉回论域中心，视其为自我的基础和社会的权力中心。这些哲思争辩遭受到网络技术的冲击后，意义变得愈发重要，但同时也产生了技术或自然身体的两条平行道路：去身体化的、无肉身的人，抑或媒介是人的延伸？我在梳理传播学研究的身体转向时，意图将传播学与现象学联系起来，希望能让读者们真正看到网络社会中的"具身"，而非技术决定的或符号再现的"身体"。

一、身体的回归与去身体化的危机

（一）身体：缺席的在场

在西方传统社会科学中，身体的地位有着被压抑、被边缘化的发展脉络，哲思家们倾向将身体视为动物性的东西，与理性相分离。笛卡尔的观点最为排斥身体，比如他有一段令人惊讶的话："认为思考能力与身体器官密不可分，以至于离开身体器官就无法思考，这种观点是不可取的。思考能力绝非身体器官的产物。"（勒布雷东，2010）Hegel 亦对人类的意识与动物的分离活动给予了高度的评价，将知性视为一切力量中最惊人的，是人的意识让身体学会了克制(黑格尔,1979),在身心二元论的影响下,意识和思维往往是独立于物质身体之外的,人们会更多地讨论心(意识),而非身体。正如英国学者 Shilling(1993)所表示的,"身体"扮演的是一个缺席的在场(absent presence)的角色,它会在"行动""行为""劳动"中作为前提或基础来讨论,被赋予社会功能或社会意义,却从未成为真正的研究对象,持有生物性存在的身体在社会科学领域中没有讨论的正当性,大多是在分析以身体为文本的言论(Csordas, 1997)。诚如这些批评者所言,受到身心二元论的影响,西方人文社会科学往往将意识、内在思维等相关议题独立于物质身体之外来掌握,身体是相对于灵魂而存在的肉体,是下等的,是被压抑的,乃至于是被遗忘的。因而在讨论社会性意义时,特别重视与心(意识)相关的方面,而较少关注物质性的身体(Crossley,2011)。与此相似的是,在大众传播研究之中,不管是芝加哥学派关于大众媒介与社会整合的集中论述,还是哥伦比亚学派的效果研究传统,以及接连涌现的议程设置、沉默螺旋、使用与满足、第三人效果等,大多是围绕价值认同、态度和意见的变迁来讨论"人"。"去身体化(也作离身性)的趋势早已出现在大众传播中,这正是主流传播学一个未经检视的基本预设。主流传播学在主要立足于大众传播媒介的传播实践中,将身体视为必须被克服的障碍。"(孙玮,2018)[83]

身体转向的提出主要是反思这些身心二元论的偏颇,思考如何将"身体"重新带入研究,不再单纯地从"心性论"或文本分析进行社会、文化及历史的研究。在社会科学领域,"有三个伟大的传统将身体拖出了意识哲学的深渊"(汪民安和陈永国,2003):一是梅洛-庞蒂的身体现象学;二是涂尔干、莫斯、布尔迪厄这一社会学、人类学传统的社会实践性身体;三是尼采、福柯的历史、政治身体观。

这些研究大多是围绕"身心""主客""个体-社会"等基本问题而展开的,均为"具身行动"的提出给予了养料,在此先进行一个大致的介绍。

在三个理论传统之中,知觉现象学尤其强调"身体"的原初地位,身体不再是机械的、低等的生物性存在,而是一种与人的心灵一样可以造就人的生命意义、记忆世界意义的高等存在。而后现象学则进一步延展了身体,让技术得以进入分析框架之中,这是本书最基础的理论框架,在后文会有更详尽的介绍。

当身体成为社会实践中的基本问题时,也能给我们带来关于主体的新的理解。比如,Bourdieu(1977)认为身体的修正和维持是一种双重意义上的"投资"(investment):行动者在经济上投资自己的身体,并期待身体给自身以回报,继而在心理上也觉得身体越来越重要,进一步有动力来修正或维护自己的身体,形成了一种自我强化的力量。人们通过身体的行动来修正和维持身体,这种具身行动不能被简化为"行为"。Giddens(1991)综合性地主张,人们是将身体发展与社会文化联系起来,并给予持续性的关注,这内在于现代社会行为之中。而权力、欲望、意义和认同都会塑造人与人之间的联结和关系,继而调整身体的行动(Crossley,2006)。

Foucault则是在对身体的讨论中,通过"微观权力学"触及身体规训和社会权力之间的关系。之后,Foucault更是用身体的主体性串联了"生物技术"和"自我技术",促使"身体"在20世纪80年代开始逐渐变成具有正当性的考察对象,虽然到了20世纪90年代才真正成为社会科学领域广泛讨论的主题,并且有了不同的研究导向。这是对"身体"的一次重新发现,因为按照Foucault的追溯,"自我技术"是一种早在古希腊时便存在的实践行为,当时视为"自己照看自己"(to take care of oneself)、"关注自我"(the concern with self),以及"自我留意、自我关心"(to be concerned, to take care of yourself),其中自我关系(即"你与自身应该保持的那种关系")决定了个人应该如何把自己构建成为自身行动的道德主体。同时,Foucault也注重"技术",比如就书写而言,它与阅读一样,是建构一个"身体":书写把看到或听到的东西转变成"组织与血液"。可以说,在Foucault看来,各种各样的权力和技术,都围绕着身体而展开角逐,权力在控制和生产身体。

这些研究或者是在批判笛卡尔的身心二元对立的过程中重新确立身体的地位；或者强调个体的身体体验、身体感受（梅洛-庞蒂，2001）；或者强调身体的社会性与象征体系（Mauss，1973）；或者强调对身-心、主-客、自然-文化诸多二元对立的超越（Lock & Farquhar，2007）。隐含于这些研究流派背后的理论思潮分别有：唯心哲学、现象学、象征与结构主义、建构主义、后现代思潮等。

（二）传播研究中的身体观念

这诸多身体研究的不同流派至今存于西方学界，并对传播学研究产生了一定的影响，开始挑战大众传播中的一些主流预设。前文已经阐述了"去身体化"的趋势也早已出现在大众传播中，并成为主流传播学一个未经检视的基本预设。这一默认可以从"传播"和"媒介"这两个关键词的含义中体现出来。比如，在美国大众传播学的主流之中，传递观占据着显赫的地位。Schramm 借用信息论奠定了传播学科，这里的信息一般指的是媒介信息（语言、图像、声音等），它所着眼的便是信息的跨越空间的远距离扩散（Carey，1989），而传播者的身体及其依托的物质空间场景是必须要克服的障碍（孙玮，2018）[84]。在传递的过程中，信息必须要借助符号才能从传者到达受众，这个符号是多种多样的，最重要的符号是语言，当然也包括声音、图像、影像等。这些媒介符号被视为外在于身体的，这样才能进行远距离的传递。也正是在这个意义上，主流传播学将大众媒介定义为中介化的传播，以区别于身体在场的面对面传播。

在传播学后来的发展之中，"身体"的回归仍然悬而未决。在媒介研究领域，谈及媒介和身体著名的论述大抵应是 McLuhan 的"媒介是身体的延伸"，但作为一个悲观主义者，他同时又哀叹暴露在媒介面前的"无肉身的人"。一方面，McLuhan 用"感觉比例"（ratio of the senses）区分了口语、书写、印刷和电子媒介，在不同的媒介文化逻辑中，不同的感官都有各自分配到的不同比例。McLuhan 将电子媒介的命运视为感觉比例上的趋于极致，将其设定为一种可以把社会转变为统一集合体的能力，因为电子媒介翻转了视觉空间的感官细分现象："我们现在居住在一个地球村里，一个所有事件皆同时发生的世界里。我们回到了一个听觉的空间。我们再度开始建构原初的感觉，一种部落的情感（几个世纪以来，读写能力的发展使我们与这种情感分离）；这些感觉、情感，是存在于写作与印刷发明之前的文化里的。"（McLuhan & Fiore，1967）[63]更重要的是，当媒介成为使感官能够和谐运作的必要手段时，"沟通"便拥有了透明、直接、完整和即刻等固有的特质。例如车轮是"腿脚"的延伸，服装是"皮肤"的延伸，电子技术是"中枢神经"的延伸，媒介被等同于用以延伸/替代人类身体的假肢。围绕"环境""身体""媒介""感知"等几个关键概念，在 McLuhan 的理论建构中，问题的关键点变成了"媒介技术与人体之间的关系并不是能够互相影响的'双向'关系，而是一种'单向'的、决定性的关系"（车致新，2019）[23]。换句话说，McLuhan 勾勒了身体对于媒介的重要性：身体是媒介/技术的源泉，也是其定位场所，镌刻了技术的独特结构与逻辑。对 McLuhan 理论的再发现也确证了身体与媒介、人与技术论题在当下的迫切与必要（刘婷和张卓，2018）。

另一方面，McLuhan"无肉身的人"（disincarnate man）的形象却同时出现在与之相伴相随的虚拟性论述之中。在此，任何由电视所引发的感觉转变的正面效果，都造就了观者无肉身的状态——这是个体暴露在媒介面前时所经历的一种心理震惊的结果；因为媒介减弱了他/她拥有一个生理身躯，以及一个自主身份的感觉。这使得社会中较年轻的成员特别受到困扰："从东京到巴黎乃至哥伦比亚，年轻人在街头的剧场中，漫不经心地展演着其有关身份认同的节目。他们并非在寻找目标，而是在寻找一个角色，努力地想得到一个从他们身上遁逃的身份。"（McLuhan & Fiore，1967）[249]这时，引起 McLuhan"无肉身的人"之焦虑的其实是电视，相信 McLuhan 若处于现在网络科技无处不在的日常虚实空间中时，一定会对感官的融合和翻转有更强烈的感叹，以及随之而来的更深沉的焦虑。这其实又将如何"理解媒介"的问题置换为如何理解"人的延伸"的问题。可预想的是,按照 McLuhan 的思路,严格界定下的虚拟科技会恶化这种危险的"无肉身状态"或"非肉身化状态"。

McLuhan 的两个论断都影响了关于网络使用者的后续研究,并形成了岔开的两个脉络。一个脉络从属于反人类中心主义,强调媒介的物质性与身体感觉的关系,认为虚拟社会不需要肉身,在线经验是与线下经验分离的。比如 Kittler 的"信息唯物主义"(information materialism),他对媒介去身体化的强调甚至超过了 McLuhan,将身体等同于机器,"人"分裂成生理结构和信息技术,使得媒介可以独立于身体而发展:"我认为可以提出一个合理的假设:媒介(包括书和书面语)的发展是独立于身体的。"(Griffin et al.,1996)另一个脉络则探讨"渐趋消散的身体",认为身体知识失去稳定性,更多地意味着丧失心理上的"基本信任"或"本体性安全感"(Giddens,1991)[45-47],朝着一个命定的烟消云散的结局奔去:"媒介技术的虚拟化使主体性逐渐消融;时空的流动带来分散随机的社会交往关系;符号所指的多元错乱使过去稳固的意义价值经历去本质过程;网络节点的去中心化则在建构一种'离散'(dispersed)的现代认同。"(吴志远,2018)[112]

(三)当身体遭遇计算机中介

无论是传递观还是 McLuhan 的媒介研究,都是互联网诞生之前的研究。互联网诞生之后,传播学又有了很大的改变,网络人际传播集中探讨与计算机有关的议题,它兴起于 20 世纪 70 年代末,源自在美国兴起的计算机中介传播(computer-mediated communication,CMC)研究,后者虽然近年来在内涵上基本等同于网络传播,但在问世之初主要是指网络人际传播。认知(信息加工)的视角对它产生了很大的影响,使得人际传播研究越来越重视对社会知觉信息加工机制的研究。其中,"空缺取径"(deficit approaches)一度在计算机中介传播研究中占据显著地位,这派理论认为计算机网络属于贫媒介,传输性能有限;计算机中介传播造成了肉身特质的缺失,能够反映交流参与者个人状态及社会角色等一系列特征的非言语线索和社交情境线索在传播过程中被屏蔽了,使得交流参与者在网络条件下的人际互动中所能获取的关于对方的线索信息极其有限,不足以直接完成印象形成的认知过程。

20世纪90年代,个人计算机如雨后春笋般出现在办公室上班族、学校教师、大学生、医生、家庭工作者等人员的桌面上,与之相随的是计算机中介传播术语的流行,其中控制论(cybernetics)被视为最受欢迎的理论:信息避免了任何对观点和意义的指涉,因此也就不涉及人的因素;人在某种程度上来讲也是机器(机械化的信息处理器)。与之相比,计算机中介传播的定义却一直比较难以捉摸:"计算机中介传播是借由计算机协助人类进行传播的过程,其中包括人、位于特定环境,以及为了各式各样的目标去塑造媒介的使用过程。"(December,1997)当然,还有更为古典的定义,相对也比较简单,它由Herring(1996)提出:"计算机中介传播发生在人类与计算机工具之间。"也正如他所指出的,首先让计算机中介传播学者感兴趣的,是网络的不同传播科技或次系统对人类传播的影响(譬如语言实践和社会互动模式)。

早期对于计算机中介传播的研究模式中,"空缺取径"这一脉络下的学者主张科技中介传播——特别是以文字为基础的计算机中介传播——缺乏面对面传播的重要特质,所以总是不够充分。比如,美国学者Hiltz和Turoff(1978)撰写了《网络国家》(*The Network Nation*),这本书被认为正式宣告了网络人际传播研究的问世。值得注意的是,书中将交流渠道分为听觉渠道(包括语言内容和语音)和视觉渠道(包括面部表情、衣着以及其他显示社会地位的外表特征、身体动作、心理生理反应等)两大类进行分析,首次明确提出了计算机中介传播具有交流渠道窄化的特点,以及去人际化的属性。直至今日,这本书开创的关于交流渠道与线索讯息的基本框架,仍在网络人际传播研究领域占有绝对的主导地位,有数百篇相关论文在学术期刊上先后发表。学者们（如 Daft & Lengel，1986；Sproull & Kiesler，1986）论述在计算机中介传播中缺乏社会呈现，也就是无法借由视觉线索——诸如脸部表情、姿态和眼神接触来传播；此外，缺失的还有非文字线索和可辨认的标记——诸如地位、职业角色、年龄和性别，通常而言，这些线索和标记暗示了相当多的社会和情绪信息。更进一步的，Rutter（1987）提出缺乏视觉和副语言线索在中介传播中表示"心理距离"增加。承接这一逻辑，批评者会认为电子邮件、手机短信及其他发送虚拟讯息的方式意味着"拒绝承认他人存在这一实质而独立的现实，拒绝卷入相互依靠和相互负责的关系"，从而无法启动集体行动（Robins，1995；Nguyen & Alexander，1996）。换句话说，打造网络空间或许是为了便于信息流动，但这并不涉及激发出在现代世界中"对他者的同情"这一道德问题（Sennett，1994）。

Dubrovsky 等学者对"空缺取径"所反映的情境有生动的描述：网络人际传播中被削减的线索"会让人们忘记了讯息在传播，而以为自己是在对着计算机喃喃自语。人们忘了他们还拥有一大堆叫作'受众'的人，甚至忘了自己的传播将会被他人解读"（Dubrovsky et al.，1991）。但是，这一取径其实带有浓厚的技术决定论色彩，在属于贫媒介的计算机网络空间中，大多数人都没有身体，没有脸，没有历史，没有音调，没有特征，没有手势，也没有拥抱。网络上只有脱离情境、缺乏既定含义的字词，是陌生的、轻如空气的领域（Porter，1997）。

"空缺取径"形成的直接后果是去人际效果（impersonal effects）的提出。这一论断认为，网络人际传播是任务导向性的传播方式，"它慢慢去除了人的情感成分，着重于交流的实质而尽量减少人际交往的影响力"（Dubrovsky，1985）。许多研究为其提供了支持，比如"缺少非语言行为线索，发送者很难通过讯息表达某种情绪，展示个性，实时控制或显现出感召力，互动者享有更多地自由却较少得知对方的个性"（Kiesler，1986）。去人际效果论被总结为："计算机中介传播由于缺少音频和视频渠道而被认为是去人际性的，无法像通常一样进行交流和反馈，所以缺少社交因素和个人情感的相互交流。"（Rice & Love，1987）。

对此，张放（2017）总结出了建立在"空缺取径"基础上的理论的一些基本观点：第一，交流参与者之间的交流包含不同渠道所传输的社交线索讯息，如视觉线索、听觉线索、情境线索等，这些线索讯息是传播参与者借以判断他人的各种特征从而削弱交际中的不确定性的主要依据；第二，以传播媒介作为中介进行的交流，会造成交流渠道的减少，导致社交线索讯息的缺乏，而后者是交流参与者社交在场感削弱的直接原因，面对面条件下（零中介）的传播是渠道和相应的线索较为齐全的交流方式；第三，网络人际传播是基于文本的交流方式，其他视觉线索、听觉线索和情境线索在经过计算机网络的中介之后都被消除了。

但是，视觉或社会线索缺乏必然导致社会性、情感性缺乏吗？根据Spears和Lea（1992）的辩护，"空缺取径"无法解释电话热线中的沟通，在这个情况下，正是由于精准的社会线索缺席，才能让电话完美地提供亲密性交流。而媒介元素发展得丰富是否会弥补社会性和情感性的缺失呢？"空缺取径"也会涉及媒介丰富度模式，往往假设线索较贫乏的媒介（像是以文字为基础的电子邮件）不利于情绪的复杂互动。而面对面与口语传播必然比以科技为中介、文字为基础的传播占优势（索洛等，2006）。

Walther（1992）借此提出了社会信息处理模式（social informational processing），并宣称："若在人际印象形塑以及关系发展的累积上给予足够的时间和讯息交换，并且其他条件一致，则在计算机中介传播与面对面传播的晚期都能达到相同的质量。"例如，涉身于网络的人们还学会了一种新的方法来丰富想象，比如讨论较多的情绪符号，是用来修复计算机中介传播中一度欠缺的社会情感满足：使用图形标记（比如"：）"或当下的表情包）能够使人们感觉更充满感情，而其他的加强语气形式（比方说大写或首字母缩略）也都具有传递副语言的效果。即使除了文字之外什么都没有，人们仍旧能够从对方所使用的语言知道许多事情。记得在网络早期出现的时候,有人说过:"在网络上,你不知道对方是不是一条狗。"然而,现在很多时候人们已习惯凭借林林总总的网络线索来对他人进行判断,至少在交流之前从未怀疑过对方非我族类。单单将计算机中介传播与面对面传播进行比较,并不能看到中介化在物质性和程序性上如何双重联结人与技术,看不到计算机/网络和身体的内在关系。一切交流,无论面对面还是远距离,其实都是一个调解(mediation)的问题,面对面的情境之特点是"身体和视觉近距离"的"偶然的辅助手段"(彼得斯,2003)。身体总会通过各种方式在传播实践中留下它的痕迹:虽然互联网的物质性更加不稳定,但传播者会尽力地去锚定身体和主体性的种种标记,在合法化过程中开始重新建构"身体"(比如对身体风格的强调恐怕大于肉身本身),通过形塑新的自我呈现和采取更多的传播策略来实现关系性的目标,这已大大地超越了早期的网络符号和表情,而是多种数字痕迹所透露出的感觉和氛围。

其实,Dewey(1964)早就写道:"人们之所以形成社会,并非因为实体生活上的邻近距离。一个人就算居住于远离人群的地方,亦一样能受到社会的影响。一本书或一封信,可以为人与人之间带来更亲近的联系。这种亲近,可能更胜于住在同一个屋檐下。"在互联网出现之前,传播实践就已经开始区别于面对面沟通,肉身与认同之间的关系早已崩塌(某个肉身归属于某个认同创造了某一信息),但又重新将创作者、接收者和信息进行合法化。现在,网络传播已从单一的文字符号向以文字为主,图片、视频、音频相结合的多元传播符号体系演变。由于早期计算机操作系统(OS)接口都非常简陋,故而只能用英文单词和一些符号作为传播符号,称为字符(character)。过于简单的传播符号体系很难传达人的情感,也很难进行社会性的交际互动,给人以机械化的、冷冰冰的感觉,因而主要用于达到任务导向性的目的,但这样不能满足人的固有需要。而如今人们早已习而不察的"图形用户接口"(graphical user interface,GUI)则如此简单易用(即所谓的"用户友好"),如此符合人体工学。计算机的传播符号系统就一直处于一种不断多元化、仿真化的演进之中,从最初的单一文字符号,到文字、图形符号结合,再到各种视频与音频格式的出现,最终形成一个更加直观而且更容易为使用者所掌控的多元并行的传播符号体系。比如数字游戏或虚拟现实(VR)游戏已经开始通过模拟仿真水平充分调动人类全部的感官功能。这些"接口"使得我们感觉自己与计算机更亲近了,但其实这些越来越友好的接口掩盖了一系列程序语言的真正基础——二进制代码,使得不仅是普通的用户,甚至是专业的程序员都离计算机"内核"越来越远了。

(四)后人类主义的赛博格

当前媒介技术发生的变化使得身体再次出现在传播学的视野中,比如移动互联网使得位置成为信息,所谓位置,就是身体在特定时空中的方位;更有甚者,人工智能要将机器嵌入身体,或者是创造机器仿真的身体。在新技术崛起的移动网络时代,身体在传播研究领域被激活了。但是,新传播技术使得人类的身体发生互为条件又互相排斥的两个转向。

> 一方面,它关系到人们及其身体或身体的某些部分已经进入虚拟的空间中,这也就意味着越来越多的人-计算机系统的一体化要素被生产出来,它因此也就变成了某种人工生命体(cyborg);另一方面,机器的延伸又从人的直接操纵那里分离出去了。而后者,也就是智能的、自动的机器人,或在感受和动力系统上受环境制约的虚拟代理人……从长远的观点看将可能以其肉体化而超越人类,或者/并且它们将为人类提供这样的可能性,即它们以其认知结构作为某种寄生物而筑巢于非有机的客体内,从而排斥血肉之躯。(罗泽,2008)

可以说,赛博格是"文本、机器、身体、隐喻",其在字源上结合了控制论和有机体(cybernetic ＋ organism ＝ cyborg)。由此,身体的重返携带着身体的危机,生物技术、信息技术造就了仿真的身体——半机器人、机器人的出现,引爆了当代社会的"身体危机"。面对新的技术环境,这种人类身体的转向在计算机学中直接简化成了对人类实体的差别轻描淡写,继而探索人类和机器未来融合的可能性。在社科领域也出现了将"人"视为"后人类"的信息后人类主义,它包含以下四个特质:①后人类重信息,轻物质;生命的本质不在身体,而在信息模式;②后人类认为意识并非人类身份的起源,在进化过程中它仅扮演次要角色;③后人类认为身体并非自然物,而是原始的义肢,因此随时可被其他义肢取代;④后人类认为人与人工智能机器、肉身与计算机、自动控制装置与生物有机体并无本质上的差异(Hayles, 1999)[2-3]。后人类主义发问,信息有身体吗? 意识可以下载吗? 意识可以脱离身体存在吗? 后人类主义者说,他们和现代性的自由主义者共享一个基础,就是强调心智之于身体的优先性(Hayles, 1999)[7-15]。这一无懈可击的赛博格主体仍然过快、过于激进地抹去了人与技术物之间的异质性,甚至让"人"完全面目全非,这似乎并不符合目前数字青年的真实存在状态。

确实,技术有其举足轻重的重要性,"人类通过工具在技术中发明了自己,让自己在科技中外部化",因此"义肢不只是人类身体的延伸,而是构成了此身体,使之成为'人'"(Stiegler, 1998)。Stiegler 认为,人并无任何本质,正是这种欠缺,人才需要借由技术义肢改善、转化自我以及其所生存的环境。虽然后人类主义都认知到科技在当今社会的重要性,以及它如何形塑、改变、重新定义人、生命或主体,但不同的后人类主义者却抱持不同的立场。支持后人类社会的学者则特别强调科技与人界限的混淆如何带来新身体、新主体、新社会的发生,例如在《后人体》(Posthuman Bodies)这本早期关于后人类论述的论文集中,编者 Halberstam 和 Livingston(1995)[3] 根据后结构主义观点,将后人类身体视为科技身体或遭污染、不完整的身体,以及此等身体如何中断、颠覆完整主体与身体的论述;而 Braidotti(1994)也从 Deleuze"生成"(becoming)的观念彰显后人类社会如何开展新的人类定义、新的激进性别政治、新的具身生成(embodied becoming)。但是,作为后人类这一新兴研究领域中的关键人物,Hayles(1999)[29]对后人类社会去物质、去身体,以模式/随机(pattern/randomness)取代在场/缺席(presence/absence)的去身体化倾向感到忧心忡忡。承认后人类时代的来临并非赞成人、人性、身体的消弭,而是要在后人类时代重新定义"人",重新找回"人"的意义。

> 我将当前视为一个至关重要的时刻,在此时,也许有必要制造一些干预,以防解体(disembodiment)被再次写入盛行的主体性概念之中。我将自由人文主义主体的结构视为一次重新将身体囊括其间的机会——后者在当代的控制论主体讨论中正在逐渐消失。(Hayles,1999)[5]

Hayles 对信息后人类主义的回应首先是一种质疑,质疑将物质性从信息中分离的立场,然后希望树立起另一种关于后人类的解读。他的基本立场是,将心智与身体、软件或硬件剥离开来是错误的,因为意识和信息总是包含于某一物理媒介之中。"我的梦想是这样一种后人类形式,它包括信息技术的可能,但不受无限权力和脱离实体的永恒所诱惑。"(Hayles,1999)[5]他的目标不在于呈现早期控制论学者所痴迷的"人类"是机器或机器可以"像人类那样运行",而是希望通过引入身体和机器接触的物质实践和交互接口来强调人类身体的持续存在性——因为机器仍然从根本上不同于人类的身体。

Pepperell(2003)在《后人类状态》(*The Posthuman Condition*)中将后人类境况描述为一个时代,其间"人类不再是宇宙中最为重要的事物",而"所有人类社会的技术进步都是为了适应我们所知道的人类种族的变迁",同时"复杂的机器成为一种新兴的生命形式"。然而,后人类无关此类"进步"本身,而是一种新的横向主义(transversalism)的诞生,其中人类本质的"纯正性"让位于新的创造演变形式的可能性或危险性。Halberstam 和

Livingstone(1995)[8] 的以下论述捕捉到了这一境况的精髓："'后人类'中的'后'所吸引我们的不仅仅是因为它假设了一系列发展状态，而在于它可以分解为次-(sub-)、交互-(inter-)、在内-(intra-)、跨-(tran-)、之前-(pre-)、反-(anti-)。"综上所述，一个关键的分析后人类文化和社会的出发点是身体，虽然它并非稳定的，但可以同时作为一种物质性和一个文本展开分析。Halberstam 和 Livingstone 将后人类视为一系列的"节点，其间身体、话语身体和身体话语互相交织"。

赛博格的出现让我们重新重视人与机器之间的反馈回路，重返的身体也许已改头换面，但它的危机让我们看到在网络社会身体的复杂性。该终极媒介重新组装起了被大众媒介分隔的器官，创造出了三种在场的基本状态：携带自己的肉身、离开自己的肉身、进入其他的身体，从而"将人与技术的双重逻辑、实体空间与虚拟世界的双重行动交织互嵌在一起"（孙玮，2018)[85]。由于身体的复杂性，究竟如何重返身体，继而理解数字青年在网络行动中所生成的主体经验，仍是值得持续思考的议题。

通过对身体转向的大致梳理，我尝试为本研究找到一个逻辑切入点，并认为应引入"具身性"的概念来对人与技术、身体与机器、自我与他者进行重新梳理。社会科学中的身体转向让"身体"从研究的边缘走到了聚光灯之下，不同领域的学者围绕身体问题的论述所展示出的张力，已经较为深入地指向"去身体化"趋势的学理困境，搭建了具身性得以进入传播研究的理论空间。同时，计算机中介传播中默认了身体的"缺席"，认为视觉或社会线索的缺乏必然导致社会性、情感性的缺失，但人们的实践远远早于理论的警示，在日常实践中人们已经自行发展出多元并行的"身体在场"，这种在场并非将"身体"简单地符号化。通过计算机中介而进行的人际沟通，往往呈现出一种社交距离的暧昧性，不应被简单地认为是一种空缺和劣势。后人类主义的赛博格也对去身体化的倾向感到忧心忡忡，希望能制造一些"干预"，防止"解体"被再次写入主体性概念之中。"去身体化"遭遇到现实和理论的双重困境,亟待"肯定身体在信息流动与接受过程中的物质论地位"。具身立场对社科领域中身心二元论、行为主义等经验逻辑的反思甚至颠覆"可以进一步延展到新传媒技术及其身体实践的检视,以此在一定程度上突破彻底离身的技术神话,具身性的传播实践可以为我们思考那些被技术所包裹的传播与身体叙事另辟蹊径,借此平衡离身观念的话语霸权"(刘海龙和束开荣,2019)。

二、从身体到具身性

如前文所述,大多数围绕数字青年而进行的研究讨论承接计算机中介传播中"虚拟化身"和"去身体化"的逻辑,而很多关于网络行动的研究也会将敲敲鼠标点个赞或分享贬低为"懒人行动主义",认为其无法与线下集体行动相提并论。然而,对于 Leroi-Gourhan 而言,人类身体的历史发展是与语言和技术息息相关的。他展示了人类的肌肉、骨骼如何与技术一起实现行为,比如行走、收集、咀嚼、言说、涂画、写作以及记忆。这是身体实践和技术物品的纠缠(intertwinement)(Peters,2015)[17]。而打字、写博客、刷朋友圈、斗图、刷弹幕、留言、发微博、打游戏……这种种日常的"具身"动作是我们对网络传播有所认识的重要方式,学习到虚实一体的身体运动,明了技术、行动与效果之间的相互关系,方能逐步建立较为复杂的认知。所有的技术其实都是身体的技术。

与"空缺取径"截然相反的现状是,当下的媒介更擅长捕捉身体,更凸显了身体。生物传感器嵌入环境、物品和人体之中,智能手机中的摄像机和麦克风、全球定位系统(GPS)和陀螺仪、健康活动追踪器的加速度计等传感器都早已在日常生活之中与人们如影相随。由于视觉、听觉两类数据相对容易获得而且数据量大,传感器在识别和反馈视觉、听觉方面发展得较为成熟。在此前的信息化时代,摄像头和麦克风的普及使得大量图片数据、语音数据得以积累。目前生物敏感材料的仿生嗅觉和味觉传感技术的发展,也使得电子鼻和电子舌化学传感技术成为可能。同时，传播技术也尤为注重交流能力和知觉的多重感官经验，发明、改良了很多重新修正和维持自我呈现的具身技术，比如更加细腻的屏幕辨识度和触碰质感、各类 App 中身体与音乐或特效的结合、为自拍而设计的滤镜和修图功能等。在这些人与技术的互动之中，人的身体和感官扮演了重要的角色，包括如何看、如何点击、如何触摸、如何听、如何搜索信息及如何建立人际网络等，这都源于身体的"感发性"（affection）。作为信息的"框架者"（enframer），"感知身体"（affective body）会积极主动地进行选择和处理（Hansen，2004）。而只有在这样的互动之中，科技物才有可能成为有情感的互动媒介（affective medium），深深根植于人们的日常生活当中（Hoffner et al.，2016）。

在这样的脉络之下，"具身"成功地概念化了人类行动中物质性和主观性的关系，重新在研究分析中呈现人们对自己的身体感知、观察和采取行动的能力。"具身"的概念发展至今，已经变得较为复杂，知觉现象学、文化人类学以及认知心理学都在积极地发展这一概念，但可以发现这些论述都围绕着"可供性"展开。

（一）预示"可供性"的"具身性"

在 Merleau-Ponty 的《知觉现象学》（2001）中，就有两种具身性。第一种具身性指人类身体的具体形状和内在能力，比如身体有胳膊和腿、一定的长短大小和一定的能力。借由具身性的概念，Merleau-Ponty 试图将身体向世界敞开的三种方式都包含在内，"身体是我们拥有世界的一般媒介"。第二种具身性则是让我们得以对接不同的事物而改进我们的技能，事物出现的同时唤醒了我们的技能，所以我们会持续改进我们的技能。这就开始有一点像可供性了，事物能供了步行、碾压、获取等，这是和我们内在的身体技能和不断获得的技能相关的。可供性的概念指的是行动机会、对象和环境为能动者提供了独特的行动选择（Gibson，1979）[31]。比如，椅子可以让人来坐，杯子能捧住，而平坦的山石可以让人行走和攀爬。胡塞尔（Husserl）

的"I can"的概念预告了 Gibson 的可供性概念，以及视觉的能动路径。Heidegger 虽然就身体本身并未多说，但是他极具影响力的在世存有概念其实是非常具身的。他的"上手"（ready-to-hand）含有我们日常生活中的实践概念。

（二）可供性和文化现象学

目前，对于具身性主流的理解源于 Gibson 所提出的可供性。在反思感官心理学的过程中，Gibson(1979)[31] 提出了可供性的具体概念，它被定义为一个有机环境中所有为行动而存在的机会。据 Gibson 所述，这个概念应追溯到 1926 年 Kurt Lewin 的"Aufforderungscharakter"。几年后，这个词被翻译成英文"邀请性特色"（invitation-character）和"效价"（valence），而后者更为普遍接受。当这个概念被使用时，是在谈信箱"邀请"信件，把手"希望"被握住，巧克力"想要"被吃掉等。他想要传达的主要理念是，我们经验中的事物并非中性的存在，并非只能等待我们的意识来给它赋予意义，我们经验中的事物其实是在告诉我们该怎样处置他们。

Gibson(1979)[28] 进一步认为在和世界互动的过程中，有机体"捡起"了这些机会。环境中的可供性是由事物提供的，可供性并不会随时随地迎合观察者的需求或情绪而发生变动，比如可以让人站立的水平面、一些提供躲藏机会的地点、可以接触到的事物，以及一些可以攀爬的事物。而哪些事物是可以接触到的，取决于有机体自身的距离测量，这个可能会随着有机体生命周期而发生变化，但是不会随着有机体的心理状态而发生改变。更重要的是，不同的有机体会感知到不同的可供性。

他以信箱为例，提出信箱可供信件，这种可供性让我们需要注意具身性中的文化现象。显然，信箱可供信件并非一个仅仅基于物质结构的跨文化现象，也不是所有人都能获取的身体结构叠加技能。这种可供性是来自经验，特别是和信箱相关的以及寄信技能的获取经验。文化世界因此也和我们的身体相关联，是我们后天获得的文化具身性。可以说，第三种具身性考虑到了处于不同文化世界的情境差异性。Csordas(1999)承接 Gibson 这一思考,提出了文化现象学,旨在将具身体验的直觉性和文化意义的多重性综合起来,其中,具身性被定义为一个知觉经验与在世显身以及参与方式彼此之间相互影响的方法论领域。

他所希望反对的,是社会科学身体转向中"作为文本的身体"和"文化烙印在身体上"这两类学说。也就是说,他企图跳脱过去学者从语言与心智现象来理解"自我"这个范畴,这个"自我"具有经由身体经验来理解生活世界的不确定性之能力。虽然后现代社会学和文学理论都强调身体在我们的文化经验中被边缘化和压抑了,但他们仅将身体视为由社会性和文化性建构的"文本",忽略了身体是我们经验、概念化和思辨的基础。

Csordas 在论述自己对于具身性的理解中,认为可供性应该被视为存在的基本,是在对象和事件之前的存在:"在概念(特别是我们对于这个世界是如何运转的等信念)和感知之间有着有趣的联系。我们感知或观察到了什么会或多或少受到我们的信念、习惯使用的语言基模,以及期待的影响,这些因素可能不是观察中的决定性因素,但也不可以被忽视。"Csordas 由此将人类学带入了感官世界,"活生生的身体"以及它与周边环境的关系成为个人构建自身重要性和意义的基础。

(三)4E 心智中的具身认知

在认知心理学领域,具身性旨在对抗笛卡尔主义的认知科学。Gallagher(2014)[7] 提出了 4E 心智的概念,四个 E 即具身的(embodied)、嵌入的(embedded)、能动的(enacted)和延展的(extended),旨在说明"我"并不能简单等同于"我的大脑",这成为认知科学的一个新起点。具体而言,"具身"是说心智过程部分是由更外在、更广博的身体结构和过程组成。"嵌入"是强调心智过程是在一定的环境中起作用,外在于主体的大脑;如果没有正确环境的心智架座(scaffolding),心智过程不能恰当运转。"能动"则是说心智过程并非一个神经过程,而是一个需要和世界进行互动的有机体。

"延展"指出心智过程并非绝对缩限于头脑之中,其实会以各种方式拓展出去,进入有机环境之中。这四个概念均旨在质疑笛卡尔主义的认知科学:心智过程不能简单等同于大脑的运转过程。接着,Gallagher进一步提出了纲领式的一些观点,比如:外部结构中所持有的信息是与给定的认知任务相关的,或者说外部结构中有一些认知部件;通过合理使用这些结构,个人可以将呈现的信息变为能用(available)的信息,可以被个人的感官所觉察,被认知器官所编排。这进一步能说明,个人只需觉察信息,而不需要构建或存储信息,这样会耗费更少的认知。整体而言,将外部结构中呈现的信息变为能用的信息的行动是认知的一部分。

从认知科学来说,具身性的提出促使我们必须避免认为神经网络是一个独立单元,仅仅是输入和输出。我们需要将神经聚丛和身体器官联系起来看待,因为它们是在具体情境下运作的。从上文可以看出,在心理认知领域,以具身性为代表的能动主义和其他路径不同,尝试将身体定义为一个自我个体化的系统。从能动路径来说,身体不是一个功能系统,不能用功能主义认知科学中的输入和输出来定义,而是一个具有极大适应性的自动体,继而才是一个具有理解能力的系统。因而,意义的限阈来自我们的身体(我们的感官、认知和行动机制)以及我们的经验和行动发生的环境,这样的理解已被其他社会科学学科所接受(Johnson,1987)[82]。其次,具身性的概念是重新认识认知无意识(cognitive unconscious)的开端,我们大多数概念、整合机制和认知结构都是在自动地、无须深思地运作。身体在这个层次是非常重要的,因为我们认知机制和结构都基于身体经验和行动的模式,比如我们的时空感觉、身体运动的模式和我们操作对象的方式。从人的心智看来,抽象思辨并非与感官隔绝,而是以它为基础。以绿色为例,绿色有"深绿""浅绿""黄绿"等,但没有"红绿"或"绿红",那是因为我们视网膜的视锥细胞只有三种,而与之相连的神经聚丛由之确定了三对相反的颜色:红与绿,黄与蓝,白与黑。最后,具身性意义还在于我们的经验所带来的感觉质量:我们觉得自己的经验为何,世界是如何向我们展开的。其中的要点是我们的身体如何一如既往地沉浸在我们的体验、感觉和思考中,而这三者是彼此汇流、共同变化的。

可供性的逻辑让我们观察到概念影响感知、行动导航和意图的方式,或者目标有力地影响环境中的事物和事件被分析的方式、事物从背景中浮现以及注意力被引导的方式,这与具身性息息相关。因此,具身性并非仅仅是物理性的,可供性所关联的并非物理身体,而是一个能动者可以做什么。具身的能动者之所以是具身的,是因为能动者的能力和功能是在活动中最重要的部分中诞生出来的,而不是一种天赋或者对于外部信息的被动调试。可供性中的环境也不仅仅是感知环境,而是行动可能发生的整个宇宙(Sanders,1997)。可供性不仅仅强调主观现实的基本元素,还有这个世界所有可能存在的途径。再一次的,世界可被理解为能动者所有行动机会所发生的环境。可供性与具身性的关联结构如图2-1所示。

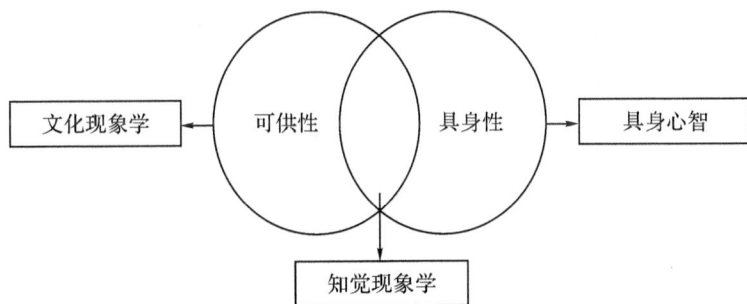

图 2-1　可供性与具身性的关联结构

综合而言,具身性的研究绝不仅仅是关于"身体"本身,而是身体性的在世存有,是与文化和经验相关的。同时,它也不仅仅关于人的行为和自我本质,而是关于经验和主体性。这几个知识领域中的具身性架构出了世界的内在结构、一般性的技能和特殊的文化技能。

（四）网络社会中的具身性

大多数运用具身性的研究均是关于舞蹈、运动、劳作、宗教等人类直观的行为,较少运用于讨论网络社会中人的媒介行为。"在媒介理论当中,媒介平台或应用的技术特征具有极其重要的地位"(潘忠党和刘于思,2017),媒介技术的这些基本特征,产生了一种可供性差异。互联网各类平台和技术之间有不同的差异性,整体而言可被视为一个认知发生的重要情境,这使得具身性的相关讨论可以纳入。

传统具身性强调的是在真实世界中,开发我们身体所有的感官线索来实现思考和行动。互联网一度很难被纳入具身认知的考虑,这正是源于线上和线下的二元划分的桎梏:线上世界往往被认为是虚拟的,不像在真实世界抛个球这样能更贴近具身性,因而不常将互联网和具身性联系起来进行讨论。我们对于网络互动先入为主的印象是一个人坐在电脑屏幕前,通过浏览器接口登上网络。在这种情况下,我们的意识流好像是从"真实世界"割裂出来,去回应远在他方的信息源,却不会为电脑屏幕上发生的事件感到任何波动。但是,从传播技术的发展史和网络社会的现状来看,我们与互联网的互动更加频繁地出现在我们的日常生活之中。

我们所经历的网络社会正在重温过去曾经遭遇过的震撼,闪电般快速传递的电报等被 19 世纪许多人都认为是离奇古怪的东西。而传输与记录的变化被铭刻在两个构词成分之中:tele-(远距离)和 graphy-(书写/记录),在后来的媒介中,它们几乎是无处不在的。"原则上说,信号——而不是身体——的摩擦系数减少到零……在电能诱发的精神交流的新形式中,人体的重量保持不变。"(彼得斯,2003)[130-131]人能够脱离肉身而"显身",也许是当时新的视听媒介令人不安的事情,结果就使得人们在中介设备中竭力使人体表现出来,比如接线员的真实操作,其实就是一种关于电话的具身行动。

接线员一方面要头戴耳机,长时间进行上身的肢体活动,另一方面还要能快速分辨不同的声音和口音,并在面对丧失耐心和粗鲁的用户时保持礼节。《女性百科全书》(*Every Woman's Encyclopedia*)就这样写道:"手臂的上下左右运动,会锻炼她的胸部和手臂,使得瘦弱的女孩变强壮。在接线室里,找不到看上去无精打采、病病歪歪的女性。"(格雷克,2013)Peters 在《交流的无奈》(2003)中也论述了每一位接线员如何必须被训练成近乎完美的楷模,成为一种有血有肉的机器,她们必须是速度和礼貌的范式,必须温柔谦和,绝对不能用铁定的语气把话说死。

这种形而上的理论焦虑和实践中的肉身重组也同样出现在计算机从军工领域进入美国人日常生活的初始阶段。随着计算机的日常化和控制论的主流化,《赛博空间独立宣言》应运而生,起草者明确表示他们借由数字技术在创造一个新的世界:

> 你们那一套关于财产权、个人言论、个人身份、迁徙,以及环境的法律概念对我们均不适用。那些都是基于物质实体的,但是在赛博空间里没有物质实体。
>
> 在这里,我们的身份没有实体,因此,我们不会像你们那样通过肉体上的强迫来维持秩序。我们相信,我们的治理可以从伦理、开明的个人利益,以及共同的利益追求中涌现出来。

这样的宣言在实践上通过身体力行地运用技术,以及其所引导的作为个体的新方式来实现一个新的技术世界并体验新的自我,继而在自由主义文化中抵消了控制论中去人性化地将人视为国际商业机器公司(IBM)打孔卡上的数据的潜在论调,提倡将互联网视为一种全新的、灵活的、移动的生活和工作方式的原型,以此寻找心理、技术与社会一体化的新生活。Turner(2006)详细记述了嬉皮士们在 20 世纪 60 年代和 20 世纪 70 年代发起的社群化运动,他们崇尚技术,采用主流的军工学研究的控制论话语风格和《全球概览》(*The Whole Earth Catalogs*)中所提倡的技术(这些工具包括直觉、情感、小型的技术，以及共享的集体意识的直觉），认为技术让他们感受到社会行为和生物行为之间、意识和身体之间、自己和朋友之间的界限都是极易相互渗透的。这些经由身体而实现的传播实践最终将孤立的后工业时代消费者带入了后现代经济的情感交融状态，使得身体文化与控制论融合起来，并改变了人们对于网络社会的想象。

网络技术灵活地嵌入日常生活之中。一个拿着 iPhone 的人来到了一个陌生城市，无疑他对这个城市一无所知，但是他希望能走到附近的一个聚会点。我们可以看到这个人在 GPS 和网络设备的引导下开始行动，大多数时候，他不仅要注意身边的物理环境（车辆、人流和各种障碍物），还需要停在分岔路口根据 iPhone 上所获取的信息来决定究竟该走哪条路。这个人是身处于线上还是线下世界呢？这是一种混合状态。技术的发展早已混合了这两者，正如 Floridi(2011)所言，生活越来越复杂，融合了线上和线下的活动，变得更加"生活上线"(onlife)。这也让我们可以更好地去研究互联网如何成为我们日常具身生活的一部分。

此外，移动终端的手势操作、语音指令以及谷歌眼镜（Google Glass）穿戴设备等的加入，使得人与技术的互动变得越来越融洽和重要，因为它们更好地开发了身体资源来参与各种活动，形成了非常明显的具身认知过程。这恰是一种更丰富多元的"身体技术"。尤其是，在 Heidegger(1992)看来，"手"对于人类而言具有至关重要的意义。人必须有手，才能有语言，只有通过手才能产生"祈祷与谋杀，问候与感谢，誓言与信号，以及手的'工作'，即'手-工'与工具"，而动物则没有人类意义上的"手"，正是人类的手掌握着人类的本质。他在否定打字机或机械书写时，也是认为机械化书写在书面语词的领域中剥夺了手的地位。但是，从具身认知角度来看，解放双手的操作使得使用者能更多地使用手势，很多研究都证实手势能从很多方面加强人们的认知过程(Goldin-Meadow，2003；McNeil，2005)。比如，Susi(2014)更是以计算机游戏为例，发现游戏过程是一个物理和虚拟游戏空间相互互动的具身过程，而思辨（reasoning）过程已经超越大脑和身体的边界，以及真实环境和虚拟环境的界限。虽然游戏手柄（鼠标或键盘）缩减了身体资源和互动的节点，甚至是"玩家"的认知，但是随着游戏体验的增强，又使得"玩家"能够和谐地采取具身行动。

物质具身性和环境嵌入性对我们的认知和理解起了很大作用，这也意味着我们必须细致地观察认知发生的不同情境中的互联网及其设备。网络成为我们日常所思所感以及行动发生的重要环境，网络社会的日常生活变成了 Hutchins(2010)口中"认知生态"的一部分——神经、身体、社会、技术和环境元素一同塑造了我们的认知行动。除了具有改变个体认知档案的潜力，网络还通过不断发展的社交媒体数组和网络应用，为社会互动和参与提供了新机会。通过具身性来重新检视互联网，会发现它作为社会互联的特质，其中存在更注重社会互动、社会关系和合作行动的网络。正如 Clark(2007)所指出的，人是有很强具身性的能动者，可以"在我们解决问题的动力引擎中接合新资源和新结构"，那么很有可能，互联网就成为一个生物科技融合的未来形式，延展了我们的心智去拥抱一个线上世界（Smart，2012）。

三、界定"具身性"

我们经由身体来感知世界，并生活于世界之中。综合上述关于"具身性"的讨论，网络社会中的"具身性"更具体地指向：情感、理智、反思等精神现象与具体的身体技术之行动密切相关，技术等外物要发挥作用也是基于身体、涉及身体的，技术-身体结合的结构和身体技术之活动应是"数字青年"的认知基础。

这一章主要是站在范式反思和重建既有传播研究的高度，对身体转向进行了介绍，其中"身体"的反思意义以及具身性的多元含义是第二节的重点。无论是在网络技术文化之中还是传统的社科主流之中，"去身体化"是较为主流的声音,如控制论中以信息流的方式定义人机交互、计算机中介传播中的"空缺取径"、后人类学阵营中关于赛博格的激烈争议,但技术实践本身却又要求"身体"在形式意义上的在场和参与,这更符合后现象学传统中,通过强调技术在现象学层面的物质性与嵌入性,来确认身体而非意识在生活世界中的重要性和实践性。如果我们进一步将身体转向聚焦于"具身性",可以更细致地讨论在这个概念之下,如何进行网络时代的传播研究。总的来说,具身的主体性统一了人类经验的四重维度:对自我的经验、对客体的经验、对他者的经验以及意义赋予,而"身体"被放置于主体性得以显现的中心位置(Fusar-Poli & Stanghellini,2009)。具身性是一个跨学科概念,它让我们看到心智、身体以及环境三者的一体化,这多少源于"可供性"所探讨的人和世界的互动关系,技术发出了邀请,心智拓展到环境之中,在不同的情境之下人们会"因地制宜""因时而动"地形成不同的互动关系,人作为一个能动者而进行技术实践。将身体转向和具身立场引入本研究中,首先是承认身体观念在网络时代的意义产生与维系中的基础作用,其次是探索如何进行演绎式的哲学思考,并与具体的现象进行结合。

第三节　数字青年在行动

第一节和第二节确认了在网络社会中,针对数字青年所应采取的视角和研究转向。接下来,第三节将探讨如何将这两者整合于数字青年网络行动的研究之中。无疑,数字青年的方方面面都具有研究的意义,比如他们在教育、政治、工作、个人道德等领域的行动、认同、霸凌、成瘾、媒介素养等。新近关于青少年公民参与的研究偏重考察社交媒体及用户创造内容(user-generated content,UGC)社群对于线上及线下政治参与的影响(Leung,2009)。例如,Hirzalla 和 van Zoonen(2011)通过对青少年公民行动的考察,发现他们常常将线上和线下的手段结合在一起加以运用。亦有个案研究显示,通过在虚拟社区中的互动,青少年的决策能力、自我组织和公共对话意识都有所提高(Bers & Chau,2006)。但总体而言,这些研究都反映出青少年尚未形成稳定的心智和行动模式(或者说,正在形成中),因而青少年往往被视为一个对公共事务比较冷漠的群体(梁永炽等,2014)。

面对这持续生成的庞然大物,本书不预设一个既有的公共领域以及公民行动态度,也不预设一个有既定年龄划界的青年群体,采取的观察点是从数字青年在网络上展开的网络行动直接切入,让"行动"现象本身带出"数字青年"的特质,其中既有人与技术的关系、人与自我的关系,也有人与他人的关系,是一个充满不确定性的政治预发生状态。在社会科学领域内,围绕集体行动而进行的相关研究经历了若干次范式的转移,而关于网络行动的定义,目前也并无统一的概念界定。但可以确定的是,集体行动的社会空间已经成为社会系统中的一个重要领域,不再等同于传统的组织性社会团体或者政治意识形态再现渠道(Melucci,1996)[3],这也不仅仅是一个物理性质的实在空间,而是在文化和符号上能被感知到的空间。相对于传统的动员模式,在网络行动中,这个"空间"的根本特质在于它的"网络化",因而有学者认为"网络动员就是以网络作为工具而进行的社会动员,是依靠网络、手机等现代科技手段,互相沟通、串联,在无组织、无领袖的状态下,集体开展的特定群体活动,并采取实际行动的组织过程"(朱丽丽,2016)。

回溯"集体行动"的概念衍变和分支,可以帮助我们反思网络行动中的"集体"内涵。"集体行为"(collective behavior)这一概念最初由 Park 等人在 1921 年主编的《社会学概论》一书中提出,定义其为"个体在某种具有共同性和集体性的冲动(亦即该冲动是社会互动的结果)影响下做出的行为"(Park & Burgess,1921),这一定义较多地受到 Le Bon"乌合之众"的影响。但是,现在学界却往往认为"集体行为"是一个与"制度化行为"(institutional behavior)相对的概念。这是因为在 Blumer(1969)对"集体行为"的概念进行系统性阐述时,将其区分为两种:一种是"初级的集体行为"

(elementary collective behavior),另一种是"组织化的集体行为"(organized collective behavior)。由此,社会学开始特别关注行为的集体性是如何形成的,即如何从混沌的、无序的、充满不确定性的"集体行为",演变为组织化和制度化的"集体行动"(冯仕政,2013)[15],并将社会运动视为集体行动范畴中的一种,而骚乱则被排除在外。比如,在 McAdam 等(1988)主编的《社会学手册》中,梳理了西方社会运动研究的成果,认为"任何关于社会运动的完整解释,必须做两件事:一是考虑在宏观和微观两个分析层次上起作用的过程和变量;二是在阐明一个运动的发生过程的同时,阐明那些足以解释一个成熟的运动保持稳定及变化的动态过程"。简而言之,微观和宏观层面上的"发生"(emergence)和"维持/变化"(maintenance/change)成为重点,"政治取向"和"运动过程"得以概括全部社会运动研究,主要只关心"怎样"(how)的过程和机制,却未尝试去探究其中非政治的、非集体性的多元"缘由"(why)。但"技术性-社会性"视角或许能让我们透析网络行动中的结构性与建构性。

传统社会学关于集体现象的理论脉络中,有两点值得今天重新审视,而这恰恰也是由数字青年的主体生成而带来的新议题。其一是具体进程之中,社会行为的集体维度被视为理所当然的。而人们如何努力尝试使用技术来共同行动并成为"我们",在这些讨论中多被避而不谈。其二是现象层面中存在由观察者所体会或相信的"实体团结"(factual unity)。比如个体和群体在时空上的接近性被提高到一个概念高度,因而被赋予了存在论上的分量和质感上的一致性,集体的现实是因视为一个统一体而存在。而在这两个疑点之间的一条路径,则是尝试去回答:"行动者建构他们的行动的方式究竟为何?"这也就是 Melucci(1996)[39-41]所说的"行动中的行动系统"(action systems in action),在集体行动研究中兴起了一个文化主义的转向。所谓"行动系统"有两层含义:一方面,它是一个系统,即具有某种结构,这种结构性表现在卷入集体行动的人与人之间、群体与群体之间所具有的某种整合性和相互依赖性;另一方面,它又是一种行动,因为这种整合结构不是既定的,而是特定的目标、信念、决策在与特定场域的不断互动过程中建构出来的。对于网络社会的数字青年而言,网络技术的可供性和身体的物质性对于重新反思"实体团结"是大有裨益的。

一、与科技一起行动

"集体行动"强调个体聚为集体的过程中的意识取向和行动,但是技术(甚至是媒体)则较少被注意。在 McCarthy 和 Zald(1977)所提出的研究视角"资源动员"中,曾一度强调了媒体的作用,认为其在社会运动和作为旁观者(bystanders)的公众之间起到了中介角色的作用。由于媒体的作用,社会运动与作为运动目标的权威都被卷入一场更大的争夺支持者的竞赛。同时,技术也被视为一种资源,这种资源随着时间的变化而变化,比如,电话、电视的出现大大地方便了社会运动的动员和传播。技术/媒体作为一种资源,集体行动对它们的需要表现在三个方面:一是动员,即通过广泛的媒体报道让运动能够传达给更广泛的支持者;二是确证,即通过广泛的媒体报道来显示自己在政治上的重要性;三是扩大冲突范围,即通过媒体报道将第三方卷入冲突,从而使力量的平衡发生有利于自己的转变(Gamson & Wolfsfeld,1993)。在这样的学理脉络中,行动者位于研究的中心,而技术/媒体是由行动者任意使用的中介工具或动员资源,是运动资源中的一个环节,仅仅因集体行动的目标而存在。

技术边缘环节的地位随着网络社会的来临而有所改变。Castells(2007)在看到网络社会崛起之时,提出了"网络化运动"(networked movement)的概念,认为人们在网络上进行的是大众自我传播,每个人可以自我生产内容、自我决定扩散方向,让多样性的内容通过网络触及更广大的受众。杨国斌(2013)[5]也看到了数字技术对行动主义研究的影响,而将网络行动定义为通过网络和其他新型通信技术而开展的抗争性活动,虽然他也表明这种抗争性活动不一定局限在政治领域。随着数字技术所促成的使用者自制内容、自我展演的网络不断扩大，使用者的社交网络会和信息网络碰撞在一起。既往大多数研究都侧重于讨论采纳互联网技术如何给予行动者接触、制作和传播各类集体行动的契机，并集中讨论借力网络是否会改变行动的组织结构和内部进程，特别是行动动员和决策抉择。然而，若仅将科技视为工具性角色，或视为一种泛泛而谈的正面赋权的技术隐喻，则容易落入技术决定论的窠臼，忽略了在技术和社会之间非常丰富的人类实践经验。换句话说，直接去讨论网络会不会导致民主化的进程，否定了成千上万人上网和参与的日常经验。

还有一些针对数字青年网络行动的研究开始着眼于年轻人对民主和政治过程的共情，认为开发信息和传播技术的各种可能性可以让年轻人参与进来。然而，与技术一起行动并非仅仅在已有的逻辑之中将网络技术视为一种工具，而是需要去看待数字青年在行动模式上的变迁。在数字青年的技术化生活世界中，网络游戏、聊天或购物和网络辩论、省思、抗议或投票曾被视为完全不同的两种行为类目。但其实，网络的出现将信息获取、娱乐、游戏、消费、社会交往等过去由不同的社会机制完成的功能整合到了一个平台上，政治与追星、游戏等活动的逻辑是相通的，游戏与追星中会遭遇到身份认同问题，反过来政治问题也可以通过游戏与娱乐的表达与行为方式加以解决。最终，原来不同的行为和逻辑，在一个屏幕上被联结和整合在一起，构成了 Meyrowitz(2002)所说的"中间领域"的行为。在这样的领域中，娱乐与政治之间产生了关联，倘若数字青年和他们的行动并不排除政治性目标，那么在一定情境下他们可以如公众一般行动。从而，从联结性来看，青年群体的网络行动恐怕不像 Banaji(2011)所调查到的那么泾渭分明，或者只对娱乐和游戏感兴趣，或者能进行政治省思和干预。

从现象来看，数字青年的网络行动相较于过去已经发生了很大的改变。比如，青年群体社会参与的主要动力可能不再是国家的集体动员和号召，而是更多地从个体角度出发的认识与行动,即"自我意识"在成就动机激励过程中处于能动地位,成为当前青年群体社会参与激发、维持和强化的动力来源(时昱和沈德赛,2018)。我国的青年群体虽然也正通过"个体的结合"来缓解个体与社会、国家之间的张力,但这并非饱满"个体的结合"意义上的完全翻版——在流动的现代性中,为了抵抗个体化所带来的风险和平衡个体化所带来的冲击而实行的个体的结合,而且在部分学者看来,这种"'集体行动'往往只是'个体竞争'失效后的备用选择"(严宇鸣,2015)。

线下"集体组织"的力量也逐渐在网络社会转型。郑长忠和李威利(2015)指出,青年学生在高校中的学习生活逐步由班级化生存转向社团化生存或书院制模式,这导致原有的"班级-团委"同构的生活共同体和管理组织架构受到冲击并逐渐消解。

伴随着传统集体组织的式微,网络作为一种联结接口,还联结了匿名的在线空间和社交媒体。这两者的认同建构实践有很大的差异性,在社交媒体上,用户的认同往往呼应着物理接近性和日常生活中的社会关系,这使得网络社会中的行为并非单纯去中心、均质一致和虚拟。就社交媒体的可供性而言,Boyd(2014)[11]提出了社交媒体可供性所带来的四个机会和挑战:①持久性,在线表达和内容是否长久存在;②可见性,受众是否可以目睹潜在的一切可能;③扩展性,内容是否极易被分享;④可搜寻性,是否易于找到内容的可能性。感知到这些可供性的个体则可以在有界的系统内构建公共或半公共的个人档案,串联有共同联系的其他用户,浏览并跨越自己或他人搭建的联结网络(Boyd & Ellison,2007)。由此,以科技辅助的网络联结作为基础,数字青年所展开的网络集体行动可能会具有极大的包容性、多变性的行为框架。基于社交媒体的可供性(或"网络化的社会性"),Papacharissi(2011)提出了"网络化自我"(networked self)的概念,认为这一主体是面对着折叠且多重的受众进行传播和交流,以寻找表达和联结的社会机会。Boyd(2011)[40]几乎同时提出了"网络化公众"(networked publics)的概念,认为网络化的技术重构了公众和他们对参与社会生活的假设，在由网络化技术构建的空间之中，人、技术和实践的互动使得想象的集体性浮现出来。这些概念都凸显出网络的联结性和主体的关系性之间的交相呼应。

另外，要理解为何数字青年可以与科技一起行动，需要进入网络行动发生之前的日常生活中，亦即一种"预发生"（pre-emergence）的状态，其中已经蕴含大量将"我"融于技术的沟通实践，并且不排除政治性潜能。正如其他针对受众的媒介习惯而开展的研究所展示的那样，平日看肥皂剧或阅读新闻报纸，都可被视为日常生活中的暂时性界限，也是呈现受众社会归属（social belonging）的符号标记（Silverston & Hirsch，1992；Couldry，2003）。例如，Wu（2014）曾针对我国青年网民在牛博网的阅读和讨论进行研究，结果发现受访者在网络上的参与行为是源自前网络时代对"另类"书籍和报纸期刊的阅读行为：青年自己主动选择了一些开阔视野、挑战既定威权的读物。从某种意义上来说，对网络具身行动的研究需要再追溯到数字青年日常生活中的沟通实践，才能发现"联结性"中其他的联结可能。这种前因背景类似于 Habermas（1984）说的"生活世界"：①人类通过横向交流和纵向传承而积累下来的各种价值、信念、符号和技能；②对于应然的社会秩序有一种期许；③探讨关于自我及人我关系的"人格"观念。网络，特别是移动网络的中介化实践形成了一个跨越公共、半公共（比如餐厅、教室）和私人领域及其规范性界限的空间（Drotner，2005）。正如 Dahlgren（2003）所论辩的，我们需要理解为何人们参与或逃避公共形式的沟通，或者为何已被这种沟通所驱逐。问题的答案不在公共领域之中，而是在日常文化所促成或缩限的社会关系之中，在跨界或挑战公共领域与日常文化之既存隔阂的媒体使用之中。日常生活中的"日常性"（everydayness）构成了一种潜意识或无意识的沟通状态。

在这种生活世界的日常性之中，数字青年开始摸索技术的可供性，而要与网络技术一起行动这一点是非常重要的。对于行动者而言，网络行动的成本较低，且能让协作行动迈向一个共同的目标，而不需要参与者同时出现在真实的物理空间和共在时间。

　　研究网络行动的领域中有两大阵营。在第一个阵营之中，研究抗议活动和信息通信技术（information and communications technology，ICT）的研究者们会发现 ICT 的使用——特别是网络使用——大大增加了行动的规模、速度和接触面，但是并没有对行动本质过程造成任何决定性的影响。第二个阵营则发现 ICT 的使用会改变行动组织及参与的过程，并建议调整之前的行动主义理论模型（Earl & Kimport，2011）[24]。为何这两个阵营会有这样的差异呢？其中很重要的是两者均没有基于技术可供性来讨论集体行动，网络技术确实让组织和参与变得更为便宜、迅速和方便，但是行动如何发生、参与者以及他们和运动的关系却不能仅由技术来决定，只有当运动中的行动者注意到了网络技术的可供性，才能使得运动规模扩大，也才能期待运动理论模型的改变，而若要讨论这些，需要再往前溯源到身体浸入的日常性技术化生活之中。正如 Earl 和 Kimport（2011）[31]所说："人们对技术的使用有时很日常，而有时非常具有创造性，导致了（各种各样的）社会和政治变化。"

　　与强调集体性行动逻辑的现象相比，数字青年的网络行动具有其特殊意义。Tapscott（2009）曾在其分析政治参与的章节中，强调了数字一代想要和政客一起合作，想要直接参与——互动、贡献想法、监察行为，而不只是听他们的大众化演讲。他们关心他人，并非他们对政治不感兴趣，而是旧体系无法让他们参与进来。可以说，如果行动者能利用网络一代在科技化生活中养成的七大特性——自由、定制、正直、合作、娱乐、快速、创新，便能获得集体行动的成功。针对传统集体行动研究中技术可供性的意义缺失问题，人与技术的联结关系能帮助我们理解当今数字青年的行动模式，而回溯到日常性生活世界中的"身体"则有助于让我们看到集体行动的"预发生"状态，以更好地回答行动中关于"我们"（人与人、技术与技术、人与技术的联结)的意义生成动态过程。

二、网络行动中的联结性逻辑

就行动逻辑而言,网络行动中有集体性行动逻辑和联结性行动逻辑这两种,当下的网络行动中已经出现了不同于线下集体行动和由既定组织来规划在线行动的种种特征,Bennett 和 Segerberg(2012)[739-768]从中看出了从集体性行动逻辑转向联结性行动逻辑的趋势。

传统的集体行动研究更多强调"资源动员""政治过程""框架建构"等面向,这些面向强调的是整体过程和行动结构。比如,资源动员论认为社会运动是一种专业化进行资源动员的方式(McCarthy & Zald 1977)[1214],其与制度化行为没有本质区别;在运动中需要消耗资源(比如技术也可被视为一种资源),但信念或情感则没那么重要。政治过程理论则强调社会运动是一个政治现象而不是心理现象,是一个连续的过程而不是离散的阶段或事件(Rule & Tilly,1975)。框架建构理论虽然将行为的"刺激-反应"变为"刺激-解读-反应",但将其焦点放在了话语之上,即参与者之间的谈吐行为(包括说话和交谈)以及书面沟通(Benford & Snow,2000)。

综合而言,资源动员论、政治过程论和框架建构论视角都仍然基于"认知主义"范式和"理性人"假设。由 Olson(1965)提出的"理性人"假设,认为集体行动的逻辑是人们面对一个共同目标,但这还不足以使他们采取行动,因为在大群体中理性的人们会有搭便车情形,所以他提出以组织作为管理、监督的方式。但是,Bennett 和 Segerberg(2013)[19]在论述"联结性行动逻辑"时,已开始强调个人化网络、个人化框架和个人化表达在网络行动中的巨大重构作用。之前集体行动所仰赖的电视、广播、报刊被网络取代,而过去必须仰赖社会组织的动员也由公众自发性地参与行动替代。在这一变化过程中,与情感维度类似的信念、文化、认同等维度也重新受到重视,不再被当作"理性"的对立面。

在行动主义研究从集体性行动逻辑转向联结性行动逻辑的过程之中，我们可以清楚地看到，综合前述资源动员论、政治过程论和框架建构论，集体行动的解释和结构力量一度被让渡到了较高位阶的社会，着重于探讨网络集体行动中宏观层次上的强"玩家"，即市场、国家、社会和跨国组织，继而难以看到跳脱既往社群关系的个体。从主体能动性的角度而言，传统行动主义研究中往往会将主体视为理性的人，而这样的人必须有组织才能更好地展现行动力。

除此之外，受个体和社会二元对立的影响，行动主义范式中的资源动员论、政治过程论和框架建构论亦倾向注重整体的过程。针对当代社会，现代性/后现代理论家往往就"当代社会的结构性原则，究竟是个人主义还是社群主义"这一问题各执一词，比如 Bauman（2001）、Beck 和 Beck-Gernsheim（2002）等人以个体化（individualization）把握当代社会的特征，而 Maffesoli（1996）却延续着涂尔干"机械社会根本没有个人存在，只有社会"（Durkheim，1984）的讨论，认为社群主义在当代得到了复苏。集体性行动逻辑显然偏重"集体"这一维度，注重集体行动的过程，并在这过程之中视集体为一个既存的、无变动的组织。

而将数字青年作为"技术性-社会性"群体的观察对象，我其实是意欲视其为技术化的个体，以及在行动中形成的时散时聚的群体，他们并不见得是理性主导、有既定策划方案和组织的强"玩家"。若秉持个体和集体的二元对立，或仅仅注重集体行动的过程，便会造成个体和集体的割裂，往往会忽略个人展演中个体具身的经验、投射和理解——这些个体层面难以囊括为统一的集体行动要求，也难以看到通过与他人一同行动，个体的界域如何被发现，以及如何重塑自己的主体性。比如，在 2016 年"帝吧出征"的过程中，即便是大型网络行动，即便在蔡英文的脸书主页上无法贴图，刷屏留言中还是出现了大量具有个人地域性特色的符号，譬如"河北人民欢迎台湾同胞到河北一游，燕赵大抵自古多慷慨悲歌之士，这里有丰富多彩的名胜古迹""我代表湖北热干面/东北锅包肉向你问好"。可以说，激发集体行动持续发酵的动力是经由个体参与者的具身展演而带出的（王喆，2016）。在网络社群中，成员也往往会互相服务，而非维系一种宰制关系，只因每一个人都视自己的服务（如送礼、用户生产内容）为免费而自发，同时每一个人的举止行为也乐于被社群的实践所影响。换句话说，个人为网络行动或社群实践（"同"）不断提供个人异于他人的技能（"异"），使得个人独特性得到最大限度的发挥，集体和个体并非一分为二的关系。

无论是从技术的联结性来看，还是从行动的自我组织来看，当网络介入集体行动时，结果是沟通成本降低，公私界限模糊，这可被视为一个更科技化、个人化的组织过程，而不需要集体认同框架或者跨层级的组织资源就可以创造效率和机会（Bennett & Segerberg，2013）[32]。与重视行动主体理性选择的重要性、强调组织形塑集体认同的集体性行动逻辑相比，联结性行动的概念强调大规模的、多层面的网络技术的个人使用，而传播内容聚焦于各种新出现的、包罗万象的、个人化的行动框架上，并通过社交网络进行个人表达式的分享。在这之中，共同创制（co-production）和共同分发（co-distribution）是行动的关键，即一种与集体性行动不同的经济和心理逻辑：基于个体表达的同侪创制和分享。行动者们将易于传散的个人行动框架和个人数字传播技术结合起来，这在联结行动过程中扮演了很重要的角色，而符号的包容性和技术的开放性几乎出现在每个联结性行动的案例之中。"联结性行动"概念的提出，让我们看到并得以分析数字青年与技术一起行动时，如何形成有别于典型现代社会秩序的个体联结和议题联结。正如 Schegloff（1982）提醒我们的那样，"互动"并不是信息交换，而是人们持续共同创制一个共享的社会物质世界（sociomaterial world）。互动性需要纳入他人的参与，这并非能事先约定的，而是需要一种显身（presence），一个预期的未来。不管如何策划和预期，行动不可避免地都是情境化的，发生在特别的、具体的环境之中。

Melucci(1989)提倡为了更好地理解集体行动,应该捕捉"行动中的行动系统",认为集体行动是"行动主体之间践行交换、协商、决策和斗争的结果",因此行动主体的聚集和行动经验应是考察的重点。"联结性行动"的逻辑转向得以让我们看到网络行动超越个体-集体、理性-感性等两相对立的概念的可能性。黄厚铭和林意仁(2013)亦敏感地发现了一度环绕虚拟社区的种种二元对立,以及非此即彼的情感选项和身份选项,他们认为无论是在事实的认定上,还是在价值的选择上,这种个体-集体的二元对立只是长期以来科学理性影响下的思维惯性,将导致无法面对世界原本就具有的含混性(ambiguity)与爱恨交织(ambivalence)。借由 PTT[①] 中大量网民的起哄现象,他们提出的流动的群聚概念中既有群聚性的层面来描述集体情绪感应,又有流动性的层面来强调个体性与集体性的交融。这两个层面突显网络媒介既隔离又联结的特性,可以用来描述使用者如何在各种虚拟小区之间穿梭自如,形成结合了集体性与流动性,并带有主动性甚至侵略性的群体。这样的洞见可以推进我们理解网络行动中的数字青年是怎样一个流动的、联结的聚合体。

三、网络行动中的联合身体图式

Durkheim 的后期理论强调由定期的仪式唤起情绪感应,这一由节庆引发的集体亢奋,承担了激发社会成员共同信念,继而维系社会本身存续的功能。这一理论能部分解释网络行动中的集体亢奋现象,比如在粉丝社群的"互撕"冲突、百度贴吧的"爆吧"行动以及"帝吧出征"等网络行动中,以"同时在线"大规模、高密度群聚互动为特色的网络空间,为集体亢奋现象之迸发提供了绝佳舞台,刷屏的留言数量、共同的复制内容、"战友"间的相互点赞、"对手"的"溃败",都通过可见的媒介形式让参与者情绪亢奋高涨。此

①　PTT 是台湾的 BBS 论坛"批踢踢实业坊"的简称,创建在台湾高校的学术网络基础上,提供在线言论空间。随着早期用户多已毕业,它已逐渐脱离原本以学生用户为主的性质。

外,数字青年如何实现网络行动,这和具身性的核心概念有何关系呢?

首先,可以看到在群体中,人与人的互动是让感官系统和小群体内部的互动"协调"起来。而足够的感官协调、行动的熟练度和流畅性让这些习惯性互动化为承载价值的普遍状态,它们成为涉身于这个世界的一种"自然"方式。当一个感知能力很强的个体创造了一个内部群组,让人和人之间的互动变得非常简单且有效率,继而也会令人们享受这种互动,而一个穿着谈吐都迥然不同的人,则很难和这些人进行互动。正如作为外来者的"前辈"往往很难进入青少年的社群之中。Soliman 和 Glenberg(2014)通过实验发现了联合身体图式(joint body schema,JBS)效果,它体现在社会中的舞蹈、唱歌、祈祷、做饭、制造之中,这些活动都能创造出不同的联合身体图式,成为内部群体的行事基础,也是强烈的感同身受的前提。此外,联合身体图式的发现也论证了同步调的行为确实会增强共情,让人们更倾向"我族",抵触"异族"。

从传统认知心理学的再现观点来看,要展开集体行动,最重要的是形成一个共同的目标,有了共同目标之后,就不必完全再现一个完整任务的各个组成部分。在这个过程中,只需要一个人动用他的认知来完成他个人对于任务的贡献,然后再现整体任务的相关部分和同伴的贡献,就能实现成功的合作,具体可参见 Vesper 等(2010)提出的最小化集体行动构成。但是,还有另一类集体行动是浮现的合作,这在网络社会中更为常见。有计划的合作本质上是有意图的,需要一定程度的对集体行动目标的再现,以及行动者对于实现集体行动成果的贡献。但是,在浮现的合作中,合作行为相对具有自发性,因为感知-行动的耦合使得个体能以相似的行为行动。浮现的合作不依赖于联合计划,也不需要共同的知识,而只需要以相似的方式处理一致的感知和行为,就可实现即兴的合作。比如,当两个人在走路而交通灯变绿了,他们便共享了感知绿灯这一事件的时刻。此外,浮现的合作是非常情境化的。有研究发现,当一个人和另一个人并肩同行时,也会倾向同步他的行为(van Ulzen et al. , 2008)。

Soliman 和 Glenberg(2014)的研究还发现,有一些资源能够更好地促成浮现的合作,可被概括为:"带动"(entrainment)、"共同的可供性"(common affordances),以及"感知-行动配套"(perception-action matching)。

"带动"在日常生活中较为常见,指的是一个运动系统的两个部件在空间和时间上的同步协调。由于这两个部件不用直接相连,所以也意味着两个个体之间也可以发生"带动"(Schmidt & Richardson, 2008)。在人际交往中确实可以看到人们行动的同步协调。比如,在研究中,受测者被发现会用他们喜欢的节奏一起晃动垂挂物或者自己的双腿。而当他们可以看到彼此时,便更倾向带动,这预示着他们将更有可能同步调(Schmidt & O'Brier, 1997)。"带动"并不需要太多的认知消耗,也不需要依赖于意图或者行动目标。从具身性理论来看,"带动"很好地让我们看到认知如何情境化,以及行动如何从身体和环境的互动之中产生。

如前文所述,可供性是一种行动机会,即对象和环境为能动者提供了独特的行动选择(Gibson, 1979)[127]。比如,椅子可以让人来坐,杯子能被捧住,而平坦的山石可以让人行走和攀爬。因为不同的人有相似的行动选择,也可能察觉到的是一致的物品,所以他们会共享相同的可供性。当能动者同时察觉到同一环境和对象时,这种可供性是浮现的合作行动的来源,让能动者采取相似的行为。比如,当人们坐在草地上却发现突然开始下雨时,他们会同时跑向屋檐之下(Searle, 1990),这是因为屋檐的可供性能让他们不被淋湿。在这样的事例中,人们不需要彼此努力合作,共同行动会自己浮现。

有趣的是,当人们一起工作时,可供性并不是仅仅对个体展现,这种可供性可被称为联合可供性(joint affordances, Knoblich et al. 2011)。联合可供性往往产生于计划性和浮现的合作行为的结合。比如,当人们需要搬运长长短短的木板时,他们会独立搬运短木板,然后一起合作搬运长木板。

基于木板的长度和合作者们手臂的长度，他们进行相应的行为切换。这个例子说明，可供性并非只局限于个体的身体，也会通过合作者的具身特征显示出来。察觉和运用联合可供性的能力为网络行动提供了很多的行动机会。

具身性的观点认为认知是为了行动，而行动会塑造认知。那这又和认知行动促成浮现合作有何关系？简单而言，这类行动感知和行动成果是基于一些共同的机制，这是共同编码理论(common coding theory，Hommel et al.，2001)的核心，也被称为感知-行动配套。如果基于共同编码来感知和进行行动，那么个体的和共同行动者的行为效果会融合起来。这也意味着在合作语境中可以基于具身性理论考虑感知和行动。比如，镜像神经元的发现，就证明了当人们观察他人的行动时，运动系统的活动量也会基于观察者自己的行动储备库，来继续考虑如何与被观察的行动进行对接。又比如，当被观察者的行动模式与观察者自己的行动储备库对接起来后，运动系统会变得活跃起来，让行动者更多地去做出被观察的行为，这其实类似于模仿(Chartrand & Bargh，1999)。因此，感知-行动配套会促成浮现的合作，尤其是当很多行动者在同一时间观察到同一行为时。此外，感知-行动配套还会激发行动模拟。原因是在行动生成的过程中，一致的内部预测模式会被激发，继而能实时地预测另一位能动者的行为(Wolpert et al.，2003)。当行动生成和行动观察都基于同一套编码时，要将共同行动者的编码和自己的行为编码融合起来便相对容易。

综上所述，在计划性的和浮现性的集体行动之中，他人的行为可以影响到个人的行为，而这能从具身性理论得到解释，有大量的证据证明感知他人的行动是基于相似性的机制，也就是当人们在同一情境时，会与环境的输入保持一致，并倾向共同对接、完成同一任务。Dewey 等(2014)的实证研究解释了一个能动者的个人贡献有可能增加他对于共同行动的能动感。他们的研究要求受测者去控制计算机屏幕上一个小圆点的运动，以追踪一个不停运动的目标。在这一任务中，受测者可以自己独立完成，也可以和一个同伴一起完成。当自己的贡献可明确分辨时，受测者会对他们自己的贡献非常敏感；而当两个受测者的行动都有类似的结果时，这种能动感会减弱。因而，行动中的能动感也是高度情境化的，需要结合感知和动能感官信息，去配套一个任务结构。

从具身性理论来看集体行动应该能产生更多的研究成果，尤其是对于网络行动。在网络空间，尤其是社交媒体中，会有一些特色功能（如热搜、导航、推文话题等）将数字青年的聚焦注意力持续固定于共享的事物上，继而让一群人以联合的形式来解决问题。在此基础上，数字青年会对彼此有更多的反馈，必须持续将注意力聚焦于共同讨论的话题上，必须构建并维护大家对同一个话题的共同理解，这样才能实现较好的群体认知。而通过持续的群体互动，才会有一个共享的社会空间（Garfinkel，1967）。

四、"身体在场"的行动

在数字青年与技术协作而进行的网络行动之中，具身性理论可以带来新的发现，而需要迎接的另一个挑战则来自"集体性"中的"实体团结"。在历史进程中，集体行为的"集体性"非常字面化：人们的行动原因、空间和时间一致。所以当学者研究"聚集过程"（assembling process, McPhail & Miller, 1973）时，研究的就是这种物理上的"在一起"（togetherness）——人们在同一时间、同一地点为了同一目标而聚集起来。同时，物理性共在还与人们的认同与联结相关，参与者容易获得当下即刻的认同感；形塑并维持一种"我们"（we-ness）的集体感，或者像社会运动学者所用的术语"集体认同"所指出的一样，这在之前的研究中被认为是肉体共在的强而有力的益处（Earl & Kimport，2011）[152]。但到了网络社会中，当肉身不用在场而仍可以为了社会改变而共同行动时，网络行动看起来是怎样的？ Web 2.0 科技的社交性本质上就是用科技来帮助人们联系、联结和合作，人们不用在同一时空中肉身在场,但有真实的共同目的和行为。

首先,人们的认知往往被视为具有文化情境的活动,强调社会力量对人们认知能力的影响。辨析、记忆和解决问题,也会通过网络分散到各个团体之中(Hutchins,1991)[283]。社会网络使得研究者越来越注意人们认知中社会分散的这部分能力(Chi,2008),网络提供的机会可以支持大规模的写作、信息分享和集体行动的调和,这使得网络是实现集体智慧的一个天然平台。但并不是所有形式的网络社交互动和信息交换都有助于集体认知。快速的信息和想法交流可能会损害社会分散认知(Hutchins,1991)[290]。此外,Lorenz 等(2011)通过实验,发现了网络上的"社会影响效应",他们的实验邀请受测者对一系列网络内容打分数,有一部分受测者会接收到他人的打分情况,那些接收高密度反馈的受测者比那些没有接收反馈的受测者打分准确度要低。这个实验结果说明,网络提供的各式各样的信息,都会进入社会分散信息处理过程之中,但并不是所有信息都有助于形成较好的集体智慧。

类似研究已经表明,网络环境中的线索可以影响人们的关于可信度、流行度、外向性和社会吸引力等的社会判断(Westerman et al.,2012)。这些发现强调了网络在支持社会认知中的重要作用。而这些线索是人们在传统的面对面情境中无法感受到的。因而,相较于将网络形式的社会互动视为一种弱化的、有缺陷的、不及面对面交流的版本,我们更倾向认为网络是一个超越了"共现"(co-presence)和"共在"(co-location)的社交环境。在我们看到中介技术和身体行动时,Licoppe(2005)提出了"联结性在场"(connected presence)的概念:物理性上缺席的一方,通过强调已中介化的传播姿势,将自己呈现出来。在此,共在的互动和中介传播有如编织成一张无缝的网。比如,在面对面的沟通中,人与人的物理距离等于关系的距离;但在手机通话中,时间短而频率高的手机致电行为本身就成了一种远距离在场的"确认"。若延伸至网络行动领域,"联结性在场"的概念其实已接近于我想提出的关注技术中介和身体行动的"网络具身行动"概念了。

Earl 和 Kimport(2011)[130-131]也重新探讨了计算机中介的网络行动,他们在研究中发现,虽然网络行动数字策略都不需要肉身共在,但行动者需要一起工作。与需要肉身在场、长期运动和政治驱动的传统/现代集体行动剧目相比,数字剧目(digital repertoire)并不需要肉身在场,这使得短期、实时、零散、周期性或长期性的运动成为可能。这类似一种技术化身体的联结性"共做",比如网上联名签署,组织者和参与者都认可这是集体行动,并在动员修辞中会大量用上"加入"或者"我们"作为人称代词。肉身在场变成了集体行动中的一个变量,而不再是必要元素。Milne(2010)也认为"在场"是不同传播中的一个共同的元素——无论采用的技术是信笺、明信片还是邮件,但是在场不一定意味着物质性的、肉身性的在场,而是沟通所达成的效果,沟通者会想象他者心理上的、物理上的在场。在网络行动中,集体会体现在参与数量、参与者信息上。

确实,由于行动的成本减少了,因而集体认同的形塑难度大于肉身在场的集体行动。当我们"进入"聊天窗口和其他人"聊天"时,其实我们是在打字;我们屁股不用从椅子上移开就可以去屏幕上由像素组成的一个"地方"。就展现集体行动中的献身和许诺而言,点击鼠标和同警察发生当面冲突被认为是非常不同的两个级别。当然,在街头集体行动中,要让大量的群众在同一时间聚集在同一地点需要很多资源调配,这也和在网络集体行动中只需要在收到群发邮件通知后打开计算机和浏览器的行为非常不同。对于在线参与而言,有研究者认为效率比集体认同更重要(Brunsting & Postmes,2002)。不需要肉身在场并不意味着彻底根除身体的意义。

无论是从前网络时代的远距离沟通来看,还是从互联网萌生和发展过程中持续重组身体的过程来看,网络行动的"聚集过程"确实与街头集体行动不一样,其中肉身虽无须在同一时空在场,但行动者会通过控制网络技术的可供性来重组"身体",以求实现"联结性"和"共通感",因而网络行动研究的另一重点应放在如何理解作为数字青年的个人决定采取行动的"显身"。当下网络行动越来越多地发生在社交媒体上,不仅因为其在数字青年每日网络活动中占据了很重要的部分,还因为身体成为联结的源泉,联结使个体能将其身体存在体验为积极的资源,而不是某种约束。

五、"网络具身行动"的可能

首先,如果说"集体行为"到"集体行动"的理论转移意味着相关研究范式越来越注重目的性、组织性和连续性,那么网络技术又给这一理论脉络带来了新的冲击。从现象上看,网络技术已经深刻地介入集体行动的萌生、计划、发展和结局的全过程之中,改变了行动的组织结构和内部进程,对于行动中的数字青年而言尤为如此。与此同时,数字青年日常生活中"集体组织"的地位也逐渐式微,网络上的社交模式、组织模式和动员模式则给数字青年带来了社会学习的日常机会。集体行动研究中的文化主义转向重视文化、认同和情感的形成过程,也呼应了本研究的提醒:我们既需要观察"与科技一起行动"的身体,又需要重视"时刻准备着"的日常身体。在这样的变化之中,大多数学者开始重新探讨网络行动的组织逻辑、动员逻辑和行动机制。比如 Bennett 和 Segerberg 提出的"联结性行动"就是一个很有效的概念,可以进一步讨论行动中的"个体"与"集体"、"理性"与"感性"的辩证联结。数字青年已经非常习惯在"云端"时聚时散,为了一个任务而灵活地利用社交媒体"拉群",任务完成后虽然"群"仍会保留,但行动者不再"显身",早已回到了他们之前的日常生活中。

接下来,我引入了"联合身体图式"中的"带动""共同的可供性""感知-行动配套"几个概念,以及"身体在场"的论述,以此说明"具身性"如何能够为数字青年网络行动中的种种现状提供理论解释。"人-技术"个体关系的"可供性"概念并无法有效地回答群体与技术的关系问题。目前更多的网络行动是浮现的合作,这需要行动者能够对"信号"有共享的感知。在现实情况中,社交媒体中的"热门话题""热门搜索""评论排序"等功能确实为行动者提供了一个数字环境,并以模式化的行动节奏和模因(meme)式的流行元素,带动行动者以相似的方式处理一致的感知。而一致的头像、相似的昵称、模板式的刷屏等网络行为,更容易让行动者感知到"我们"的集体在场。

综上所述,无论是集体行动的文化主义转向("新社会运动")中所强调的文化、认同和情感的复杂性和动态性,还是重新开始探讨人与技术的具身关系、行动中身体的在场,都是在呼应整个社会科学研究的身体转向,特别是身体在计算机中介传播中遭遇的"虚拟化身"和"去身体化"的困境。本部分将具身性理论与网络行动的现象进行了有效的联系,展现了"网络具身行动"这一概念的效度和张力。

第四节　回到"传播"的原初

在传播研究主流领域中的"传播"其实是一个现代的概念,大概是在 18 世纪,随着各类媒介的诞生,"传播"才被视为信息的传递,"传播"强调的是一种广泛散布的行为(黄旦,2012)。但在更早之前,它往往被视为社会和聚会的交流方式。比如,彼得斯(2003)追溯了 communication 一词的拉丁文,意思是给予、分享、共有。其中强调的是个体与群体的关系,人与人之间的交流,杜威(1990)则看到了共同(common)、共同体(community)和沟通(communication)这几个词之间的联系,即人们因为有共同的东西而生活在一个共同体内,而沟通乃是他们拥有共同的东西的方法。

数字青年的网络具身行动的提出所彰显的新意恰是一方面希望返回"传播"的原初概念,去探讨共同体内的关系实践,而不仅仅是信息的传递和散布;另一方面也希望在这一共同体内将网络技术作为关系方纳入,去考察传播的新环境——这一环境中不仅有人与人的沟通,还有人与机的沟通,甚至是机与机的沟通。

　　若将数字青年的网络具身行动作为重新审视的对象,那么首先得跳出笼统的"媒介世代"和暗含预设的"数字原住民"的说辞,而采用一种技术性-社会性的视角,强调科技-社会-文化情境的复杂性,以及网络社会中的人们如何通过实践活动建构主体的意义。其次,更重要的是,反思网络行动是如何在社会科学领域的身体转向之中提出的,身体成为考察的重点,因为:身体具有个体性,又具有集体性;身体是事物得以呈现出来的承载物,又是主动给予意义的主体。这并非意味着要将"社会"降格至个体身体或生理结构之上,而是以身体为起点讨论数字青年对自己的网络化身体进行感知、观察、重组和行动,并通过和他人一起行动而重新将自己的主体性与他人的主体性进行联结。

　　相对于传统的行为主义范式和技术决定论的观点,数字青年的网络行动得以被视为具身的。其一是因为技术的可供性与行动者之间的相互影响。如果借用 Thompson(2007)的比喻——生物和环境正像双人舞者,带出彼此的行动。生物和环境通过相互联动(structural coupling),互相启动。那么数字青年和他们所浸身的网络技术环境之间也是个动态的"共舞"过程。身体的行动是与网络世界进行联结的重要枢纽,类似 Johnson(1987)[19-21]在"身体图式"(body schemata)这一概念中所强调身体与情境互动而生的结构及形态是高等思维(如数学、哲学)的基础,只有了解了数字青年在日常生活中基于技术可供性而养成的身体习惯和身体技术,才能明白为何他们在参与网络行动时异于既往的创造性沟通实践,以及在这一过程中重构的身体图景。

　　其二是因为当下的网络行动现象而提出的网络具身行动概念,其内涵本身就蕴藏着具身的倾向。Bennett 和 Segerberg(2013)[55]对"联结性行动"概念的展开基于三个基石:个人化政治、传播即组织,以及从集体性行动逻辑到联结性行动逻辑的变迁。在强调"信息社会"为集体行动所带来的革新时,Melucci(1994)[110]认为:首先人类开始高度依赖各种信息来维持生产和生活,信息作为一种基本资源建构着社会生活;其次整个社会生活具有极强的反思性、人为性和建构性。"反思性"是指行动者会根据自己对现实的反思而不断调整自己的行动,这高度依赖于人们对信息的生成、传播和解读,从而具有显著的人为性和建构性。

就生活在网络社会的数字青年而言,本章认为技术与身体是嵌入"行动系统"之中看似互斥其实互依的两点,行动者在行动中经由信息的共享和反馈往往会回到这两点之上。虽然在信息社会系统中,个体和群体的认同常常是碎片化的、非结构化的,但集体行动则可以为个体和群体提供一个相对稳定的参照点,将撕裂的身份认同重新建立起来(Melucci,1994)[116-117]。行动的动态意义也恰是在这样的悖论拉锯之中生成,数字青年的生活体验开始在多种信息之间建立起连接、关系和顺序,从而使碎片性的生活体验组织化,以形成一个关于自我与他人、自我与环境之间关系的理解。

综上所述,对于数字青年的网络行动,应该重视技术方式和体认过程对集体行动的影响,也应关注由技术中介的个体认同与集体行动之间的关系。在网络行动之中,我们不应再视身体为机械的、低等的生物性存在。原先与身体一样被贬低的无意识、情感和欲望等因素与身体一起参与构成了经验主体。具身理论让身体重新回归,挑战了前述主流网络行动研究中三个不证自明的预设:第一,具身理论挑战了行为主义研究中的"行动"因果关系——在行为研究中,采取何种行动往往被视为某一情境条件下的制约反应,基本上是个体对外在刺激情境与内在生理状态,经过一番认知诠释后的结果。但通过身体转向,我们会看到行动中"共做"比"思考"更重要,而集体行动的主体绝非简单的"理性人"。第二,在"空缺取径"中,往往认为在计算机中介传播缺乏面对面传播的重要特质,缺乏社会呈现的视觉线索和副语言线索。但是,即便无法全然相等,计算机中介的身体仍然成为数字青年意义身体中不可分割的一部分。第三,科技决定论往往会认为虚拟社会不需要肉身,数字青年的肉身已被新媒体改造,在线经验是与线下经验分离的。

然而，如果重新像 Cote(2011)一样思考技术身体的话，会发现技术并非与生物身体割裂开来的义肢，而是构成了一种最初的情境，人类的一种决定性的特征，在此，线上和线下割裂、限定行动过程的方式则不再经得起推敲。在身体转向之下，视数字青年的网络行动为具身行动，本研究所提出的研究问题才能找到若干贴近技术、贴近主体、贴近行动的回答。

第三章 技术入身、"共做"实践和身体交错

> 因为有本体感受,我们才能感觉自己的肉体是如此有条不紊,
> 如同自己的财产,是属于我们自己的。
>
> ——奥利弗·萨克斯(Oliver Sacks),1985

我们从上一章已可初步看出"具身"这一概念在身体转向和新技术环境下对于研究数字青年的重要性。数字青年是通过与技术紧密结合、合作来完成行动的,Hansen(2006)[9] 认为不可化约的身体性(bodily)或者基础经验一直都是以技术维度为条件,而且总是作为具身性和技术的结合而发生。当代的技术加速了身体与世界的融合,而人类的具身活动又是这种融合的推动主体,我们无法再仅将具身性限定在身体一侧,束缚在肉身皮肤之内,而需要将之延展到"世界皮肤"(world skin)的包裹之中,换句话来说,今天的人类通过技术而具身(Hansen,2006)[94-95]。

重视具身性使得被技术改造的世界"身体化",同时这些由技术带来的断裂或拓展又成为将身体习惯去疆域化及去耦合的重要来源。本研究一直强调的是,这种具身性不会将人类的"天然"经验浪漫化,也不会完全偏向技术决定论,这恰是网络社会数字技术作为中介的本质:"互动媒体承载着身体的多感官机制,因而拓展了人们休闲和行动的空间。"(Grau,2003)数字媒介和技术确实具有虚拟性,但虚拟不应被视为全然的技术虚拟,而是一种

混合现实,是一个将具身个体的感知或创现(enaction)纳入的系统。这是人与世界之间的一个完美的接口,或者说身体是技术的接口,技术也是身体的接口,在 Krueger(1993)看来:"对于完美接口而言,输入来自我们的声音和身体,而输出也需要直接作用于我们的感觉。因为我们还会通过计算机来进行彼此之间的互动,所以完美接口的评判标准是它是否还能帮助人与人之间彼此联结。"

本书从具身性概念出发,希望先确立一个观看问题的分析架构。因而,这一章在重申如何联系知觉现象学的身体一和社会建构主义的身体二的基础上,通过数字青年的技术入身、"共做"实践和身体交错几个概念框架勾勒网络社会的身体部署,以形成分析网络具身行动的论述框架。

第一节　双重身体的联结

人文社科领域中的身体转向,涉及唯心哲学、现象学、象征与结构主义、建构主义、后现代思潮等诸多流派,其中可看出身体的讨论有两端:身体一是 Merleau-Ponty 的身体,尤其是《知觉现象学》中的身体;身体二用来描述文化建构的身体,响应 Foucault 的理论框架。Merleau-Ponty 强调"病理学还原"是由心理事实的领域出发,从存在层面还原出身体的"本质结构";而"系谱分析"则是从主体间性的原初构成根源进行还原,去描述种种主体之间"形相知觉"的构成过程(龚卓军,2006)[19]。身体双重性是网络社会的根基,网络社会中身体的双重性正处于不断重构的过程中。

在技术现象学领域,Ihde(2002)[121]认为身体一和身体二的界线并非泾渭分明,我们可以看到病理化的身体经验(pathological body experience)和规范化的身体经验(normative body experience)之间的辩证关系。也是在这样的关系基础上,身体一加上身体二产生了大于二的综合结果。正如人们从自己的身体出发思考网络社会一样,人们同样以网络社会来构思自己的身体,是网络社会中的身体部署。

一、知觉现象学的身体

网络联结的身体的其中一端是知觉现象学的身体,因而得先从现象学出发,再次回到《知觉现象学》。在 Merleau-Ponty 的认识中,身体被视为活生生的,它是能动的、有知觉的在世存有,只有通过身体才能让世界包裹在意识的核心里面,这样世界才向我们打开。基于身体的存在条件,"自我"与"他者"的"共同世界"才能构成。比如,视觉和知识其实都是主动的行为,可以生成新的东西。身体介入世界之中,成为立足点,构成了一种看待世界和接触世界的风格。

Merleau-Ponty 从身体出发,他的洞见可以与数字青年的技术使用联结起来。在《知觉现象学》中,Merleau-Ponty(2001)[179] 以病患 Schneider 的症候为例,向经验主义的心理学和理智主义的心理学发起了挑战。他在病患 Schneider 的症候中提取出一种"失认症"(agnosia),并用该词指拒斥一部分真实存在的物理身体。这种经验造成的危机导致了一种自我感知的反应:充斥断裂感和不连续感。借此,Merleau-Ponty 讨论甚多的幽灵肢(phantom limbs)现象也被视为一种失认现象。在他看来,幽灵肢就是对肢体能够进行的"所有行动都保持开放","维持肢体伤残之前所享有的实践领域"。这种断裂感和不连续感也出现在数字青年失去技术物时。Turkle 在观察和探讨现代技术的著作《群体性孤独》(Alone Together)时,便看到了当代技术场域下的幻肢:"十几岁的少年们告诉我,他们和手机一起睡觉。即便他们没有携带手机的时候,比如当手机存放在学校的储物柜时,他们似乎还是能知道自己的手机在振动。技术仿佛也成为人体重要的一部分。"(特克尔,2014)Peters(2015)[21] 也发现他的学生如果丢失了手机,就好像失去了肢体或大脑一样:"他们的生活大于手机,但是他们通过手机的方式(by means of)活着。这些设备是一扇窄门,人们的心智和社会的新陈代谢会穿梭其中。"

不仅是人机关系，网络社会中的人际关系也有可能出现失认。科技让这样的衡量变得更加复杂……比如对于交友软件，有人想找终身伴侣，有人则想随便约个会，每个人的意图都略有差异。这些人唯一的相同点可能只有这个共同使用的交流平台。"网络所推崇的自由想象并不是一种毫无基础条件的自由，它对本质的自由变异，必须奠基于身体知觉，同时这种基础并不"决定"想象内容，却要求想象内容的"肉身化"，也就是要求想象内容成为具体可感的表达（龚卓军，2006）[33]。当真实的肉身与网络中介的身体终于碰撞到一起时，有可能在之前的媒介技术中发展起来的身体在场会被破坏掉，而造成了一种失认。

以知觉现象学来看数字青年的身体，意味着身体无法被取消，只有通过身体才能去体验网络社会。同时，网络社会中的具身在场不一定是Merleau-Ponty原初的物质性、肉身性的在场，而是一种中介沟通所达成的效果，沟通者同时会将对方想象为心理上、物理上的在场。

二、社会建构主义的身体

Merleau-Ponty成功地让身体研究突破了行为主义的心理学研究，不过正如Derrida后来对现象学的批判中所谈及的，这样的身体所带出的意义系统是先验的，先于文化的。Foucault也抱持类似的观点来看待现象学，指出"人"和主体问题自康德到现象学做出了"先验/经验"的二分后，就一直在重复一种"先验重复经验、我思重复非思、起源的返回重复其消隐"的人类存在的有限性分析（福柯，2001）。对此，Foucault提出的关于自我实践（self-practice）的概念也是理解技术中介主体如何形塑的一条途径，社会建构主义的身体是网络联结的身体的另一端。Verbeek（2011）更进一步地认为自我实践可以被有目的性地改造，成为一种风格化的、被设计的技术中介主体。

比如,Mauss(1973)[70-88]强调身体技术带有深刻习得形式的印痕,同时在我们的意识与无意识层次运作,因而构成了"人"与"自我"的概念,"或许不存在任何'自然的'方式可供成年人管理自己的身体,因此,针对身体,每个社会都有也必须有自己的特殊关系"。这些技术通过引领和教育得以传承,身体的表层被渗透,社会符号体系进入个体身体自我的核心。Bourdieu(1990)则从社会结构实践观点指出身体"惯习"乃是社会场域的主体与生产关联要素。还有 Csordas(1999)[143-162]等宗教、医疗人类学者从文化建构观点所进行的"具身"研究,都是把身体、自我与文化视为社会场域中相互辩证的构成条件,尝试将"生活体验"纳入话语论述的秩序。

数字青年若要重新讨论自己的具身行动,则需要在尝试通过不同观点寻找普遍观点之中,预设自己的网络集体行动的学习过程,这是一种特别的习惯。人人都用自己的方式,发挥结构提供的有限可能,塑造自己的习惯,成为有限可能的新变异,或是积极试图拒绝或重塑这些可能。被结构化的社会事实,也通过个人身体的生活表现出来,它永远是一种个人经验的回应,而非人人皆同的套餐特质。Bourdieu 的惯习概念,为普遍化的社会结构怎样在身体的行动与互动中被制造及再制造提供了一种解释。如果我们在此基础上加入现象学的理解,则得以探讨惯习化的身体如何以多变的行动对结构进行反应、再制并修正。

三、网络联结的技术身体

技术身体是"通过肉体使用新技术而物质性地重新设计"的身体(Balsamo,1995)。当把网络技术视为中介者,可以进一步联系数字青年的上述双重身体含义。Ihde 的后现象学哲学便是一种关于主体与客体的关系型本体论(relational ontology),我们无法只是看、听或想,而是看到了什么、听到了什么或者想到了什么。同样的,客体自身也无法独立存在,在体验它们的时候,它们才有意义,才成为对我们显现的东西。具体而言,Ihde

(1990)[29]认为主体与客体的关系可分为具身、诠释、背景和异质这四种,客体与主体之间并非直接的关系,在这种种关系中起到中介作用的是物质技术,也就是说"人-世界"关系准确而言是"人-技术-世界"关系,主客体在这种中介关系中被建构起来。Ihde(1979)[12]在《技术与实践》(*Technics and Praxis*)中强调技术使用中的具身性,而技术现象学恰是在对人类行为和感知进行分析的基础上起步的。

这样的出发点让 Ihde 的后现象学和 Latour(2005)的 ANT(行动者网络)理论区别开来,ANT 强调的是一种存在于人类和非人类之间的普遍且平衡的对称关系,显然后现象学并不执着于这种严格的对称性,而是看到了人类不同类型活动的等级和技术中多变的多重结构(Ihde,2015)。当后现象学声称技术在人与世界的关系中扮演着积极的中介角色时,并不是说技术物可以与人一样,如果摒弃人与技术的区别,很可能也无法从"内部"经验来进行论述。ANT 理论中复杂的网络化关系是一种第三人称观点的"外部"观察,而后现象学所考察的人-技术-世界的观察是第一人称的(Rosenberger & Verbeek)。同时,后现象学也比经典现象学走得更远。传统的现象学分析(比如 Heidegger)是以一种较为抽象且浪漫的术语来碰触技术,视技术为一种宽泛的社会文化现象,特别关注技术如何异化人类的存在及其所在的世界;这样的思考虽然给人以启发,但由于它没有碰触人与技术的真正经验而引发了越来越多的质疑。相较于"异化"(alienation),"中介"(mediation)是更好的表述方法,这样才能理解(而非描述)人类和世界的关系。人们对于中介和相互建构的重视,使得后现象学和经典现象学区分开来。

具体而言,Ihde(1990)[93-94]认为在具身关系中需要看到的是人类的双重欲望,一方面想要科技真正地变为"我",另一方面想要科技对于我的身体和感知而言是透明的。当技术被体认,使用者的经验会通过这一技术而重构,将其纳入自己的具身感知。在具身关系中,技术在何种程度上会变得透明是基于不同的具体情境的,它具有多变性(Ihde, 1990)[80-98]。

就科技透明的欲望而言,最好的例子是在网络时代人们仍向往个体之间最简单、最纯粹的沟通关系,就是所谓的"面对面关系"(face to face),即便直接沟通被中介代替,也会需要这中介更透明一些,身体在场更多一些。如同 Levinas(1985)认为面孔是我们看见他人的出发点,理解是基于理解他人的面孔:"当我们面对他人的脸,与他对话,没有间断,也不相互妨碍。"面对面的交流确实可被视为存在的一种最基本表达,这种他我关系无法逃避或拒斥。然而,即便在这样简单而单纯的对话情境中,仍然会出现一些复杂的情况,这跟说话者本身的状况有关,是属于不可见的、自我遮蔽的状态,也就是对话者有时候自己都不可能意识到的遮蔽因素。事实上,Levinas 已经指出,面对面的关系从来就不是没有距离的直接贴近关系,而总是不同身体间一种仍留有距离的贴近(proximity)。在媒介经验的内部已经存在许多人造贴近或人造接口,它们需要不一样的身体论述来加以说明,而非 Merleau-Ponty 早期的先验而纯粹的身体主体理论。当数字青年通过他们的网络分身表态,表达一些行为并观察其效果时,他们真正感受到的是什么? 他们是否因而能对自己的真实情况有较佳了解?

我们或许可以依据 Ihde 身体一、身体二的说法,把这一层网络联结的技术身体称为"身体三"。它没有偏向身体一或身体二的任何一端,而是既重视身体的主体性,又看到了技术如何具身地融为一体——想要通过网络联结调整社交距离的实践"身体",而技术也持续改进自身,希望成为"我们"。从技术现象学的角度来说,这个"身体三"并不算太新,Heidegger 讨论用铁锤钉钉子,或者 Merleau-Ponty 描述戴着一顶羽毛很长的帽子的女人如何漫步人群通道,这些例子都是在指出通过工具和人造物而体验到世界的具身关系。当我们用锤子钉钉子的时候,我们希望以一种透明(transparency)的方式,通过我们的手及身体将铁锤予以囊括,继而在以铁锤为中介的钉钉子时间流体验中进入出神状态。用 Ihde(1983)[48]的话来说,这种铁锤中介的钉钉子体验有两个面向。一方面,媒介可以转化我们的真实存在,成为另外一种接口化的技术入身,换句话说,铁锤将我们的力量转化为具有焦点指向的力量,把钉子钉下去。这就如同网络社会中,网络将数字青年的行动蓝图转译为一致的网络行动,将模糊不定的身体转译为繁多的图示和身体风格。另一方面,现象学的文献一直以来都向我们彰显,一个人可以由内而外地体验其身体,同时又拥有部分(当然仅仅是部分)外在的感知:每个人都可以从自己的视野中看到自己的手、脚和部分躯体。而技术则进一步拓展了身体,就如同 Heidegger 的锤子,在工作实践中进入了感知范畴以及身体范畴,而作为一个对象的锤子退场了。盲人的拐杖和女人帽子上的羽毛也是类似的转化。在这三种情况下,人的具身性都改变了,同时限缩又聚焦。在传播研究领域,如果用 McLuhan 的术语,那也大可称此为媒介的放大作用(magnification)(McLuhan,2001)。然而,媒介同时也会化约或截断日常性身体经验的某些维度。比如,当我们跟家人或朋友在网络上沟通时,虽然有熟悉和亲密的关系基础,但是与面对面的经验比较起来,这样的沟通方式似乎总是缺了某种东西。这个向度便被称为化约(reduction)(Ihde,1983)[51]。

具身性关系展现出一种本质结构,也就是"增强-化约"。当事物经由技术物向人们敞开自身的同时,伴随发生了"增强-化约"的转变(Ihde,1990)[76]。也就是说,通过技术物的中介,数字青年对于"世界"的经验必然有所改变,在这样的改变之中,技术物本身的结构特性会使得经验的某些方面得以"增强",而另一些方面则遭到"化约"。Ihde(2002)[8]曾以电子邮件和视频电话作为例子进行研究,他提出网络是一种限制,没有充分的身体运动和感官的丰富度。但是,在电子邮件的例子中,我们看到沉默的文本可以让想象扩展以及变异,这是所有文字均可实现的,看上去不那么具身,却又可以增强具身在场。各种各样的当代科技都有不同程度的增强性。比如在网络传播中,语音消息、数字图片都可以勾勒出这种增强性。这些增强性可能是被选择的甚至是虚假的,但是至少他们让使用者自我感觉良好。反过来看,视频电话在市场上一直都表现不好,这是因为人们想要回到虚拟,后现代其实是作为一种机器幻想而存在的。在 Ihde(1979)[21]看来,"增强"往往是较为引人注目、戏剧性的,因而,伴随发生的"化约"维度就往往易被人们忽略。在数字青年日常的网络使用中,也可以看到这样的拉锯,而使得网络行动的实践经验随之有了结构性的"偏向"。这也是为何不像 McLuhan 或者 Haraway,Ihde 只是将媒介视为身体的"类延伸"(quasi-extension)及"类透明"(quasi-transparency)。

这样一种网络化的具身性告诉我们,沟通情境中的科技条件并非中立的。所谓以人为中心或以科技为中心的论战,从身体的观点来看其实并不存在,数字青年总是希望将身体一和身体二完全弥合在一起。"甚至可以说,技术的世界乃是身体的发现,或许更有意义的是,对于身体转化的各种可能性,在此被运作出来。"(Romanyshyn,1989)譬如,黄上铨等学者在追溯台湾 PTT 发展史时,将 PTT 这一功能相对简单、原始的社交媒体定义为"情感媒介",认为它不只供个人抒发情感,而且能体验到诸多他人的情绪,因为 PTT 在聚集大量使用者情绪的同时,使得情绪变得可见、可察。"后人可以观察到前人参与的痕迹,可能是'推荐''嘘声',或留下嘲讽的评论等。而个人,也可能因此受到他人情绪的'感染',以更强烈的情绪来回应情绪。"(黄上铨,2016)与具象或再现的符号及身体研究相比,这一类突显网络技术可供性和网络化具身性的研究较少。

由上观之,在网络传播与沟通环境中,探讨数字青年的网络行动,其实就是探讨人-技术-他人的具身关系。在 Ihde"人-技术-世界"的框架内,强调的是人的实践活动总是发生在技术的结构作用所构成的脉络之中,而技术的结构性作用也总是在人的协同实作中不断持续确认、完成,才得以浮现与维系——"个体与群体会用自己的方式来对待网络空间,将局部共同体拓展到虚拟空间,并建构新的沟通网络,不受身体共同在场的约束羁绊"(希林，2011）。网络行动环境强调的是关系存在论（inter-relational ontology）：人类经验者从存在论上与环境或世界相关联，然而，发生内在关系的双方都在这种相关性中得到了转化。通过对活生生的数字青年网络行动经验的描述，或许能说明为何处境不同的数字青年可以对彼此的具身处境感同身受，并保留足够的模糊空间，以容许各种具体的变异，由此跨越现象学与后结构主义的双重身体。

第二节　身体部署中的三个分析层次

提用"部署"这个词的 Foucault，以性部署（dispositive of sexuality）为例探讨了精神医学的社会政治区隔实践生产出的理性、全景监视与社会体制中身体规训生产出的偏差，以及告解、写日记等体制生产出的本质化的性（sex）。他也曾指出主体部署具有时代差异，例如古希腊罗马时期由个人界定自己的本质、选定方法，并调整目的与环境间的配合的修身实践（Foucault，1990），具体的表现是对自我的关怀（take care of oneself）：不断运用检查、反省、告解、写日记等自我部署技术，让自我高度自觉于自己的道德、思考与行为（Foucault，1988）。这些研究展示不同时代的规训体制部署如何经由环绕着特定对象所形成的多种策略，形成能认识自我、客体与行动可能性的主体（Bevir，1999）。

Deleuze 则进一步用线路交缠诠释 Foucault 的这个概念。他说："什么是部署呢？首先，它是多线路交缠的聚合体，每条线路都有不同的性质。在部署当中的线路并不构成或环绕完整的同质系统，如客体、主体、语言等，而是各有其个别的特定指向，不断打破均衡。这些线路有时会交错在一起，有时又会相互分离。每一条线路都会被打破而改变方向，产生分叉与分歧，进行漂移。可见的客体，包括可被阐述的命题、被施展的力量和被定位的主体，就像多维的向量与张力。这也就是 Foucault 成功区分的知识、权力、主

体性三大向度,这些维度的轮廓并非一次可以给定,而是见诸相互补充的各系列变量。"(Deleuze,1992)[159]

这意味着在部署中多重力量与维度的动态交缠是非常重要的,而Deleuze也明确指出,权力部署(dispositive of power)只是行动机制的其中一个维度。而本节要提出的是身体部署,它也是行动机制中的一个维度,但它就如同一张地图,依此进行制图工作,测量未知的地界,为我们解开社会中各种线路的纠缠。"这时我们必须把自身安置在这些线路之间,这些线路不仅仅组成了社会部署,同时也穿越、牵扯着社会部署。"(Deleuze,1992)[159]因此,"部署"并不是传统决定论与因果论的范式,而是从断裂之处触发、从生成之处触发的。

Rosenberger(2009)用"关系策略"(relational strategies)来指"身体关系、目的和概念之间的一种特殊的部署,可以让人们获得一种特殊的身体-技术关系",借此概念可以进一步聚焦于网络社会的身体部署。网络技术曾是军事项目和科学实验室中的"大计划",嵌入日常生活之后"部署"能力才得以真正施展,形成了各类新的社交、知识和行动的空间。无论是我国当下的政治环境和技术环境,还是网络平台自身的设计和商业目的,都对技术、身体和社会等的联结位置进行了重新调整。身处其中的数字青年们与其发生深深的纠缠,积极地进行修身实践,重新部署网络行动,通过网络技术实现对自我和他人的关照。在技术-技术、技术-身体和身体-身体的部署之中,一度被视为异质性的元素整合成了技术身体("身体三")中的一部分,既是知觉现象学的原初,又带有社会建构的元素,两者相互影响、纠缠。

本节探讨的"身体部署"便是类似的一种多重力量与维度交缠的关系型分析框架,将通过技术入身、"共做"实践和身体交错几个具体的概念进行初步的勾勒,针对当下现状重新锚定技术身体、社会建构主义和知觉现象学的身体论述。

一、技术入身

施密茨(2012)用"入身"(einverleibung)来描述一种身体感觉自动形成的交互协调感,比如一个人看见有危险的物体快速逼近自己时,通常会无意识地采取目的明确的身体动作,像是灵活地跳到一旁。这种身体运动不是行为主义心理学家所认为的仅仅是信号的接收和加工,而是一种交互的准身体协调,即"入身"。"技术入身"想要带领人们去关注的是通过身体进入个体与技术相互间建立的共同场景。

网络技术(特别是社交媒体)能有技术入身的效能,在于其简化技术逻辑的同时提供了一个邀请身体进入的友好接口。已有多篇论文从隐喻的认知模式来论述如何将接口作为一个符号实体,其再现形式和符号特性如何彰显或框限了诠释者的感知经验和概念理解。比如,在计算机发展的早期,Foley 等(1999)便认为人际的对话属性可以应用于用户与计算机间的对话,这两者之间的对话语言就如同一般语言一样,存在一定的语法规则和社会共识,这样人们才得以快速地对计算机下达指令,并传达多种需求。

这样的认知模式仍是较为语言学的结构,网络技术如果要真正实现技术入身,便得通过"对象-动作"的设计理念而实现。通过这一设计理念,计算机对象挑战了一直以来的物理和社会对象的区隔,物理对象强调设计、建造和使用,但社会对象是能和他人沟通的对象。当下的计算机有巨大的互动性,它们的反应不是随机的,而是被设计的,这意味着计算机的特性是有目的性的,并组成了一个社会对象(Suchman, 2007)。具体而言,"对象-动作模式"(object-action model)是将使用者在真实世界里用以完成任务的对象以及相关动作,尽可能地在二度空间的屏幕内再现出来。由于人的动作可以被分解成较细致的步骤,而完成一个动作所需要的整体对象也可被分解为更小的单位,这样便在计算机屏幕上通过动作与动作、对象与对象间的阶层关系来隐喻性地呈现对象与用户的行动(Schneiderman,1998)[61-66]。

因为人在成长阶段里动作和视觉技巧会先于语言技巧出现,因而在接口上可视化的呈现对象与动作会比文字接口自然许多,这是"对象-动作"设计理念的依据(Schneiderman,1998)。图形用户接口通过隐喻设计,一方面能减少方向感错乱,降低过度认知负荷,进而发展出更清晰的心智模式;另一方面也将信息内容的编排与接口的互动设计整合在一个情境脉络内,设计者通过对接口互动要素与信息结构的精心安排、规划,来影响用户对此媒介系统的结构认知及其浏览经验(张惠萍,2003)。但更重要的是,网络技术通过这样的方式将身体与技术联系了起来,让技术拥有了"入身"的可能性。如此一来,图形接口便成为人与计算机、他人互动的主要方式之一,接口的互动机制(选单、小图示……)会产生动作的展演,而每一个动作的展演会对用户的认知层面造成影响,比如日常生活中随时看到的拍照图标、书写图标、发布图标……数字青年看到这些图标便已直觉性地明白接下来应采取的种种对应行为:刷朋友圈、打字、斗图[①]、弹幕[②]、点鼠标、留言、发微博、打游戏、写博客等。

网络媒介这一"对象-动作模式"之所以能让技术入身的门槛大为降低,还依靠产品的情感设计,尤其强调数字青年使用上的愉悦体感。传统上讨论设计的时候,人们很少考虑到情绪,往往只讨论实用性和易用性、机能和造型,一切都以一种逻辑性且不带感情的方式处理。设计美学的研究发现揭示了美学在产品设计中所扮演的角色:美观的东西使人感觉良好,这种感觉反过来使他们更具创意思考——当人们感觉很好时,会更善于进行脑力激荡,更善于检验多重的选择(Norman,2004)。在 Norman 谈及情感的多重面貌与设计时,他提出认知和情感系统的三个层次——本能的、行为的和反思的——都在运作,同时也可能互相对抗。而这三个层次其实都和情绪

---

① 人们经常在 QQ、微信等即时通信软件的群组聊天中"斗图",发送搞笑的、恶搞的表情包图片进行娱乐式的沟通互动。

② 大量吐槽评论从屏幕飘过或覆盖了整个荧幕时,看上去像是密集的炮火射击,因此被称为"弹幕",给受众带来一种实时互动的错觉。

相关，比如人们在使用产品的过程中，感到迷惑或沮丧时，会造成负面的情感。不过，如果产品确实满足了需要，人们在使用时充满了乐趣而且易于实现目标，便会产生温馨正面的情感。

以社交媒体巨头 Facebook 的接口设计为例，可以看出它如何通过情感设计来邀请身体浸入。Facebook 主页的隐喻结构维持一个近似"人类头部"的样态，主要的文章浏览部分模拟的是人的"眼睛"，让使用者看到"新鲜事"和"动态消息"，而"我的最爱""群组""兴趣"等组件则似乎是存储信息和组织信息的"脑"，最上端的"近况更新"则是"嘴巴"的功能——"在想什么"，鼓励使用者说出关于自己的一切，将私生活转译为公开生活，将潜在意转译为显见的话语文字，将情绪转译为图示，将人与人的联结转译为在线好友关系。当 Facebook 越用越上手，数字青年就几乎不会察觉到技术组建的存在，潜移默化了很多附着在技术上的价值观。Brügger(2015)将 Facebook 的发展简史分为"你是谁"(2004—2006)、"你在什么时候做什么"(2006—2008)及"你在哪里"(2008—2013)这三个时间段，在推出任何新功能时，工程师都会从技术层面和用户界面(UI)的设计层面考虑"用户体验"，在反复实验后才投入使用，力求让用户意识不到界面的存在。这恰如 Ihde (1990)[75] 所概括的一样，技术既要发挥作用，又要透明。在实践中，技术一方面会循序渐进地改变基本现状，发挥技术乌托邦化的最大功能，另一方面又需要退场，变得透明，因为人们矛盾的欲望还在觊觎不通过科技去触碰真实的世界。

在发挥功能时，Facebook 的情感技术元素进一步引入了价值，尤其会通过数字线索来体现。不用知道某个人的真实身份，使用者就可以通过他的朋友个数、照片形象来判断这个人是否受欢迎；在网上阅读一篇文章之前，使用者也会无意识地去看文章的点赞数、分享数和留言数，数字的高低预示着内容的好坏；使用者会依据共同好友数、共同喜好、共同点赞的粉丝页来判断两个人风格的相似度，甚至会决定联结策略。这些价值判断随着技术元素的引入开始形成,在没有社交媒体的世界,我们很难在社会生活中知道一个人的人际网络有多大,一个人的意见究竟被多少人知道或认可。"赞"这个按钮最能代表价值化,"追随者"也是,就像是名气定律,你的人脉越广,你就会越有价值,因为别人会认为你很受欢迎而与你联系。人类的"准统计官能"(quasi-statistical organ,翁秀琪,2001)在技术的辅助下也恐怕变得格外发达,能快速地侦测或感觉到所处环境的意见分布比例和气氛,如今还能针对比例和气氛的价值来进行下一步的行动策略。这曾在心理学领域被认为是最能引发人类社会行为的强烈动力之一。

网络技术通过"对象–动作模式"的情感设计,以及在情感技术元素中引入价值,对数字青年浸入的身体进行了重新部署。数字青年倾向达成何种行动目的,是因为认同了情感技术中的价值判断,譬如认同网络中的丛林法则,流量大则意味着优势地位,网络流行语和表情包意味着更充沛的情感。数字青年能迅速采取网络行动,是因为他们在身体浸入过程中有所领悟,领悟到了社交媒体一直在放大的"局部即整体"现象学观点,并认为浸身社交媒体的他者也有此共识。通过对我们呈现可见的那一面,知觉自动地"共在"了隐藏的诸面——在共在中,人们隐含地将不在场的侧面理解为它们也是其他主体可能的知觉的客观相关物(Zahavi,2003)。比如,看到同样符号的刷屏、共同的点赞认可、一致的流行语使用,人们会倾向认为他人具有与自己一致的态度和价值判断。虽然在现实生活中我们看到的只是数字青年的手指在滑动、点触,目不转睛地凝视,但是这其实是他们全身心的、直觉式的技术入身。在这个邀约身体浸入并通过可视化图标和数字来呈现技术入身结果的网络社会中,出现了一种对自我认知状况的新颖看法:人们对自己的身体和认知的状况不可能不知道。当然,这种自信是朦胧模糊的,完全是由人的信心所引发出来的,但它表达出了一种新的变化不定的体认,一种征服他人和时空的认知:用数字来表示的身体行为结果很快被解释成身体自身的成就。

技术入身是身体和科技物进行联系的必经旅程,是数字青年进行网络行动的底层架构,它嵌入网络行动的蓝图、生成、扩散和成效之中。但"知道"网络行动法则,并不意味着能成为活跃的行动者,他们需要在日常网络生活中身体力行、操练规训。

二、"共做"实践

在 Ihde 的"人-技术-世界"的框架内,未充分探讨的是人与人通过触摸、姿势、行为举止而交互的形式。在这一具身关系之中,初学者的身体必须消失才能变为熟练"专家",也就是说,初学者的身体需要伸展出去,而非退缩回来。而网络具身行动的概念则帮助我们去重视另一个底层架构,即网络划定好了一块让数字青年一起操练身体的场域,比如发文、打卡、点赞等。若要追溯,这些行为当然也可以溯源至日常生活平凡的细节中,比如写日记、在旅游地签"到此一游"、为他人竖起大拇指……可以说,网络时代的身体操练中的某一部分不但有原始发明人的天才,更融入了世世代代使用者的经验。同时,当数字青年使用新的技巧来进行身体操练时,它也在改变身体的存在以及身份的认知。正如前文所说,身体在科技与表现、器具与用法的交织下,不断以化约或增强某部分身体行为的方式在改变。在网络社群之中,较为突显的实践是"运营专员"所进行的社群行为引导,比如依照网络身份所加入社群的时长来划定等级,形成新的由图标、数字来标明的虚拟社会等级,并对新成员规定日常任务(如"每日发文,超过 30 天""获得 5 个人的回帖""无图无真相"等)以进行身体管理。

除了专人引导的身体操练规则,也有在社群之中通过日常互动所形成的身体操练规则。"社会规则被认为是引导行为的规则,习惯、传统、标准、规则、价值、流行以及其他引导性标准被标准化为人与人接触的结果"(Sherif,1936),这对于网络社会一样适合。但网络上的互动因其物质特性的差异而引发了不同的实践,数字青年必须通过使用网络媒介来习得规则。

比如，随着社交规模与范围的扩大，Facebook 用户需要通过规格化或公式化的互动，确保人际网络的稳定交流。这些行为经过反复实践，发展为社交互动仪式。黄淑琳（2013）细致地研究了 Facebook 上的"行礼如仪"，探讨 Facebook 的网络中介仪式形成的契机与流于形式的可能。研究发现，乍看毫无意义的网络互动行为（尤指点赞）承载多重含意，例如避免表错情的慰问、掩饰内心挣扎的祝福、对多义信息的部分赞同等。每当使用者内心与行动不一致时，这些行为便成为每一次的缓冲，调解了"口不对心"的矛盾。这些貌似"行礼如仪"的社交互动行为随着信息事件的种类而变化，行动含义亦不停流动、转变，逐渐成为众人心照不宣的隐藏逻辑，内化成为用户的行动策略，成为具有"僵固的仪式形式，多元流动的仪式意义"的互动行为，亦可作为数字青年专属的行动仪式。

"'自我''社会''符号秩序'都是通过身体的工作而构成的。"（Crossley，1995）数字青年的日常实践中有很多类似的身体操练，并基于此进一步形成组织化的力量。比如，以网络粉丝群体为例，在王洪喆等（2016）对"迷妹"的访谈中，会看到粉丝们对偶像的喜爱不仅仅停留在为偶像消费的层面，还会进一步把偶像与其他艺人之间的竞争问题视为粉丝群体的内务，并承担起为自己的偶像争取演艺界地位和上升空间的责任。在这样的过程之中，具有极高情感能量的粉丝群体往往会爆发激烈的"网络战争"，迫使粉丝们不得不加强自我组织，形成集体性的力量。在这一加强自我组织的过程中，所采取的便是"共做"式的"身体操练"，比如对每一个入圈的新人，"老粉丝"都会进行媒介环境科普教育，帮助新人形成一致对外的"有理、有据、有节"的偶像辩护行为举止。这种有组织性的网络行动方式是粉丝们多年经验的总结，也成为网络具身行动得以浮现的基础。

可以说，比起语言符号的共现，身体操练更容易让人形成情感上的集体认同。像同理心这样一个心理学概念可以再被处理为"想象型同理心"（empathy-in-imagination）和"行动型同理心"（empathy-in-action）（Mageo，

2011),而让身体的行动在心理认知中获得了重返的契机。述说可以是一种"共做"的方式,比如语言人类学家 Ochs 与心理学家 Capps(1996)[19]认为"述说作为自我和社会之间的接口,在社会情感、态度和认同上投注了相当重要的资源,以发展人际关系,也同时在社群中建构社员资格"。所罗门群岛兰加兰加(Langalanga)的"田野"经验告诉我们,当地人不认为我们能探知他人真正的想法,在强调行为大于动机的文化中,日常生活中的"同理心"其实是以"共做"或"共同行动"(co-acting)的方式来实践的。类似这种"共做"是一种社群共享,会关注参与者采取身体行动的"共同本质"(common essence),比如生育、喂养、梳洗照料等让人产生合而为一感觉的联结行动。(Fiske,2010)

身体的运动——哪怕非常微小(动动手指),哪怕被认为虚拟——均为人们提供了契机,以体验践行这些能力所带来的情感满足(Elias & Dunning,1986)。其中充斥的是活力、社交和模仿:活力说的是沉浸于其中所带来的快乐;社交使人们从轻松惬意的互动中获得满足,这种互动是以其自身为目的而发生的,不属于理性化的工作环境(Simmel,1971);模仿(mimesis)包含在安全背景下让人享受地唤起强烈情绪。在共同的行动中,这种有动作、有情感的"行动型同理心",会让许多具有类似"认同追求"的"他者"来一起证明彼此。而这情感上体验到的"集体"往往是基于划定了基本一致的简单行为模式(无论是来自参加网络行动的个体还是网络身体操练中已划定的行为模式),使得不同主体产生了"共属一体的想象"。恰是因为互异的具体肉身的缺席,才有了对于身体行动一致性的想象,而这种想象得到了技术可供性的肯定。因而,在"帝吧出征"的案例中,便有参与者留言说:"经过今天的事件,我发现我更爱国了,希望帝吧的吧友们能经常组织这样的活动。"

因此,网络具身行动不是一个抽象的概念,而是由技术入身的、彼此相连的身体组成。对于这种身体的真实相连,Deleuze(1992)[625]做了很多诠释,身体让我们成为自身,并且和他人的身体产生联系。这样的身体并不是一个统一的整体,而是由很多运动的元素组成,继而形成的集体情感。运动和动力的关系界定了网络行动,这是由上千碎片变动、组合而成的一个动力系统。这也让人想到 Massumi(2002)如何谈论感受,以及如何和其他感受一起运动。Massumi 在本体感受(proprioception)的科学概念中找到了支持,这一概念是说那些在身体运动和其他运动中的感官:"它一边运动一边感知,并发觉了自己的运动。"网络社会中"集体"的形成,需要身体不断地行动,并在这行动之中感知到自己存在的位置和重量。

三、身体交错

在网络社会身体部署的分析框架中,最后一个要谈的是身体交错的概念,其实要讨论的就是交互主体性(或主体间性)的可能。在 Merleau-Ponty 的晚期理论中,身体主体在经验中是交错的(Merleau-Ponty,1995)[130-155],类似的术语还有混搭侵越等,也就是说,"当我们想要说明自我时,就会不自觉地陷入超越自我的无穷轮回中,可是,就在这个时候回过头来看,在我们此刻实际体验自我的过程里,我们所看到的却是在世存有界域的无限开显"(蔡铮云,2001)[104]。在铺陈了个体的技术入身和群体的共做实践的大致轮廓之后,我们恐怕仍然需要追问,网络行动中究竟为何会形成"联结性"?通过技术具身而产生的身体交错,在本书中具体指的便是通过网络技术而产生人和他人的交错。

首先,以原初的肉身而言,Merleau-Ponty 在谈这种自我-他人、可触-可见的双重交叉的定位时,是以"触摸"来加以说明的。当我的手触摸我的另一只手或触摸别人的手时,是一种触摸与被触摸的交织感觉,它使得自身感觉的东西感觉到了自身。① 这被称为"自我他者化"（self-othering，Thompson，2007）："我的左手触摸我的右手时（或当我用其他的方式体验我的身体时），出现了一种体验我自己的可能性的方式。这种方式分为两类：在一类中其他的身体主体会体验到我，而在另一类中我会体验到他者。在这种方式中，身体的自我觉知以一种他者性（otherness or alterity）的形式为条件。"这是身体"双重性"的一种，身体既是一个体验着的器官，又是一个被体验的器官。

同时，这亦意味着身体既是能见者（voyant）又是可见者（visible）。身体在凝视万事万物的同时，也能凝视自己，并在它所见之中，认出能见的"另一面"。它看见自己正在看；摸到自己正在摸；它对自己可见、可感觉。这是人的肉身所具有的原初配置，被现象学还原了。也是在这一交错原初配置中，人们会在互动双方的反应中修正本人身体的冲动和感觉，由此双方都能了解到，自己是在与他人打交道。换句话说，身体有着作为意志结构和感觉维度被给予的内在性维度，以及作为视觉性和触觉性显现的外在性维度。

而在网络情境之中，虽然网络技术仍然依赖于视觉，绝大多数由视觉符号而型构出信息，但当技术入身、身体浸入其中时，通过网络所提供的人的联结和技术的联结，数字青年能发展出与他人的身体交错。对于技术如何辅助身体交错的产生，崔时英（2004）提出的"共通认知"（common knowledge）可以是一个有力的应答概念，要促成联结，都涉及协调问题，而

① 关于触摸，我们已经发现了三种特别而互为基础的经验，三种交叠但互异的维度：对于质料粗精的触摸、对于事物的触摸——身体及其空间的被动感受（也就是肌肉空间运动时的内触觉）——最后是对触摸的验证性触摸。当我的右手触摸我正在触摸事物的左手时，"触觉主体"转而落入被触摸者的位阶、滑转成为事物，触摸形成于世界的氛围环境中，也形成于种种事物当中……相反的，对于可见者的任何经验，总是在观看这一动作中呈现，而可见的景象与"可触知的性质"却共同隶属于触摸当中。我们必须让自己习惯这样去想，所有可见者在可触者中都被安排过，而所有可触的东西都以某种方式关联可见性。这中间的混搭侵越，不只存在于受触者与触摸者之间，也存在于可触者与在其上形成外壳的可见者之间，反过来说，就如同可触者本身并不是没有可见性，也不乏其视觉上的存在。既然是同一个身体去看和去摸，可见者和可触者便属于同一个世界（梅洛-庞蒂，2007）81。

共通认知让人们能更加协调地进行集体行动。

基于"共通认知"的概念,人作为社会性动物,往往会采用互相沟通的方式来协调问题。然而,单纯地接收讯息并不足以使个体参与一项行动,因为每个人都想知道其他人是否也接收到同一讯息,这就是"共通认知"。比如,在社交媒体的"通知"之中,数字青年会知道谁响应了他发表的内容,谁响应了谁发表的内容,谁对他的响应赞同,谁和他被标注在同一则发表内容中,谁提及了他……这些"通知"都在促成他和众人之间的共通认知。而除此之外,数字青年还可以知道谁对谁的内容点赞,某人对某件事情的意见是什么,又有谁对此意见点赞。Bond 等(2012)曾针对 6100 万名 Facebook 用户进行了一个实验,设计了一个"I VOTE"的页面,鼓励用户在线投票。不同的是,有一半的用户看到的只是一个总共有多少人投过票了的"I VOTE"页面,而另一半用户看到的是能显示出朋友中有谁投过票了的"I VOTE"页面。实验结果发现,第二个页面会引发更多的投票行为。可以说,Facebook 的可供性让数字青年置身于杰里米·边沁的全景敞式监狱之中,既是被检视的对象,又是观众:我知道你知道我知道什么,你也知道我知道你知道什么。

更进一步的,网络技术还为数字青年提供了关于他们"镜像"自我的一个视点及情境体验,这种"镜像"体验造成了身体交错的复杂性。镜子像其他技术对象、像各种工具、像众多符号一般,在能见身体到可见身体的开放回圈中突然涌现。镜像能够更全面地草拟出视觉在事物间的作用。通过镜子,个体的外部自行得以完整。镜像在个体的肉身之外延展,同理,个体身体的完全"不可见"能够赋予个体看见其他身体的条件。自此以后,个体的身体能够在运作中包含抽取自其他人的身体片段,好像自己的实体变为他人的实体,人是人的镜子(梅洛-庞蒂,2007)[101]。

人不仅是自己的镜子,网络社会的环境之所以有趣,更在于数字青年拥有了多个镜像,以及随之而来的复杂的错置关系。在使用网络技术时,数字青年一直都在以电脑屏幕为镜子,一边浸入身体、操练身体,一边欣赏着自己身体和他人身体的网络镜像,这形成了多重的交错关系。拉康在著名的镜像阶段的理论中,指出婴儿之所以被镜中影像吸引住其实是一种错觉,而不是一般以为的知识建构那种正常程序。由于他能够看到的只是自己的镜像,相较之下,他的身体便虚位以待了,化为一种欲求的情况。在这种情况下,如果镜中影像的认知成立的话,真正构成自我认知的便不是所谓的认知主体,而是一种欲望主体。并且其中还有更多的复杂性,就在他认为镜像代表的正是他的自我时,他的身体又摇身一变,成为代表与这个镜像自我相对的他人。这么一来,形成了自我变成他人、他人也变成自我的错置关系,这种错置关系在拉康看来具有普遍性(蔡铮云,2001)[195]。

综上所述,在身体交错的概念中,本来的"非我"反应至此变成了一种"似我"(like-me)反应。网络行动是一个互为主体、设身处地、感同身受的沟通实践过程。其中牵涉的不仅是如何"看",更是如何"听"、如何"受",甚至是多方感官多管齐下,在投射自我觉知与意识的同时,也对外在的讯息多方"接收"(receptivity)。在这个背景中,个人和周遭的他人共同制造了一个经验场(field of experience),是一种创现感知(enactive perception)(Kinsbourne & Jordan,2009),以让个体能够不间断地跟上(entrain)他人的行动和意义。

四、三层框架的效用

技术入身、"共做"实践和身体交错三层框架的提出,进一步细化了"人-技术-世界"的关系逻辑,将前面论述中的研究目的、研究观点和理论脉络进行了进一步的梳理和融合。第二章中的"数字青年"和"网络具身行动"概念的提出界定了本书的观察对象,第三章则基于社会建构主义和知觉现象学引出"身体部署"中的三层分析框架,这一概念工具像索引关键词一般,串起前述的理论文献与后续的经验材料,尤其点明了"接口设计""实践""情感""交互主体性"的重要性,让我得以在进入网络行动的"田野"之前,获得一个自觉的研究立意。

当这一概念工具在脑、在手后,便能进一步明确应该用什么样的研究方法来对数字青年的网络具身行动进行研究。技术入身、"共做"实践和身体交错带来从方法论到分析技术的新思路,比如重新改变了我对于"田野"的思考,重新思考如何捕捉参与者的"身体",提醒我在对经验材料进行分析时又应注重哪些关键范畴。

第三节 方法论的立场与研究方法

网络技术带来了人与技术的联结,这些"流"(fluids)没有清晰的起点与终点,没有必要的结束状态,并且其特色为浮现的、没有意图的、非线性的结果(emergent, unintended and non-linear consequences)(Urry, 2000)。这为研究者带来了契机与挑战,传播领域的研究实践开始追随媒介的进化方式,越来越多的社会科学研究者通过爬虫和分析技术来收集与诠释网络行动的参与者在网络上留下的数字足迹、内容数据以及网络结构。他们开始考虑如何处理超链接、留言、点击、点赞、标签及其他原生数字设计,这些成为捕捉数字足迹(digital traces)的指向标,继而通过这些实证数据的分析与诠释来探讨网络行动中数字足迹所代表的意义。比如,Bennett 和 Segerberg(2013)[114]在探讨网络行动的联结性逻辑时,便是利用了行动参与者的数字足迹来探讨行动中浮现的结构和逻辑。

数字足迹的捕捉给传播研究带来了很多新发展,但也留下了一些未尽的讨论,比如这些数字足迹究竟代表着什么样的社会意义?是否一个特定的数字足迹具有特定的含义,无须进一步解释?数字足迹的捕捉和分析主要是以就其本身的方式观察网络结构,而不是挖掘其中的意义或进行说明,这样做容易把数据当成是自然产生(naturally occurring)的,而没有注意到其社会与技术构成元素。

　　Manovich(2011)强调,通过计算机运算的数据与人文研究收集到的深层数据,是两种截然不同的数据内容,并没有任何一方比另一方优越,也没有一方能取代另一方,研究者必须要懂得如何提出新形态的问题,结合两种不同的数据内容进行分析探索,才能扩展社会科学领域的研究方向。基于本书的研究问题和分析框架,可以凭借线上的数据确定网络行动,但主要还是依靠线下的参与观察及访谈来进行"身体速写",以此对数字青年的具身网络行动进行深入的理解和诠释。

一、数字足迹的自反性

　　网络社会的数字方法立基于数字工具的数据导向(data-driven,Mason & Patil,2015)研究与"向运算转"(computational turn,Berry,2011)的趋势。通过数字工具捕捉和分析数字足迹已成为分析网络行动的主流研究方法,通过电脑运算搜集与分析网络数据,可以让研究者捕捉到线性/非线性历程中的记号。这种将非结构数据处理为结构化数据的数字方法在很多关于集体行动的研究中都有用到,比如 Groshek 和 AI-Rawi(2013)通过收集 2012 年美国总统大选期间 Twitter 上标示"#election 2012"(#选举 2012)的文章及回应、主要候选人的 Facebook 页面上的文章及响应,来讨论选举期间的公众情绪与批判性框架。Meraz 和 Papacharissi(2013)则对埃及革命期间 Twitter 上"#egypt"(#埃及)的文章进行随机抽样,以质性、定量并用的方式进行网络分析、内容分析和论述分析。我也曾对"帝吧出征"参与者在蔡英文 Facebook 页面上的留言进行分析,将留言分为模板与非模板,以探讨其中不同的情感要求和行动策略(王喆,2016)[56-71]。因而,通过捕捉数字足迹确实有可能让研究者看到网络行动的整体样貌。综合而言,大数据所带来的不仅是大量的数据、分析工具和操作程序,它更是介入研究者的知识建构与研究流程之中。甚至部分网络行动者也注意到"大数据"下的风向引导,会反过来利用数据搜集和分析来为自己的网络行动造势。

如果要探究数字青年在网络行动中的模式,似乎将注重"关系"而非"因果"的行为"大数据"搜集起来便可透析行动中的特性。对于是否采用数字足迹分析的方式,Mahrt 和 Scharkow(2013)也提出了很好的建议,研究者必须认清研究问题的核心是关注的集体还是个人? 是因果解释还是预测? 其中,通过数字足迹分析的方式获得的关于研究群体的结论未必能推论到个体层次上,而线上数据所得出的行为和认知描述也未必能延伸到线下,从线上到线下的诠释未必一定是连续性的,反而极有可能存在冲突或断裂。作为研究者,我发现数字足迹有自反性,完全依赖捕捉和分析数字足迹的研究方法存在些许缺憾。

"大数据"将不再需要传统统计学中的抽样步骤,但这种绕揽所有数据的可能性在目前商业公司自画牢笼的环境下是没法实现的。由于技术、商业、机密和其他因素,除了少数大数据的原始拥有者(如微信、Facebook、国家电网、教育网等),真正的大数据恐怕是难以得到的,而有更多变项的、跨数据库的大数据更难使用。因而,对于社会科学研究者而言,在带着研究问题进入现象场域时所需要捞取的恐怕是小样本的"厚数据"(thick data)而非"大数据"。"一旦要求以定量大数据作为商业应用或学术解释的必要证据,就会使得一切数据都经过正常化、标准化的定义与归类过程;这个过程无形中剔除数据中所包含的背景、意义和故事。而厚数据恰能防止大数据在被解读过程中丢失这些背景元素。"(刘慧雯和柯篆晏,2016)

由于本书需要探究网络行动中的模式特质(比如身体如何在场、如何联结),这是在过程之中浮现出来的集体维度,因而在回答这一描述层面的问题时,会涉及对数字青年的数字足迹的处理和分析。然而,对于理解网络行动背后的主体和意义生成而言,数字足迹却并不足够。2019 年 4 月,我在执行一项关于我国高校网络论坛(BBS)的用户研究时,切身感受到了数字足迹分析的不足。数字足迹的分析容易停留在"内容分析"的基础上,我们知道 BBS 用户在广告牌上留下了什么文字、什么心情，却看不到这些屏幕前的 BBS 用户，不知道他们究竟是谁，他们具体如何使用 BBS，他们身处的真实情境究竟是怎样的。换句话说，如果不记录人们的使用情况和情境，作为研究者仅仅凭借网络上的数字足迹是无法回到情境的"田野"的。而目前，大多数研究网络行动的学者越来越倾向于通过捕捉和分析数字足迹来进行研究，而将"传统"研究脉络中对行动主体本身的关注和触摸放置在了一边。

二、具身性纳入方法的可能

我认为数字足迹还应进一步被视为一个动态领域，因为它们不仅是数字的，还会受到身体互动状态的影响，因而它们是多方位互动的产物：物质世界、数字实存和具身行动。数字足迹不仅仅是符号或文本，而是在操控的基础性结构中获得了不同的意义，不仅仅是再现，而是一种人、他人和技术的共同参与。

正如"具身"概念所揭示的那样，由于作为技术的网络只有被行动者熟练地操控，才能在特定的情境中发挥作用，因而本研究也需要深入探讨这样的个体究竟是具有怎样网络经验的个体。讨论网络社会数字青年的技术化生活（直至联结性行动），不可仅将身体视为如何在数字文化中获得再现而得到一种肉身在场，而应当重新讨论身体如何从一开始就嵌入日常的技术化生活之中，形成了种种具有倾向性的身体习惯。

当下大多数仅关注数字足迹的实证研究依赖于使用者在网络上生成的文本内容的抓取，继而经由语言逻辑来进行推论，试图对网民的整体行为进行描述和统计。在这样的研究脉络中，分析语句的真值完全依赖语句本身，不需要世界经验等其他语言之外的证据。比如，在运算转向中几乎已成为显学的情感分析（sentiment analysis）通过自然语言处理、文本挖掘以及计算语言学等方法来识别和提取网络话语中的主观信息，主要是找出正面词和负面词的两级情绪状态，并往往认为这代表了网友的意见。这其实是将具有不可测量性（immeasurability，Hardt ＆ Negri，2004）的情感视为公开的能指（open signifier），才得以捕捉情感。这一情感语言化的结果是，"从流动且未经反思的情感经验抽离出来，并且将情感经验转化为情感字词和可观察与可操控的物体"（Illouz，2007）。

但是，数字方法并不是一种"虚拟方法"。Miller 和 Slater（2000）挑战了将网络视为所有"居住者"都会经历认同变化的场域，而不顾他们线下的境况。亦即，除了要思考这些数字个体的特殊意义外，还考虑它们结合起来的使用意味着什么，提出文化和社会层面上的分析（Rogers，2013）。网络数据运算和数据追踪分析研究中的关键问题是"数据的社会意义"。数字足迹无处不在不代表它具备研究价值，它们的真正价值在于"是谁产生他们"。

在方法论层次上应该把持的立场是，这些数据不是不证自明，而需要更精细的概念语汇与理论架构来进行探讨。在这网络之中，意义是关于某人、某事，且是在特定范围之内的，并非放诸四海皆准的。更重要的是，数据分析后所看到的浮现网络指向了类似于"何谓有意义的行为"这样的问题。比如，Beer（2009）认为一般用户在网络上是以一种"技术无意识"（technology unconsciousness）的状态在从事网络日常活动，首先人们意识不到自己的行为会对怎样的受众起作用，其次难以意识到自己传播行为的机制为何，因此他认为技术使用者应被视为需要他人提醒才能分清人与技术界限的分析对象，这样的用户不是独立于技术以外的。数字青年的技术化生活正是这样的状态，而这种状态是无法仅通过捕捉和分析数字足迹便可完成的。从概念上说，数字青年的具身行动不是一个研究对象，而是一种资源。互联网研究往往需要面对的是易变、缺乏稳定性的对象，只能对其进行"快照"，但同时又需要用心对待他们使之具有长存性。

因而，从"身体"出发需要在方法中加入线下观察和访谈来获得诠释数据，与身体在线上留下的数字足迹进行对接，形成看似简单却实在可行的系统性指南。换句话说,"数据"需要在脉络下才有意义,在网络上收集到的数据无法确实反映用户线下的真实关系,数据也无法在脱离研究脉络下使用。经验资料可以告诉我们到底发生了什么事,但是不见得能告诉我们为什么会发生。数据现象分析的经验研究有其重要性,描述浮现的信息网络是数据研究的长处,但是若试图以之推论事物的存在原因,则又过度强化了这些数据的解释能力。因此,这两者结合的重点在于方法中"应该要"解释的以及其"可能"解释的范围何在。

"具身"不仅仅是理论转向,对于互联网研究而言,更是方法论上的转向。对于传统民族志研究而言,"在场"是一个基础性的原点,象征着"田野"作业的开始,是参与观察和深度访谈的前提。但在网络社会中,在场不再仅仅是个物理概念,而是转变成为一个场景的概念。作为场景的在场,更多地指向发生的语境和环境,更强调主体的建构、交互性的话语和主体(人与人、人与技术)的关系,是虚拟性和真实性的有机结合(江飞,2017)。身体如何在场景中重新在场,不仅仅对数字青年而言是一个待探究的议题,对研究者而言也是一样。

最后,如果我们从传播学领域的受众研究来看,将具身纳入,其实是在受众研究的第四阶段"实践范式"中进一步看到与自己息息相关的媒介环境和受众社群,通过身体去看受众日常生活中的认同建构与再建构。不同研究范式对受众研究的焦点、受众形态、媒介观、脉络观、受众主体性及研究方法都有不同的预设,由于当下受众不再是"使用""接触"媒介,而是生活、浸泡于整个网络社会之中,效果研究无法再囊括受众日常生活的复杂性,而有时受众接收信息后的创意之举,也并非诠释能力,受众研究需要重新调整研究焦点才能纳入既往久被忽视的受众实践。王宜燕(2012)检视了受众研究的发展趋势,并总结为以下四点:①愈发重视受众接收媒介内容后的行动和实践;②强调媒介文化的重要性;③受众的接收脉络不可同日而语;④强调社会学的视野。可见传播学受众研究已对受众的预设进行了调整,开始关注他们的实践——"实践是不假思索的行动,实践具有类同性或共通性,实践具有因应性,实践有结构化维度",这意味着行动者总是置身于某生活形式脉络下,就会在其潜移默化下出现不假思索且具有类同性的共通实践,这是受结构影响的一种表现,但实践又具有临机应变的适应性,从而有了更新翻转结构的可能性。实践与脉络共构性恰类似于身体与媒介环境的共构性,因而具身性可视为一种让实践范式落实于网络社会的具体方式,也只有通过具身,才能看到受众的主体性中的能动性和制约性。实践理论强调主客体合一的整体观,具身性则也可以囊括实践理论中的"在世存有""生活形式""文化工具箱""默会知识"等概念,有助于缩小目前受众研究对受众的接收脉络、媒介使用等理论与实际的差距。因而,将具身视角纳入研究方法,"与其被定义为参与、观察和言语互动的混合,毋宁为一个具身的、感官性的和移情性的学习过程"(张连海,2015)[58]。

三、具身意义的诠释空间

若论及意义的理解和诠释,那么 Geertz 的"厚描"(thick description)必将提及。简单地说,"厚描"带来的启示不只是观察及描述现象的表面,而是抓住背后完整的社会及历史脉络,以及一个现象跟这些脉络的所有关系,这样才能理解行动者探究一个现象所产生的意义。以 Geertz 所举的意义之网为例,Geertz(1973)[5] 指出,"正如韦伯所说,我相信人是一种被他自己所编织的意义之网所罗织的一种动物,我将文化视为这些网,而对文化的分析,不是一种追寻法则的实验科学,而是一种探索意义的诠释科学"。这意味着在思考意义的时候,不应将"网"与"人"视为实体,然后才思考人织网与人在网中的关系,应该一开始由"人织网"此行动和实践本身思考人的存在。

Geertz 以小朋友眨眼、使眼色、模仿眨眼等为例,说明意义的多层次与不断的衍生;并以贝多芬的四重奏来解释其立场,既不同于实证主义观,也不同于认知人类学的立场;以柏柏尔人、犹太人和法国人的偷羊个案说明,人类学原本是着重观察、忽略解释的研究,在大部分时间里,研究者借以理解的某一事件或任何其他东西,在研究对象本身受到直接研究之前,就已经作为背景知识被巧妙地融合进去了。综合而论,厚描不同于表面描述(thin description),例如看到一个人的眼皮动作,可能是眨眼、假装使眼色、拟仿使眼色,"厚描"则试图揭示这种多层次,甚至是在过程中断衍生的意义结构,如何不断丰富我们的现实世界,是"文化"的含义之所在。例如,有人眨眼,有人使眼色,而当研究者阐述这些区别后,可能有人为地使眼色或假装使眼色,衍生出更多的意义和诠释。

厚描来自理解,Geertz(1973)[7] 接着指出,"理解一个民族的文化,即在不削弱其特殊性的情况之下,昭示出其常态,把他们置于日常生活系统之中,就会使他们变得可以理解,难以理解之处就会消失了"。对于理解,Geertz 认为研究者对其他民族符号系统的建构,必须以"行动者为取向"(在此其实是"人织网"之意思),所以研究者必须"用他们经历的解释的语词来表达,必须以他们用来解说发生在他们身上的那些事的习惯语句来表达",因而理解是,"研究者从调查当地居民正在做什么或研究者认为他们正在做什么的解释开始,继而将之系统化"。不仅如此,此种理解不仅仅是一度建构,也不只是二度、三度建构,而是多向与多层次建构。这是一种不断漂移与进展的过程。因而,理解的根本任务并不是在建立整理抽象的规律,而是使厚描成为可能,也不是越过个体进行概括,而是在个案中进行概括。但是,Geertz(1983)却宣判了同理心在人类学知识论/方法论上的死刑,将其视为"田野"中一种幻象,研究者"多半无法感知其报道人所感知者。他感知到的是他们通过或借以的感知者(途径、方法),不管如何称呼"。当Geertz 进行诠释时,也较多关注知识和文化的符号系统文本,在诠释中较少将文化理解作为感知世界的方式,即在口语和文字之外去唤醒身体的各种感官知觉来理解文化。

同时期的 Taylor(1971)[19] 进一步阐述了互为主体性的意义

(intersubjective meanings)，并指出此意义不同于主观的意义（subjective），也不同于共识（consensus）一词，而互为主体性所编织的网愈强，共同的意义（common meanings）也就愈多，社群的凝聚力也就越强。Taylor（1971）[57]的互为主体性读来颇有分散智能（distributed cognition）之意，他提到，"意义和规范不是存在于行动者的心中（not in the minds of the actors），而是在实践的本身（out there in the practices themselves），实践不能单单被看作个人行动的集合，而是有各种社会关系和互动（modes of social relation, of mutual action）"。互为主体性的意义绝不是个人主观意义的加总，而是以社会为基础，由个人寻找并行动所构成的。而共识通常指态度、信念等聚合，共识并非多元的反面，多元的反面是互为主体性的意义。Taylor 的互为主体性不将意义视为孤立的人脑中的抽象概念，而是在实践中所展现的各种社会关系和行动，在此转向了实践认识论（practical epistemology）。Geertz 的厚描之意与 Taylor 的互为主体性的意义相互辉映，是以行动者为取向的实践认识论。

在捕捉数字足迹和绘制具身实践之外，Geertz 和 Taylor 共同指出了一个可能的分析进路，即"资料搜集"＋"厚描"＋"诠释"：数字足迹的捕捉和具身实践的绘制可以丰富研究中的数据搜集，再通过厚描过程来抓取不同层面的意义，而不仅仅是观察或集合数据。

第四节 "身体速写"

一、"网络具身行动"的再聚焦

在身体研究的流变和理论脉络中，我抽象出了技术入身、"共做"实践和身体交错三层框架，这意味着"网络具身行动"关注的是某一特定网络行动中，人与技术一起行动时所身体力行的动作、感知和情感等具体的表现和认知。网络行动是一个丰富的"田野"，既有网络行动在线上逐步形成的过程，以及人与人通过社交媒体进行相互协调和沟通，又有线下参与者的会晤、接触和动员。而为网络行动的成形做好准备的，是参与者的日常媒介实践状态，这让参与者能较快速地组织起来，并积极地与技术一起参与行动。因而，我的调查研究由两部分组成：一是"预发生"状况的日常实践，其中技术如何得以入身是讨论的重点；二是"进行时"的网络行动，关注其中的"共做"实践和身体交错。在其中，人如何与技术物"共在"这一抽象的状态是需要由具体的"速写"带出来的。

比如，对于数字青年的日常实践，技术入身这一框架可具体细化为几个研究要点：网络技术的可供性为何；身体与技术形成了何种具体的关系；技术语言如何转译身体的线上线下展演；人和人在网络技术中形成的社交关联。

"进行时"的网络行动发起于网络，并主要在网络上进行动员和组织，有一个相对完整的行动进程。"网络具身行动"这一概念运用于研究中，意味着在"共做"实践的层次重点观察的是各类参与者如何重新组织、联结和行动起来；在"身体交错"的层次探讨参与者如何看待网络行动中的联合与分歧，以及对他人如何感知和理解。其中的观察细节包括：在协作行动时，他们会采用何种业已熟悉的行动模式，会如何创想出新的行动模式，如何对他人的行动模式进行规划；通过网络的中介，人如何感知他人的存在，如何体认整体行动的性质，继而影响对自己所在社群的认同过程（identification）。

二、研究方法的步骤

第三节关于方法论的讨论给予了我以下几点启示：一是仅仅依靠捕捉数字足迹将无法看到行动者的主体性；"具身"纳入方法意味着在搜集材料时需要注意日常的实践以及行动的具体情境；在诠释具身行动的意义时不应把"网"和"人"分割开来诠释，而是应该直接厚描"人织网"中互为主体性的多元意义。因而,所谓研究具身性的方法,正如 Csordas(1999)[145] 所提出的文化现象学(cultural phenomenology),旨在将具身体验的直觉性和文化意义的多重性综合起来,其中,具身性被定义为一个知觉经验与在世显身及参与方式彼此之间相互影响的方法论领域。这意味着具身性的研究绝不仅仅是关于"身体"本身,不是"作为文本的身体"或者"文化烙印在身体上",而是身体性的在世存有,是与文化和经验相关的。同时,它也不是仅仅关于人的行为和自我本质,而是关于经验和主体性。

那么,究竟如何将具身性纳入研究方法呢? 虽然现象学往往被视为一种哲学省思,但其实人类学的参与式观察可以联结到现象学的传统,去推敲一些"理所当然"的论断,去建立看待事物的新角度。Alac(2011)在她对认知神经功能磁共振成像(fMRI)实验人员的观察中,发现计算机已经参与到他们分析数据、形成 fMRI 视觉图像的过程中,增强了他们对于人类未知生理的理解。这是一种多方位、赛博格式的实践活动,并非被动地关注静态图像,而是需要眼睛和数字技术的配合、一系列仪器、图像记录,以及手的动作,如图 3-1所示。这种互动让他们的经验身体参与其中,积极动用头、颈、躯体来操控、倾听、触摸计算机和其他仪器,彼此交谈、打手势。Alac 认为这种日常而普遍的互动创现行动(interactional enactment)值得关注,这些数字科技视觉图像在实验人员的身体参与中获得了意义。这些行动不仅展示了他们如何理解自己所探求的对象,还体现了行动中的心智不可以撇开整个身体以及身体所处的社会文化世界来进行讨论。

在这一理论思考的指引下,Alac 以临场观察、现场拍摄和记录的方法来捕捉实验室的这些身体动作,检视身体是如何被体验的,又如何和技术互动来产生意义,她并非将这些影像记录作为再现 fMRI 实践活动的材料,而是将之作为分析资源来讨论 fMRI 实验人员如何让他们的身体与计算机屏幕一起来理解和想象大脑。

这引出了一条可能的分析进路,即以参与观察和深度访谈为主来搜集

(a)   (b)

图 3-1　fMRI 实验人员在实验室计算机前工作

(资料来源:Alac,2011)

数据,同时以快照的方式捕捉具身实践以丰富情境;再通过厚描过程来抓取不同层面的意义,而不仅仅是观察或集合数据。针对具身性的本质和衍生的资料场域的想象,我将此具体的研究方法称作"身体速写",并在此做一个详细陈述。

首先,为了呈现网络行动的"预发生"状态,我会对数字青年的日常网络实践进行一个厚描。根据过往的研究经验、研究问题和厚描的可能性,我选取了数字青年中较为"激进的"潜在行动主体,比如粉丝(尤其是"前线粉")、游戏"玩家"和抖音短视频内容创作者,对他们进行初步的深度访谈和接触观察,因为他们的技术身体比较突显,具有一定的代表性。通过由点及面的"鸟瞰",绘制出数字青年日常网络实践的大致图景,提供对数字青年的初步理解。

接下来,我会对网络行动案例进行立意选择,通过数字方法过滤抽样对象。我将选择一个能达到一定关注度的、持续时间较长的网络行动,并且其中绝大多数行动者可被视为数字青年,他们会主动地操控网络技术来实现行动目的。在后续的研究中,我选择了由杨超越百度贴吧粉丝团发起的"杨超越杯编程大赛"作为案例,它不仅仅是一次技术性的粉丝行动,同时又"出圈"发动了多方力量和多元参与者加入。

在参与网络行动进行近距离观察的同时,我会实时地接触可能的受访者,进行线下的深度访谈和参与观察。线下"捕捉"网络行动者是一件很困难的事情,但若要将具身性纳入研究方法,就必须进行线下的切身观察。我会尽量平衡选择组织者和参与者、粉丝和非粉丝。为了保证受访者的权益,受访者需要签署《深度访谈知情同意书》(参见附录 1)。在深度访谈和参与观察的过程中,我会观察和绘制数字青年使用数字技术的日常行为及其如何采取网络行动,并搜集"田野"期间受访者的数字足迹,例如线上人际交往情况、主动参与的网络活动等,以小样本来诠释此一网络具身行动其他参与者的情况。受访者的访谈数据均会录音并转为文字文件。与此同时,我将录制受访者使用计算机/手机进行网络参与时的姿势和动态,并重新整理为身体简笔画,其中将尤为注意如何处理特别的动作,并将动作的主客体视为一个整体,注重产生动作的时机、序列、配合以及空间情境。如图 3-2 所示,使用者会以不同的姿势(或身体技术)来与计算机/手机一起行动,这是一种分配智能的、情境化参与的现象。数字青年在参与网络行动时会如何形成动作的主客体是绘制具身实践的一个重点。采用这一研究方法,是对"受众"的一次"还原",将受众研究真正拓展到"田野"研究,让被研究的个体所处的情境和环境能在研究中彰显出来。

在参与观察和深度访谈的资料搜集过程中,根据之前的技术入身、"共做"实践和身体产错的理论框架,我会特别留意如图 3-3 所示的关键范畴和相互关系,以绘制具身实践。网络具身行动中有很多亟待厚描的元素,比如网络可供性所提供的身体感知,行动主体在具体行动中的动作和情感,以及最终形成的网络行动。

最后,我将对访谈数据和"快照"的身体速写数据进行进一步的整理和诠释。由于身体的多重性,我会尽量使用多人称的方式来进行互补式的"混响"。Foucault 的建构主义"身体二"是以系谱式的第三人称语言描述第三

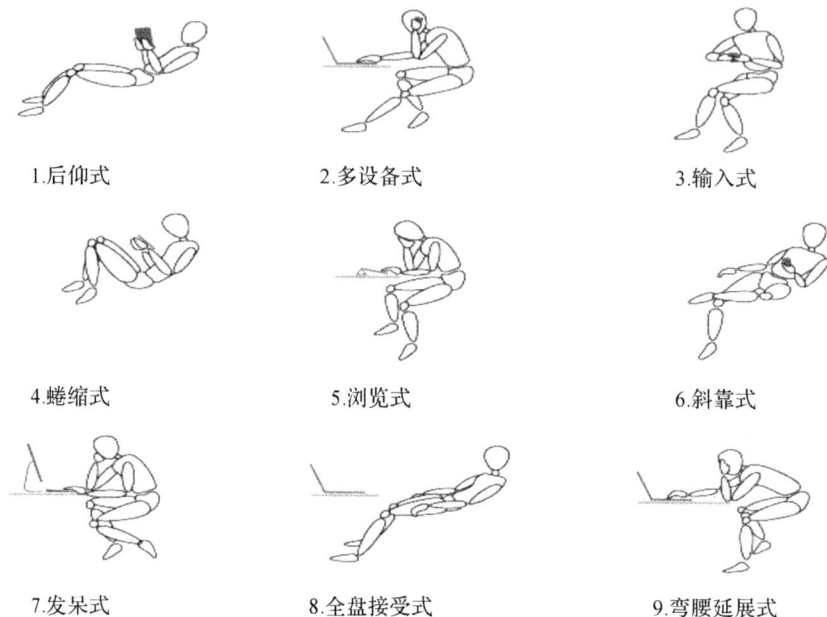

1.后仰式   2.多设备式   3.输入式

4.蜷缩式   5.浏览式   6.斜靠式

7.发呆式   8.全盘接受式   9.弯腰延展式

图 3-2 网络社会的技术具身行为

（资料来源:Steelcase，2013)

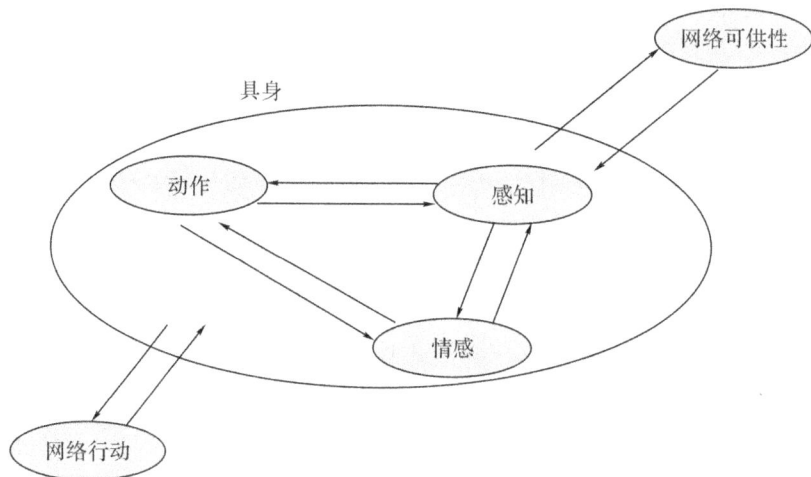

图 3-3 网络具身行动的关键数据集

人称身体,而 Merleau-Ponty 的"身体一"则是以第三人称的语言描述第一人称的身体知觉。因而我在数据诠释中会考虑如何将以第三人称为据的社会学与以第一人称为据的现象学进行互补,而在理论框架中所提出的概念也会不断地与事实进行迭代,运用多人称或去人称化的创新语言来描述第一人称的欲望与行为指向。

本书在理论上所给出的网络社会的身体部署分析框架并非要给出某个定论,而是为了建立一个观察的起点,更系统地讨论数字青年的网络使用。本书将从具体案例出发,对研究资料和研究问题进行进一步的诠释及回答。理论和数据、概念和现象之间是往返互动的关系,本书在这往返过程之中深入探讨技术化生活中的数字青年的身体复杂性,包括他们基于这一身体特性在网络行动中呈现出的行动模式以及其中的自我认知、理解他者和集体认知。

第四章　速写笔记：跟随行动主体

> 我本想和她们一样沉浸其中，我能设想这种集体行为带来的
> 快乐和感动，在统一声音后的共鸣中，大家都能得到慰藉。
>
> ——李满，《智族》(*GQ*)报道，2018

在之前社会科学关于现代人及现代社会的假设中，行动者总被默认为理性清醒的成年人，他具有主动性且有能力。目前，在网络社会中更具有行动力的是数字青年，虽然他们因为和网络紧密绑在一起而被视为网瘾青年。

在这一章中，我将按照前章所述的研究方法进入数字青年的现象领域，从群像到行动个案进行绘制。首先，我选择了三类较为"积极的"潜在行动主体——"站姐"、"玩家"和抖音短视频内容创作者，以这三类主体串起数字青年的日常实践，统揽他们与网络技术在日常生活中相处的方式。选择这三类（或有交叉的）主体，一是因为在目前的数字青年中，他们较为积极地操控网络技术，二是因为他们曾在既往的网络行动中现身，三是他们通过社群内部的身体操练和协调合作，在很大程度上体验到了"集体感"。如前文所述，"出征"模式一再重复，已经成为一种固定的新媒体事件剧目，但其起点往往是粉丝群体的讨论和转发，这起到了至关重要的引爆作用。粉丝群体能够被迅速地组织起来，并会积极地将粉丝社群日常实践中的行动模式挪用到其他网络行动之中。游戏式的动员和组织已经渗透到网络集体事件之

中,尤其是以数字青年为参与主体的事件。"帝吧出征"便是以游戏形式来进行架构的,从参与者的留言可以看出整个行动过程模仿青年一代所熟悉的战略游戏,如"熊怪大军驾到""报告祖国人民!火箭军后方集结完毕!全方位火力覆盖倒计时准备!"等。此外,在数字青年主导的网络行动中,表情包、短视频等影像传播往往能引发更广泛的传播。考虑到上述三类行动主题中共有的"技术性"、"显身性"和"能动性",我将这三类主体视为较为"积极的"潜在行动主体,他们的行动能够阐明网络化身体部署的分析框架,进一步探究他们如何穿梭于并非对立的现实世界与虚拟世界。

然后,我聚焦于一个由数字青年主导的具体的网络行动——由杨超越百度贴吧粉丝团发起的"杨超越杯编程大赛"。这一行动或许并不吻合人们对"网络行动"的认知,但它是衔接日常实践的小型网络行动,含有网络化身体部署的基本元素,能丰富网络化身体部署的分析框架。

在小型的日常网络行动中,粉丝及其社群所呈现出的大规模化、高凝聚力、高组织化和强行动力的特点,吸引了学者和社会各界的关注。粉丝行动主义中有一个"文化针灸"(cultural acupuncture)的概念,恰能说明粉丝网络行动的潜力。这一术语是由粉丝组织"哈利·波特联盟"(The Harry Potter Alliance)创始人 Andrew Slack 于 2010 年在《赫芬顿邮报》撰文提出的。文中写道:"在文化中寻找心理能量,并将这种能量导向创造更健康的世界……作为活动分子,我们未必如耐克和麦当劳那样富有,但我们拥有富含意义的信息……通过文化针灸,我们将迎来一个充满乐趣、富有想象力和超级性感的行动主义时代,并且它将会非常有效。"(陈天虹和胡咏,2018)

由于粉丝行动中彰显了社群文化的"公众参与基础",并以之作为"接触点、世界观或哲学,使人、行动与机构显形",它可以成为网络行动的一种崭新形式。詹金斯(2017)认为这种行动主义的浮现"往往是为了响应粉丝的共同兴趣,也经常通过粉丝的现有实践和关系加以构建,并从通俗文化和参与式文化中提取隐喻进行框定"。如今,大多数自下而上的网络行动,运用了大量粉丝技术以汇聚注意力,并在此基础上进一步形成对话与动员,值得加以重视。

切身捕捉屏幕另一边的数字青年具有一定的难度,采访资源极其有限。对于"站姐"、游戏"玩家"和短视频内容创作者,尽量选择在年龄、性别上有代表性的受访者。对于网络行动中的参与者,我会尽量平衡选择组织者和参与者、粉丝和非粉丝。

本次研究深度访谈和参与观察的调研时间从 2018 年 9 月开始,陆续持续到 2019 年 8 月底,受访者的基本信息可参看附录 2。

第一节　各类身体的汇集

第一节所呈现的数字青年的身体并不特殊,它可以出现在街头巷尾或校园的任何一个角落,看不出有何过人之处。只有当这些数字青年和自己钟爱/熟悉的技术黏合在一起时,方彰显出一种本色。

一、冲在追星前线的"站姐"

2018 年 12 月 6 日,《智族》报道发布了一篇题为《三流"站姐"回忆录:我的追星之路是如何走到尽头的》的文章,当即就被各大媒体竞相转发。文章以一位幡然悔悟的"站姐"的自述口吻,将原本只活跃于粉丝群体中的"站姐"展现到了所有人面前,内容中提到的机场接送机、购买偶像私人信息、为了粉丝关注度进行巨额应援等内容,在网络上引发了激烈的讨论。"站姐"意为管理"站子"的女性,"站子"则是及时跟踪艺人行程并发布照片的社交媒体账号。这套体系从韩国传入,迅速适应并改造了整个粉丝圈。在粉丝群体中,"屏幕饭"(仅通过手机、电视等了解偶像信息的普通粉丝)和"前线粉"之间有明显的区分。这些专门拍摄偶像照片的"前线粉"不是随便什么人都能当的,这是粉丝群体中公认的事实。首先,你要发自内心地爱偶像,这样拍出来的照片才是充满爱意的;其次,专业设备往往非常昂贵,相机再加上各种镜头,是普通粉丝无法负担的;再次,如果要赶赴外地的活动,还得通过一切网络线索来确定偶像的行程,自己掏腰包安排机票食宿。况且在现场进行拍摄时,必须经常动用各种技术来延展自己的身体,动用一切关系和人脉得到拍摄的最佳位置,持续与保安和经纪人斗智斗勇。"全国可能有几千人和我做着相似的事情,我们享有同一个身份:'站姐'。"(李满,2018)可见,"站姐"是一个非常有趣的称谓,突显出了技术身体和性别身体的紧密结合。

从粉丝的文化发展史来看,技术帮助女性走到了追星的前线。而在无限趋近偶像的情感动力驱动下,"前线粉"的实践又推动了技术,甚至是网络生态的演变和进化。当这些年轻的女性开始如此讲述她们的技术生活时,其中充满了和各色技术的亲密互动,以及和偶像身体的黏合、与他人身体的碰撞。

"Tuling"出生于 1990 年,穿着打扮与普通女生无殊,看上去非常干练。家境较好、经济占优势让她能够在承受相对较小压力的情况下参加活动,跟飞异地,购买摄影器材。她从中学时开始追星,为偶像白宇打理起一个"站子"。"站子"拥有上万名粉丝,主要以发布白宇的跟拍摄影作品为主,并面向粉丝群发售"摄影集"(photo book)。她把精力全花在"站子"上,自己私人的社交媒体极少有近况更新,偶尔寥寥数语也都非常隐晦,不知道她"站姐"身份的人根本不知道她到底有多忙。"日常跟行程什么的,要赶在第一个发,转发量才会多。经常在机场送机拍图,哥哥前脚走,我后脚就坐地上修图,写文案,发微博。"("Tuling")如同大多数"站姐"一样,"Tuling"自己开站、拍图、修图、写文案、设计、找厂家、做周边全靠自己,为了出一套周边礼包,可以学习如何用 Excel 表格做市场调查。与粉丝团的官方宣传和集资应援不同,"站子"的运转完全依赖"站姐"的个人投入及其社交账号的粉丝关注度。"有时候压力大到一边做一边哭,但没办法啊,就是喜欢这个人。"("Tuling")在"站姐"这个圈子里,她认识的好多姐妹都是为了偶像买设备、学拍摄修图,技术突飞猛涨。如图 4-1 所示,在偶像演唱会的现场,绝大多数"站姐"都手捧着长焦相机,想尽一切办法找好角度,对着舞台上的偶像持续拍摄,再将自己的摄影作品发布在"站子"上,以此将自己与偶像捆绑在一起。

图 4-1 "Tuling"在演唱会现场拍摄偶像

在粉丝群体的普遍认知中,合格的"前线粉"必须要会摄影修图,剪辑、文案等技能都是必不可少的,因而大多数粉丝都是在实践中学习,精进了数字技术。有时由于图片或者视频制作精致,"前线粉"的产出还会被偶像官方机构或媒体机构请求授权,用于宣传。网络上甚至出现了许多"饭圈黑科技",比如毫无破绽地为偶像改变妆容、发型,或者是在视频中为偶像一键换衣等。"饭圈"中出现频率较高的实体黑科技要数各种演唱会现场戴在年轻女孩头上的头戴式灯牌,这些灯牌不断地被粉丝们"改良",其中有一款头箍灯牌由有"饭圈爱迪生"之称的"站姐"自行发明。这款应援头箍造型符合女性粉丝的审美,非常可爱。这些头箍灯牌发出的光芒非常耀眼,而且能在整场演唱会中持久发光,因为从头箍一边会延伸出一条长约 1.5 米的白色USB 线,顺着女孩的头发一直伸到女孩们的包里,连着至少 10000 毫安的充电宝。也是在粉丝自己的重新改造下，这个头箍灯牌的亮度大概是普通LED灯的两到三倍。因为，在演唱会的现场，每个粉丝都力图让手中的颜色成为当晚面积最大、最闪亮的颜色，这是极具情感煽动力的技术化共在。在灯牌的照耀下，她们体验到的兴奋是真的，激动是真的，看到上万人和自己戴着、举着同一种颜色的灯牌所获得的快乐也是真的。

"站姐"的身体和其他身体是并存的关系，"站姐"在这些身体中持续切换。这些"前线粉"基本都拥有另外的社会身份，分布在各行各业，但"站姐"的工作反而显得更像本职工作。以"Tuling"的好友，另一位"站姐""绿衣"为例，她在上海某家外企广告公司任职项目经理，同时也是一位"站姐"。像"Tuling"一样，她除了在休息时间奔赴前线亲自参加偶像活动进行拍摄和应援，也会在公司工作的间隙处理站子的相关事宜。广告公司的工作是"朝十晚六"一周五天，而"站子"的工作是随时待命的。对于"绿衣"来讲，偶像现场照片质量不佳和与客户沟通不畅所产生的工作压力是相同的，但在情感上她还是更愿意将精力投入"站子"的工作。她家人对于她的追星行为只有零星的了解，因为当她参加偶像远在北京的活动时，往往会以公司组织团队建设为借口。她在多种身份之间切换自如。

"站姐"依靠网络所组织起来的是人、账号、数据和技术。由于"站子"本质上属于个人社交媒体账号，规模和人数与粉丝团相比更加精简，所以常常需要"站姐"一人或几人同时兼顾前线在内的多份工作。"站姐"通常拥有另外的社会身份（学生、白领等），无法保证图片和视频内容的持续产出，因此逐渐建立起了自己的生产链，发展出有偿拍图、修图、文案等不同的分工，通过交换资源和技术来进行相互协作。这种以"站姐"为中心建立起来的社交网络，为"站子"的运营提供了一种可持续的发展方式。粉丝能够源源不断地获得偶像信息，"前线粉"最初单方面投入情感、资金与精力的窘境也得到了改善。但与此同时，由于粉丝群体的区隔性，"前线粉"的行为往往不被身边的亲人好友所理解。因此，"前线粉"在日常生活中大多选择隐藏自己的

"前线粉"身份，仅仅在参与粉丝活动时才有所展露。另外，我在亲身参与观察的过程中还发现，"前线粉"在参与粉丝活动时基本使用昵称进行社交，在活动现场也会选择戴口罩来遮挡面貌，避免不小心出现在其他粉丝的图片和视频中被认出，打破两个不同身份之间的隐秘性。

"前线粉"为了"站子"的运营，往往会以更高效、更专业的要求规范自己的行为，并在技术协助下不断改进运营行为，同时影响技术和社群的发展。他们会考虑"站子"的运营成本，例如在投放地铁广告上投入的资金，需要售卖多少份周边来赚取；他们会尽可能准备好一切设备，整理好偶像的详细行程，以避免在活动现场出现纰漏和失误；他们全年无休地工作，关于偶像的一切都包含在他们的工作内容之中；他们组织有序，现场拍摄、后期、文案、平台发布等工作专人专项一气呵成，还会根据偶像的宣传安排有针对性的发布内容，这是他们日常的身体操练。"前线粉"逐渐形成了一套自己的规范或水平，在"饭圈"内不断构建自己的信息平台，分享彼此的技术、技能和标准，甚至总结出了"如何成为'前线粉'"的教程，从而帮助和促进"前线粉"群体的不断发展。粉丝再也不乐意处于被动的地位。他们在热情拥护传媒所塑造出的偶像的同时，又保留着自己对偶像形象进行再次塑造的权利。"前线粉"在塑造偶像形象方面相较一般的粉丝更具有话语权，他们在现实生活中接触偶像的经历使他们的话语更加具有可信度；这些"前线粉"会详细描述接触偶像的经历，但绝不会让自己"显身"。"一般'前线粉'见了偶像都会发 repo[①] 吧，'哥哥今天戴着口罩，精神不太好，但讲话还是超级温柔、超有耐心''哥哥让大家要多穿衣服不要感冒'之类的，然后就会有一堆粉丝转发评论，'好羡慕''哥哥要好好休息，别让我们担心呀'，每个'饭圈'都这样。"（"Tuling"）另一方面，由于不断发布偶像文本，"前线粉"积累了大量"饭圈"关注度，因此他们所发表的言论也会受到更多粉丝的赞同与响应，以

---

① repo 即报告，一般是指粉丝参加现场节目录制、观看演唱会、舞台剧之后对此的介绍报告。

及争执。对于广大粉丝而言，"站姐"的身体有时是隐形的，可以让他们更接近偶像；但一旦出现了任何问题，"站姐"的身体就会突显出来，成为扭曲了"偶像-粉丝"关系的阻碍。

"站姐"慢慢将自身塑造成了一个有趣的混合体，混杂了技术、性别、劳作等多个维度，既能够作为传播者向普通粉丝输出内容，又能够以粉丝的受众身份在追星过程中得到情感满足。不过，就像"Tuling"和我坦白的，"'站子'开得久了，有时候会觉得好像不是单纯地在追星了。比起见到他本人，会更在乎微博转发量和粉丝数量"（"Tuling"）。当我完成这本书的写作时，我又去看她的"站子"，发现她因身陷"饭圈"内部的流言和争执，已于2019年7月关站了，整个"站子"都变成了黑白色，只留下了几张她最得意的关于偶像的摄影作品，联系不上她。"Tuling"就此消失了，但会有新的"站姐"取代她的位置。

二、"玩家"的联合协作

在我所接触的数字青年之中，几乎所有人接触互联网都是从网络游戏开始的，可以说游戏世界构建了青少年对互联网的初次体验，是举足轻重的数字媒介。游戏的特质在于，仅仅停留在符号表征层面无法把握游戏对于数字青年的意义：意义并非符号再现，也并非事物现实之间的一种抽象联系，人类经验并不能简化为符号意义的游戏。事实上，"玩家"是通过玩游戏来习得如何把握世界图景的——通过日常、重复的身体实践，而非经由抽象的表征及正式传授的学习。就身体力行而言，更具显著意义的是多人在线游戏，尤其是竞技类游戏，有其特殊性。Gee（2008）提出了在游戏世界中的身体实践，基于虚拟化身的存在，角色目标与"玩家"目标实现了同化，"玩家"采取有效行为而持续生成虚拟世界，这三者之间在不断交互：

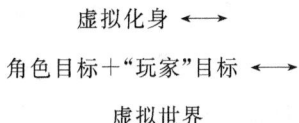

虚拟化身 ⟷

角色目标＋"玩家"目标 ⟷

虚拟世界

因而，在玩游戏时，玩家会受到所玩角色的限定，即他们既要承担角色的目标，也要将自己"融入"角色当中，通过化身来承担目标。这一具身的过程是一个"被施加"和"施加于"的双向过程。

随着游戏的发展，多人在线游戏的机制设计越来越倾向于模拟真实社会的行动机制。多人在线游戏往往会在游戏初始时为"玩家"设置"加入一个社群"、"发展师徒关系"或"结交10位好友"等新手任务，社群也能够在游戏内的广播中进行自我宣传，以招收新成员。其中既有重新设计社群关系所存在的时间长度的机制，又有师徒关系、好友关系、家族关系等不同层级的社群内关系和社群间关系。这成为数字青年们习得网络协作的游乐园。在此基础上，游戏内社群提供了高度实用和经济性的协助：一方面，"玩家"通过加入社群可以获得珍贵的游戏道具或宝物、借贷金钱、交换以及组队打副本等协助；另一方面，他们加入社群后会在互动实践中发展出游戏社群文化。游戏机制设计除了提供结盟的可能性，还决定了游戏中层级性的合作模式。无论是"玩家"个体角色还是游戏社群，都存在能力上、限制上和等级上的区分。比如，游戏机制往往会给游戏社群附加上阶层性的结构，区分出社群的领导者和普通"玩家"，区分出团队中的主导地位和辅助地位，这使得一个任务需要由不同位置和不同类型的"玩家"共同完成。

在个人的游戏角色实践和社群的多人协作机制的基础上，"玩家"们得以产生进一步的人-机协作和人-人联合。其中有基于具身重复互动的情谊，以及可能的"玩家"政治。

（一）基于具身重复互动的情谊

"梅子"是我所接触到的一位女"玩家"，戴着眼镜，说话声音很大，语速很快。她最喜欢玩的游戏是《英雄联盟》，学习之余的休闲时间都在打游戏，偶尔也会和同班同学打打友谊赛，她的电脑配置很高级，尤其是收音极佳的耳麦，可以让她全身心地浸入游戏世界中。在高中的时候，她感觉到自己没办法融入班里女生们的小群体之中，因为她不追星，也不看网络小说，性格上也比较男性化,大大咧咧的,于是索性和男生们玩在了一起,开始打游戏。上了大学后,高中同班同学都散在了五湖四海,只有在游戏世界里才能聚在一起。"梅子"发现大学校园生活中的"学习"和"集体"并没有让她感到满足:"大学班级已经没有集体的感觉了,又不想把时间再放在学生会了,每天都是一样的,体验不到新的技能。而在网络上,你不知道会发生什么。"("梅子")在这个游戏小社群里,除了已有的高中同学外,也有很多"陌生人",可能是朋友的朋友,也可能是游戏世界中随机加入社群的新手。"我们有 4～5 年的游戏历程,跟线下好友没差别了,会聊各类战况、游戏和日常。时间在那里,也无法伪装,大家都是坦诚待人的,基本上都知道彼此的真实信息,连谁开始秃头了都知道,毕竟关系好到一定程度了,有时还会互相借钱。"("梅子")游戏世界的重复互动对于发展信任是很重要的:信任是保持人际关系长久的基石,但信任能够建立的前提,是要知道彼此之间未来会有重复的互动。

多人在线游戏中存在很多类似这样的社群,它们不完全以初级团体式的关系为前提,比如游戏中很多"玩家"都是因"缘分"而由路人变为朋友,或因"缘分"而随便点了一个在广播中看到的社群加了进去。这类社群若要长存,需要"玩家"在时间和行动两方面的持续投入,投入强度越高的身体越能以肉身穿越于线上线下世界。"一开始是聊游戏攻略,然后变成聊游戏中的人际关系,比如在这游戏中认识了谁、谁结婚了又离婚、谁充了多少钱等八卦。后来变成日常生活的琐事,比如去哪儿玩、追什么明星……就是闲聊,谁想到什么就聊什么。"("梅子")游戏世界中的关系在重复互动的基础上,会发展成线下关系,当有人提议"大家一起聚一聚"时,"梅子"会响应号召,去其他"玩家"所在的地方找他们玩,比如 K 歌、吃饭等。

由此看来,"玩家"们的具身行动可以分为身体行动和语言行动。一方面,游戏任务本身是身体行动类的,虽然只是轻点鼠标或键盘操纵屏幕上的化身,但也有身体的涉入。这正如同前文所述的"共做"实践一样,日常生活中的"同理心"其实是以"共做"或"共同行动"（co-acting）的方式来实践的，并成为一种社群共享；多人在线游戏中的日常任务、合作打怪成为身体行动的联结基础。

另一方面，正如社会生活中"闲谈"和"八卦"所彰显的功能一样，缺少语言行动也难以形成社群。游戏世界不仅仅是由技术构成的"虚拟空间"，更是一段有保证的"空闲时间"——"在线集体有个先决条件，上线证明线下没事，时间上可以玩游戏。而线下每个人都有自己的事情，凑不起来"（"梅子"）。基本上，"梅子"在沉迷游戏时每天至少会花 3 小时在游戏上，这段时间除了升级、"打怪"和团战外，也会用于交流。这产生了一种定时的互动，在这基础上关系再进一步时则是开始在游戏外的社交软件中进行各类"闲谈"——"能加到微信和 QQ 的就是朋友吧，不要互相干涉，但会互相帮助，陪聊各种话题，有时早上醒来会发现微信群里已经聊了几百条信息了"（"梅子"）。"梅子"在比较临时性地组队协作和长期性游戏社群时表示，临时的组队基本是任务完成就会散掉，新的"玩家"加入存在时间很长的团队时，往往也会找不到融入感；而一旦相处时间较久，关系和交流便不局限于游戏了，从熟悉游戏环境、讨论游戏信息到自我揭露、情感交换，直至最后稳定的交换。

（二）"玩家"政治身体的形塑

"梅子"并不觉得游戏中的协作关系能挪移到游戏之外的网络行动中，如果一定有什么挪移的话，她觉得是自己看游戏直播时，会组织大家一起看直播，同时一起刷弹幕、截图。在游戏现场比赛缺人时，会去群里呼吁，一起线下组队打比赛。她在游戏社群中从来不聊社会政治类话题，因为和游戏的娱乐性相比，社会政治议题会略显无聊。但她会聊最近的一些新闻热点："只要有一个人说，大家就都知道了。"（"梅子"）就集体行动而言，"玩家"们的行动往往是限定在游戏内以及与游戏相关的集体合作之中，在交错和区隔之间只能达成一种线上线下、游戏内外的有限挪移。

另一位男性"玩家""阿K"和我聊及他曾经在游戏之外展开的网络行动。"阿K"毕业之后当了公务员,虽然还是个年轻人,但他觉得自己已经没有时间和心情再沉浸在游戏世界里。他说起大学时和室友一起打游戏的岁月仍然很唏嘘,当时一逃课就是窝在寝室里打游戏。他很疑惑"集体"是什么,觉得工作中只有上下级的关系,很无趣,倒是当年在游戏中能感觉到大家凝聚成了一团。他说起曾经有一次,他们一起打游戏的同学在学校论坛上和一个攻击班上同学的网友进行了"交战",大家一起每隔1分钟对帖子进行复制粘贴式的回复,一个人太势单力薄,所以需要大家一起顶着。"是我们提出这方法的,也是我们坚持得最久,直到第二天这事儿过去。"("阿K")这件事情如果不是我特意问起,"阿K"也不大记得了,但一旦提起他仍觉得心情激动。有过游戏协作经验的"玩家",会更容易联合起来采取行动。

"玩家"们有协作行动的默契和合作经验的基础,但若要进一步消解游戏内外的圈子边界、进行消息的扩散和行动的动员,恐怕充要条件是初始话题足够有趣好玩和参与门槛足够简单,这直接形塑出网络社会的"玩家政治":一种以娱乐渠道联系社会议题,并基于网络上的个人化网络、个人化呈现和表达框架而形成的联结性行动。

网络游戏是数字青年的日常行动场域,游戏应被视为理解网络社会的前沿。在严肃游戏(serious games)和游戏化(gamification)的浪潮中,设计师和学者们已经开始寻求用游戏机制来解决社会问题,碰触严肃的社会议题。同样,要使一个游戏社群在游戏之外发挥作用,至少若干成员必须正视游戏中"集体"的意义,看到游戏所带来的合作经验和情感价值,并能够通过屏幕往外伸展,积极地影响其他场域。

三、10秒视频背后的身体

短视频往往是通过手机等移动智能终端来实现播放、拍摄、编辑和分享等活动的新型视频形式。短视频App抖音目前位于短视频平台的第一梯队。在登场之初，为了区别于已有的快手，抖音主打青年文化，推出了很多视频特效和轻快音乐，用算法来鼓励目标用户找到优质短视频，以鼓励用户进行 10 秒的短视频创作。在抖音上，创作者们最常发布和传播的内容主要集中在时尚、美容、健康、教育、美食、动漫、才艺、宠物、旅行和明星等主题类别，其中"超万粉"的抖音短视频创作者的平均年龄刚刚超过 25 岁，可以说，短视频已经成为数字青年所浸身的"日常影音世界"。

受访者"奇宗"于 1999 年出生在中国东北，瘦瘦高高，皮肤很黑，短发染黄，是大学二年级的男生，也是抖音的内容创作者，自我定位为搞笑内容主，截至访谈时他在抖音上有近 80 万名粉丝，2148 万条获赞，"我长这么大手机没离过手"，这是他在访谈时反复出现的陈述。虽然他也使用其他的社交媒体(比如百度贴吧、虎扑)，但自从 2018 年 10 月他的某一条抖音短视频突然火了后，抖音就成为他的主战场。由于"奇宗"在抖音中都露脸，走在校园中时，会有人认出他来，"既然一脚踏入了，就得曝光在网上。我会听到有人悄悄地说'快看，这不是那谁吗?'，我会有点害怕，因为你不知道是谁在说话，声音从四面八方传来，而你永远听不到第二句"(奇宗)。

"奇宗"并非立志成为抖音网红，但他的整个成长过程却是在厚积薄发。在他 7 岁的时候(即 2006 年)，家里有了一台计算机，"大脑袋的那种，我就用它玩跑跑卡丁车"。他记得很清楚，他的第一台手机是诺基亚 5300。"初一下半年，我开始用智能手机，我的是'TCL 大鲨鱼'，那时班里用苹果手机的已经很多了。高三的时候我觉得智能手机有点影响学习了，又花 160 元买了个诺基亚手机，两个手机同时用。"("奇宗")2009 年，10 岁的"奇宗"用手机第一次拍了定格动画短视频，他喜欢模型玩具，在百度贴吧中看到一个台湾人拍的玩具测评的视频，很感兴趣。于是他也开始模仿成年人进行玩具测评的拍摄，那时他都还没有变声。因为关注的做玩具测评的台湾人不露脸，所以他不假思索地一一模仿，就是拍他的手在摆弄他最喜欢的变形金刚，15 分钟的视频一口气拍下来。"我用京都念慈庵的盒子将手机架住，在餐桌上拍。一镜到底,没有剪辑没有字幕,我现在都很佩服那时的自己。但我也对自己的第一个视频感到羞耻,因为没有人点赞,我很希望大家可以给我点赞啊。"("奇宗")

"奇宗"之前一直是独立制作短视频,从构思、写脚本到拍摄、剪辑、后制,都由他一个人完成。他为此很骄傲,他的独立其实是依赖与技术一起行动。"短视频我全部在手机、平板上录制,用手机拍,用手机剪,想在哪儿剪就在哪儿剪。我如果有想法也是实时记在手机备忘录里,回到寝室后再airdrop(隔空投送)到电脑上。你看我的手机备忘录连分类都没有,很乱,但电脑上有分类。"手机不仅仅是一种创作工具,"奇宗"表示他的创作风格也会"尽量往手机上靠拢"。手机上没有复杂特效,没有转场,顶多就是使用渐变,这使得短视频就应该简单纯粹,"既然纯粹就要用最纯粹的东西"。"奇宗"的创作无法和手机剥离。

短视频的"技术语言"转译了数字青年的身体特质,即碎片的、快进的、切换的、并置的、特效的。"奇宗"会通过拉片学习其他优秀短视频的创作手法,他喜欢 10 秒左右快节奏的短视频。"有一个我觉得很棒的短视频只有6 秒,但 6 秒也能学到太多的东西。我拉片拉了好多次,然后自己剪,使劲剪也只剪成了 12 秒,说明我还得多多学习。""奇宗"慢慢地学会用运动的镜头来进行拍摄,由于练了太久太多,"我用手机拍摄,出门不用带稳定器,我的手就跟稳定器一样,不会抖,这都是练出来的"。"奇宗"倾向用单手来进行操作,他觉得用双手反而会抖。在访谈过程中,"奇宗"现场给我演示了一下他会如何拍一个摆在桌上的手机充电宝,他先单手持机,由近及远地拉开镜头,再平移一小段后又移近到被摄物上,类似于在被拍摄物品前画了一个圆滑的长椭圆(如图 4-2 所示)。"你看,我拍出来的是不是很稳? 这方法是我自己琢磨出来的,我想过教我爸,但他不会。他连用手指拉手机镜头都不会,总是人往前走来把想拍的东西拍大一点。"("奇宗")这是数字青年所认可的移动的身体,从一个人拿手机拍照的姿势形态便能辨认出他和技术的

图 4-2　"奇宗"演示如何拍摄一个静物

关系如何。

　　虽然长相无法用帅气来形容,但"奇宗"会出镜,对于自己在手机屏幕上的自我展演,"奇宗"已经归纳出了一套原则,这套原则框定了他的身体形象的呈现,并成为他的土味风格。"我一直都是采用竖屏拍摄,说话时拍到肚子以上,有表情时只拍脸,连头发都不要。全景时要脑袋顶到 3/4,脚不能切。"("奇宗")至于为什么要这么拍,"奇宗"说只是他自己觉得看起来舒服。"这只是我的个人风格,我最大的愿望是希望别人看到我创作的视频,即便没有我出现,也能想到是我拍的。我粉丝的转化率很低,点赞的人很多,但是涨粉太慢,可能真的是因为我长得不好看。我现在的策略就是让量变产生质变,让他们经常能在首页看到我,会好奇这是谁啊,然后会来关注我。"("奇宗")

　　"奇宗"说他个人比较喜欢这种能掀起风波的事儿,比如在抖音上"带节奏"。基本上他会根据时下流行的东西来判断应该怎么"带节奏",比如新闻热点、朋友圈热点和微博热点,如果同时属于这三种热点,一定会是好话题。

"我对热点很敏感，就是一种感觉，我也说不出来。""奇宗"曾带"火"过＃回忆"90后"、＃内容太过于真实、＃花式比心锁定你、＃再见复联英雄等话题，会有一大批抖音用户跟着一起玩。点开这些话题，可以看到基本上置顶的都是"奇宗"的原创视频，其他人在他的带动和引导下也会拍类似的东西，用同样的视听模板，这就带起来了一个话题。"你看还有人用我的原声，拍得和我一模一样，我觉得他拍得挺快乐的。""奇宗"的官方指定模仿视频都跟动作有很大的关系，因为在抖音发展的最初阶段，手势舞是占大部分的，基本上模仿的是节奏和动作，再加上"召唤技能"，也就是恰到好处地利用抖音内置的特效功能。

像"奇宗"一样，一个抖音达人的基本技能就是会用 Premier 视频编辑软件，而且都是自学的。在制作短视频的过程中，技巧是通过不断地练习而逐步习得的。"拍抖音并不是拍出一条内容这么简单，还是需要运营的，我会考虑什么时候发，文案多长，视频中人摆哪个位置不会被文案挡住。抖音这个软件会影响我的视频产出，比如抖音放文案的这块空间我就会在拍视频时特意把它空出来。我还慢慢学会了给自己的视频加封面，抖音的算法会选视频的 2.2 帧，我就会特别把想要的画面插入 2.2 帧的地方。我以前不大注意这个，所以主页很乱，现在就整齐多了，我还给自己的主页 PS 了个背景图呢。""奇宗"在摸索制作短视频的过程中，制作出了适合技术特质的视听内容，和抖音世界紧密地结合在一起。

"奇宗"带"火"的第一条抖音视频就是他说的只拍脸的表情视频，那时评论都是在笑说这个人"表情党""表情帝"[1]。"早期我是随性拍，你能知道我是个什么样的人。但我想转型，希望不要再讨论我，而是讨论我的内容。"为了成功转向，"奇宗"会通过后台的数据来接触粉丝群体。"主要看年龄，比如 18～24 岁偏多，就是说明大学生喜欢我的内容。我对性别不太关注，

---

[1]　"表情党"和"表情帝"往往用来形容网络上面部表情极为丰富、夸张和搞怪的人，他们的照片往往容易被用来制作成表情包。

会刻意做普遍认同的东西。还有评论，会很刻意去看风向标。以前我的词云是'戏精'，现在变为'真实'，说明我转型成功了。"（"奇宗"）

"奇宗"也希望能和更多聊得来的、志同道合的网红产生联系。"我现在其实不那么专业，还不是官方达人，但会和其他网红交流内容，互相评论，加个微信。多认识一些有趣的人，一个圈子就起来了。"之前有一个上海抖音达人的线下聚会，"奇宗"没空参加，觉得很惋惜。"发起人在上海，大家聚一起互惠互利。也有赞助商，3天管吃住，再让你'带货'①，'带货'是个很正常的现象。"这些线下聚会主要是玩，就是一场年轻人的狂欢。在"奇宗"看来，靠颜值赢取流量的和搞笑类的可以在一起玩，但必须都是25岁以下的年轻人，年龄大的就不行，没法玩到一起去，哪怕他也是搞笑类的。"奇宗"还会和其他网红线下见面，"加了微信后当朋友聊，互蹭热度，吃吃喝喝，见面肯定是要拍视频的，会是两个人合拍，在互相的视频里露个脸，引流能力很强"（"奇宗"）。无数青年加入了抖音大军，而那些兼具创意、天赋与勤奋者则从中脱颖而出。当我们聚焦在"人"身上，更有可能看到个体行动的姿势和动力，以及围绕短视频的相关"劳作"又给他们带来了哪些影响和改变。

四、小结：预发生状态

无论是"站姐"、"玩家"还是短视频内容创作者，这些积极主动的数字青年在网络上（特别是社交媒体上）所再现的身体符码是多样的、多变的，并且持续在创新中。但背后的具身逻辑却具有相似的地方。

从"站姐"、"玩家"和短视频内容创作者操控媒介技术时的日常行为，能够较为明显地看出：由于对媒介技术可供性的不同理解，技术入身在身体形态上显示出个体的独特性。比如，帮助"站姐"拉近自己和偶像距离的照相机，是在繁杂演出现场的一种聚焦，将"站姐"的身体延伸出去，一起成为"偶

---

① 随着直播平台、视频平台的兴起，越来越多的明星和网红开始或明或隐地在网络上帮助推广产品，带动粉丝或受众去购买产品，这被称为"带货"。

像-粉丝"关系的中介；短视频内容创作者手中的手机，像是身体的一部分，更加灵活自如地、多角度地拍摄对象或自我，以实现更"适合"抖音的影像风格。摄像机或技术的语言在转译着身体，高清的照片、艺术感的构图转译出"神圣的"偶像身体以及合格的"站姐"身体，并在社交媒体热搜、评论、点赞功能的簇拥下，形成了原始部落般的情感仪式。短视频瀑布流中的身体，则是局部放大的（"推脸"）、碎片的（10秒钟的快速切换）、特效的（技术特效与身体的特异行为结合起来形成奇观）。实操技术的身体与技术转译的身体是联动的。

在"共做"实践层面，三类数字青年的具身实践都彰显出"社交"的必要性。"站姐"通过各类社交媒体和技术将粉丝们聚集在一起，每日不停地围绕偶像进行信息消费、社交和创造；"玩家"围绕游戏或超脱游戏而进行的大量社交，成为"打游戏"中比"人机互动"更重要的意义；短视频内容创作者要和同龄的内容创作者进行线下社交，以实现在线的互相引流。所有看似轻盈的数字背后，其实是人和人的大量交流，以及身体力行地共同创造和共享仪式。

在身体交错框架中，已可初步看到捆绑的身体、复数的身体和切换的身体。"意义"和偶像捆绑在一起，和自己每天使用的游戏替身捆绑在一起，和自己独有的短视频风格捆绑在一起。同时，数字青年不只有一个身体，会基于个人能力、媒介专长而发展出多重身份，他们可以在各个领域追星，可以是"玩家"，可以自主地进行创造，在网络社会中传播的法则似乎是相通的，个人的影响力可以通过网络延展出去，情感的浓度随着时间的进展而逐步加深。只是，一旦出现了任何意外或困难，他们也可以注销账号，从网络中退回去，或切换到另一个网络社群之中。纷繁交错所带来的自由度和暧昧感，是其他时代所不可比拟的。

第二节　网络行动的集结

第一节以"点"的形式展现了数字青年的生活,以及他们的身体在实践中让技术上手、入身,这使得他们成为能通过媒介迅速组织起来的潜在行动者。在第二节中,我们聚焦于一个具体的网络行动案例("网"),以审视这些潜在行动者们慢慢聚集起来的整个行动过程。粉丝行动中蕴含了大多数网络行动的元素,也可能成为数字青年进行公民参与和社会政治参与的一个起点。

我关注到"杨超越杯编程大赛"恰是因为这一理论前提,而从这次行动的实践过程来看,它并非纯粹的粉丝行动,甚至与传统的粉丝行动相比可谓是大相径庭,拥有"出圈"联结公众的潜力。杨超越是女团青春成长节目《创造101》选出的排名第三的练习生,赛后加入女子演唱组合"火箭少女101"。因为杨超越自述自己曾是村里的希望,因而她的男性粉丝自称"村民",而女性粉丝被称为"月芽"。2019年3月4日,杨超越百度贴吧的粉丝们自主策划了一场名为"杨超越杯编程大赛"的公开比赛,参赛选手可以做任何与杨超越相关的网络产品,比如游戏、网页或工具等。这个活动虽然冠之以"比赛",但其实是一个不断延展出去的大型网络行动,每个人(无论是粉丝还是非粉丝)带着不同的需求和理解加入这一行动的筹划、组织和实践中。2019年3月11日傍晚,联合国教科文组织官方微博将"杨超越杯编程大赛"送上了"国际主流舞台",如图4-3所示。

这场本属于男粉丝的狂欢,开始大规模增添女性色彩,不少女性程序员也开始踊跃加入其中。而在这之前,这个反差感十足的比赛早已受到网民大量的关注,经由营销号和意见领袖的转发后登上了微博热搜、知乎热搜、

联合国教科文组织 🐼　　　　　　　　　**30.7万**
阅读

3-11 18:14　来自 微博 weibo.com

为什么大家都觉得 #杨超越杯编程大赛# 只是男粉的事儿呢？世界需要科学，科学需要女性。UNESCO鼓励女性参与科学，包括编程！！！💪 #杨超越# 💎杨超越

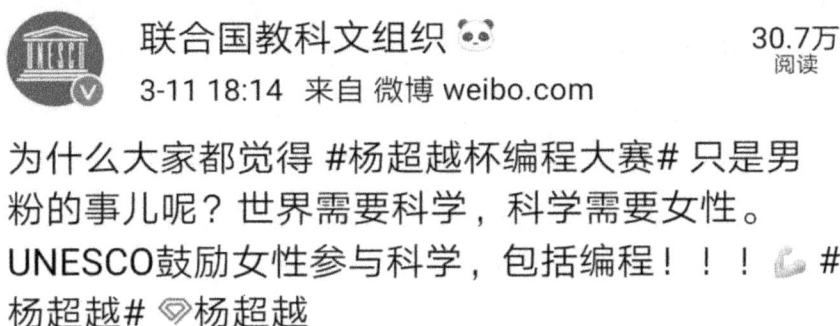

图 4-3　联合国教科文组织发布的微博

贴吧热搜第一名。截至 2019 年 3 月 13 日，已经有 83 支参赛团队在Github[①] 上报名，参赛项目包括区块链游戏、平台工具、小程序、词云项目、智能机器人、人脸识别、信息阅读等，被网民称为"硬核追星"。在报名网页，仍不断有人主动上前询问："还要人吗？我前端。""会用 Cocos Creator[②] 开发，要吗？"当活动进行到项目研发阶段时，虽然主办方仍积极地发布参赛队伍的采访通稿、主题曲、赛事公告，但热度已无法追赶比赛发布时最初的热度。2019 年 4 月 9 日，78 个项目在腾讯课堂上传作品简介及 demo（样稿）展示视频，由网友进行投票，最后 10 组票数最高的队伍进入决赛，2019 年 4月 19 日进行总决赛的在线直播，展示最终作品，并由网友投票决出比赛的冠、亚、季军。

　　"杨超越杯编程大赛"虽然突如其来地占据了各大平台的热搜，引发了社交媒体上的讨论热潮，但这一娱乐圈的出圈行动并非一味依靠资本的宣传营销活动。这项硬核赛事在社交媒体引爆，只是一个无心插柳的意外，源自百度贴吧杨超越吧中的"群体智慧"。据刺猬公社报道和受访者的回顾，活动的起因是 3 月 4 日中午程序员"Justin"在百度贴吧杨超越吧发了一条

---

① 　Github 是一个代码托管服务平台。
② 　Cocos Creator 是以内容创作为核心的游戏开发工具。

内容："村里的程序员来报个到，想组织一场编程大赛，奖励丰厚，也能锻炼编程能力。"粉丝们赞同这个提议的越来越多，"当然了，要把超越妹妹推广到程序员圈子"。"更大的意义在于向外界展现超越粉丝的能力，这对改善超越形象很有帮助。"当天，这条帖子很快升到了杨超越吧热搜榜，进入吧主"胡一刀"的视野中。"胡一刀"找到"Justin"，交换了想法，他很支持"Justin"，并想到了一个叫"二师兄"的人，他在通信行业工作，曾经一个人组织过关于杨超越的多个在线比赛，虽然这些在线比赛只构成了粉丝社群内部的娱乐日常，并没有引起大范围的公众注意力。

据"二师兄"回忆，当时"Justin"跟他说想办一个像ACM[①]那样的大赛，在上面找一些编程的题目，很专业的那种。"Justin"说完后，"二师兄"有些蒙，因为他一点儿也不懂编程，但他此前做过好几次类似的活动，知道网络行动并不能完全依靠零散的网民，"反正到最后基本上就我自己做，我有很清醒的意识"。不管怎样，"二师兄"决定先做起来，并联络了一些在粉丝线下活动中认识的朋友。赛事信息发出去后，一些娱乐营销号开始转发编程大赛的微博。2019年3月7日中午，微博热搜、贴吧热搜、知乎热搜全部被"杨超越杯编程大赛"霸榜。"村民"们也被吓到了，直呼"玩大了"，"规模太大了，超出了我们的想象"。有人开始在社交媒体讨论：这次完全没有前期充分策划的活动，怎么就像脱缰的野马一样，在全网开始发酵起来了呢？ 发酵之后的行动又是如何展开的呢？

我在这个案例中看到的恰好是网络具身行动的"田野"，便于2019年3月14日以研究者的身份加入了这次大赛的QQ社群（宣发组、设计组和采编组）。由于对杨超越及其粉丝社群一无所知，我本想伪装成粉丝入群却发现自己无法回答任何入群的门槛问题，因而在加入这次行动时，就已向活动

---

① ACM全名叫ACM国际大学生程序设计竞赛（英文全称：ACM International Collegiate Programming Contest），由国际计算机协会（ACM）主办，旨在展示大学生创新能力、团队精神和在压力下编写程序、分析和解决问题的能力。

组织方表明了自己的真实身份和目的。到这次比赛截止之时,我作为"采编组"的小编参与了对选手参与者的两次在线采访和一次线下采访,同时就自己的研究给这次行动中的两名组织者和七名参与者进行了线下拍摄及深度访谈,收集影像数据和访谈数据,在此基础上进行网络身体部署研究。整个参与观察和采访进行到 2019 年 8 月底结束。

在这一过程中,我越采访越发现杨超越的粉丝社群及这次行动真是一个"宝藏",有着很多潜在的脉络以及冲突,突显了数字青年的生成性和多样性,是值得好好讲述的。我曾计划将微博上所有与"杨超越杯编程大赛"相关的信息都收集起来以充实厚数据,却被受访者"小新"告知:"会有好多无用的微博,因为粉丝喜欢带一些标签(tag)发与 tag 无关的微博。"("小新")确实如此,粉丝行动中的噪声特别多,并非所有讯息都与信息本身有密切的关系,这些讯息往往都只为了一个目的:话题热度。#hashtag 在此不再成为有效的超链接或者话题的组织架构,而是热度高的内容都会放在某个 #hashtag 下,以求增加这个话题的热度,不相关也没关系,"饭圈"的成员都习以为常,会直接忽视。这也反映出单纯捕捉数字足迹对于网络行动而言不见得是百分百合适的,因而在这次研究中会集中呈现确实与行动相关的网络讯息。而同时,对受访者的了解也让我重新去思考"数字青年"的内涵和外延、生成性和动态性。比如,一位受访者就曾挑战"青年"固定年龄的划定,促成我更多地从"技术性-社会性"的视角去定义"数字青年":"'二师兄'就是数字中年了? 哈哈,'二师兄'的年龄也没有很大吧,他在手机游戏中还充了几万元钱,他不是数字青年吗?"("子奇")

第三节 自带平台属性的粉丝

杨超越出道的《创造101》是 2018 年的现象级综艺节目,造成了让粉丝文化"出圈"的现象。而直到这次我接触到杨超越的粉丝,我才真正明白了

"出圈"所带来的影响:在"饭圈"中第一次出现了自带平台属性的粉丝组织,而非传统地仅仅以偶像为唯一中心点。这些粉丝与网络平台的关系很好地体现出了不同维度的"技术入身"。

对于粉丝社群而言,最大的组织是全国粉丝会①,粉丝会下面会设有不同的功能群,比如数据组、控评组、反黑组。这些小组不是在一个平台上,而是每个平台都会有这样一群人。全国粉丝会也经常会在超级话题中发布公告,然后会被应援站在自己的地盘各种转发。当下的粉丝社群层层组织起来,这样才会呈现出外人所看到的万人点赞、万人转发、控制评论的现象。简单来说,粉丝们往往因为偶像和全国粉丝会的账号都在微博,因而会聚集在微博,追踪偶像的动态,以及在微博"超级话题"中发言分享、打卡签到等。新浪网本身是做新闻起家的。新浪微博模仿 Twitter,于 2009 年诞生。相较于其他三家门户网站的微博(搜狐、腾讯和网易),"新浪微博发布的内容充分弱化了它的娱乐性与琐碎化的日常生活的通告功能"。然而,自从新浪微博上若干舆情事件爆发之后,微博已开始变得娱乐化,偶像明星等娱乐信息每天都会上热门搜索或热门话题。"微博从当年的全民微博,各种东西都在上面讨论,到现在已经发展成一个可能喜欢某个文化、追某个圈子才用的平台。微博主要就是用来追星的,然后就是用来关注一些意见领袖什么的。"("二师兄")基本上大多数受访者都有类似的感受,受访者"子奇"认为现在的微博粉丝们用得更多,而且它的用法已经被粉丝们发展得比较奇怪了。比如他自己较常使用的微博功能是"超级话题"(简称"超话"),在话题下浏览和杨超越相关的信息。在他看来,"超话"是一个粉丝内部领域,粉丝

---

① 2005 年,湖南卫视推出《超级女声》选秀节目时,"超女"们的粉丝团应运而生,用不同的称谓划分不同粉丝群体间的角色界限,那时已开始有"×××全国粉丝会"的组织,基本以各自偶像的贴吧为舆论主阵地。2014 年,娱乐圈受到韩国的影响,"归国四子"、TFBOYS 等开辟了现在全国粉丝会的组织雏形,粉丝内部形成了一个具有阶层和分工的群体,其中全国粉丝会为最高阶,可直接对接偶像经纪公司,并在微博平台上进行官方宣传,传播给各个平台,组织好粉丝的各类应援和宣传活动。

们会聚集在这里，发布一些和偶像相关的内容信息；而"超话"之外的微博空间更加公共化，由五花八门的话题广场和营销号构成。非粉丝的外人所看到的粉丝控制评论（"控评"）、控制转发（"控转"）和互相争论等行动，是通过内部领域的"超话"和微信群组织起来的一种给外人看的行动展示。

微博有一套复杂且烦琐的规则来决定排名，而粉丝则需要自己攒下超话积分再送给自己的偶像，来提高偶像的超话排名和影响力。而超话积分需要从互动中得到，就是在超级话题里发帖，其他粉丝来评论。一般的粉丝为了让超话里无意义的水帖不要太多，会在偶像本人姓名的超话之外，另外开一个新的超级话题，专门用来攒积分。在这样的超话里，所有人都像发帖机器，帖子内容只有"互捞"或者"踢踢我"，其他粉丝会自觉回复。

攒积分只是数据组的粉丝做数据的极小一部分，他们一整天都是极其忙碌的状态。登上微博，数据粉一般会打开"日行一善"超话，然后@GUCCI（古驰）、FENDI（芬迪）等奢侈品品牌的官方微博，点击发帖按钮。这是为了提高自己的阳光信用分——每一个微博用户数据里都有一项叫阳光信用分的东西，这根据新浪微博判断用户的微博内容和消费偏好等信息而定。信用分高的用户，有更大的概率出现在微博的热门转发和热门评论区，更有利于为偶像控评、控转。

控评、控转也是粉丝通过自身行动来调控作为公共领域的搜索区、热门榜和评论区中的内容。由于微博在算法上的黑箱性，控评和控转往往被认为是玄学，只能通过众人的合力实践来推测出其规则。"小新"觉得控评的目的在于让那些既不是粉丝也不是黑粉的"路人"，点进某一条微博之后，在微博的评论区域看到的都是正向评论。因为微博评论区是按点赞数来排序的，粉丝们便可以将这个评论区域的呈现控制起来，让正面的评论出现在前面的位置，这样路人刷到的前几条都是夸赞偶像的。如果有黑粉批评自己的偶像，这时"控评组"就会第一时间出现，将这些负面评论压下去——越来越多的人去给正面评论点赞。"反黑"则是利用微博本身的举报机制令"黑粉"封号。在采访的时候,受访者"小新"介绍说每条微博要1000个举报才有用,而且微博还有一套算法来增加部分账号的举报权重。一般注册时间比较长、活跃度比较高的微博账号权重会比较高,顶好多个等级低的账号。只要有粉丝多的营销号发了偶像相关的内容,粉丝们就要冲向评论区。数据粉一定会熟练运用输入法的快捷键盘功能,按下几个快捷键,事先存储好的控评语句就会马上弹出,这样才能第一时间抢占热门评论。

这基本是粉丝们的一些日常的行动分工和技能操作,揭示出粉丝社群和新浪微博之间的稳定结构,新浪微博的物质性被粉丝们借用和挪用,形成了一个整合起来的生态系统。新浪微博不会教粉丝怎么做数据,这些方法都是粉丝们通过揣摩新浪微博公布的那些模棱两可的规则,通过身体实践的不断检验,慢慢摸索出来的有效的做数据途径。做数据的方式在一个又一个的循环里趋于成熟:大粉丝们发出号召,数据很重要;热心粉丝提出方法;小粉丝们尝试,尝试出了效果;热心粉丝比对各种方法的差别,给出最好方案;大粉丝们进行总结,继续强调,数据很重要。而杨超越的粉丝除了微博这样一个平台生态系统外,还多了很多基于其他平台的小系统,体现出与众不同的特色。受访者"子奇"就觉得杨超越粉丝群体的风貌是不大一样的,虽然粉丝社群的组织和行动的基础逻辑不变——"要为偶像付出""一些韩流中的粉丝行为规范""组织形式也是旧的",但因为杨超越的粉丝中有来自其他平台的粉丝,所以"也有新的东西,杨超越群体是粉丝中的怪胎"("子奇")。

受访者"折丝"是这次行动的组织者之一,管理杨超越贴吧的官方微博,听其他受访者说,他还经常在好几个QQ群直播"吸花"(即直播自己观看杨超越的综艺节目)。"折丝"对平台的属性却很敏感,自认为是"平台原住民",本身带有平台属性。杨超越在各个平台都有后援会,比如贴吧后援会、虎扑后援会、知乎后援会、豆瓣后援会,甚至还有一些比较特别的平台,如关注股票投资的雪球论坛、关注网络文学的"龙的天空"和减肥论坛等,都成立了后援会。各个平台后援会的粉丝成员在成为粉丝之前就长期使用并活跃于这些平台,因为喜欢杨超越,就又有了一个共同的圈子。因而形成了以杨超越为共同点的平台圈,由于平台圈的兴趣点很多,因而形成了一个互相交织的状态。同为组织者的"二师兄"也认同这一判断:"杨超越应该是拥有'平台粉'的。这并非粉丝去了这些平台,而是把这些平台的人发展成了粉丝。杨超越有独特的性质,因为她是从选秀出来的,而这个选秀又是现象级的节目,吸引到不同阶层的人。同时她又能吸引不同圈层的人喜欢她,就形成了现在这种状态。"("二师兄")

多平台发展粉丝造成了杨超越粉丝群体的结构与传统偶像的粉丝结构不大一样。"比如微博和其他平台的关系,他们说像诸侯列国的感觉,每个平台有不同的生态。"("子奇")微博虽然因为有杨超越的账号仍算是一个中心,但它对其他平台的影响力有限,其他平台各自成为一个信息的重要枢纽。受访者"十字伤"来自杨超越 NGA①后援会,也认为杨超越的粉丝社群以平台多、站子多而著名,每一个平台都是一个"小山头",还有些专门进行偶像拍摄的站子和一些较有名气的散粉,杨超越发展的粉丝都是这些平台的原生用户。"像我经常在 NGA,所以我是 NGA 后援会的,那些虎扑的用户就是虎扑后援会的,都是非'饭圈'的人,不会集中在微博,所以这是别的'饭圈'无法复制的。"("十字伤")由于微博上的粉丝不是平台的原生用户,他们强行去知乎进行偶像宣发可能很难有成效,也用不习惯。大多数受访者都倾向用平台特色来概括粉丝的特色,这些特色都和平台的技术可供性相关,比如知乎的喜欢长篇大论(知乎为知识问答平台,内容丰富、理性客观中立的长答案往往能获得更多认可),百度贴吧的喜欢"口嗨"(贴吧是传统BBS 模式,众声喧哗,充满着短平快的话题和评论)。《创造 101》成为现象级节目,全国各阶层各年龄段的人都倾注了极大的关注,极具争议性的杨超

---

① "NGA 玩家社区"是国内专业的"玩家社区",有《魔兽世界》《英雄联盟》《炉石传说》《风暴英雄》等游戏的攻略讨论,以及其他热门"玩家社区"。

越成为偶像后，使得百度贴吧再次成为讨论的中心，这和百度贴吧的特质是相关的。百度贴吧是全球最大的中文社区，从2003年开始运营多年，在人群中的渗透率特别强，话题的广度很大。"我觉得每个人都有个贴吧号，他没有特别感兴趣的事情时不会用，但他万一对什么事情感兴趣了，就会来贴吧。一个人如果想发言，与他人交流，贴吧就是一个很好的选择。"（"折丝"）"折丝"还将微博和贴吧进行了比较，一个没有名气的账号，在微博发言往往没人搭理回复，但在贴吧，只要发布的帖子有争议点，就会引得其他人在下面开始讨论。也就是说，百度贴吧是传统论坛的形式，强调的是话题和帖子的内容或观点，而不重视个人的身份。于是，杨超越是非常适合贴吧的技术特性的，因为她身上有很多的争议点，大家讨论完这个就讨论那个，一半人批判杨超越，一半人支持杨超越，使得杨超越成为贴吧中的主要话题。

"杨超越杯编程大赛"主要是由百度贴吧的平台粉来负责组织的。百度贴吧曾经是粉丝的聚集地，但随着微博的兴起，大部分粉丝都跑去了微博，特别是女性粉丝，剩下的是一些玩游戏的、追网络小说的、聊体育和历史的男性用户。女性粉丝"塔塔"最熟悉的是在虎扑上的杨超越粉丝，因为虎扑举办杨超越绘画比赛时，来找她帮忙画虎扑活动的logo。加入虎扑的社群之后，"塔塔"和他们逐渐熟悉起来："他们真的很有趣，就是传说中的虎扑'直男'。""塔塔"觉得大多女性粉丝都聚集在微博上做"站子"，而男性粉丝很少去做这些事情，而且常常说一些正常女性不会说的话。百度贴吧的杨超越后援会在"塔塔"看来也是"直男"聚集地，"但会比虎扑温和一些"。"二师兄"是这样认识平台之间、性别之间的差异如何扩大的：如果大家都在百度贴吧追星，男性用户和女性用户就是一种混杂状态。但现在女性粉丝都去微博追星，那么偶像明星在百度贴吧的影响力就降低了。由于经常使用的平台不一样，女性也很难带动其他平台的男性按她们的方式追星。对于普通人而言，平台之间的性别区隔可能并没有那么大，但这种性别区隔在粉丝社群中就会比较明显。

因而,平台上逐步形成了一种粉丝群体内部的圈层和随之而来的认同。"有些人是跟平台有一定联系的,就相当于是一个圈子。虽然这个圈子不固定,但如果更多地在这个地方,你会对这个身份认同感高一点。"("子奇")随着粉丝在平台内部一步步社会化,一步步被组织进去,基于平台特性所形成的风格会烙印在粉丝的行为方式上。其他平台的杨超越粉丝也会在粉丝属性上带上平台属性,从自己的平台属性出发来进行粉丝行动,为既有的粉丝文化带来一些新鲜的东西。比如关注股票投资的雪球论坛的杨超越后援会的线下聚会全程都在聊炒股。当杨超越做代言时,雪球论坛的后援会还会为她所代言的品牌出财报,贴在超级话题上,让大家看看她代言的品牌的财务情况。平台之间也开始进行自我区隔,最重要的是将"微博"视为传统"饭圈",并非常警惕微博式的粉丝文化侵袭到其他平台之中。受访者们都很担心微博粉丝的行动范式会渗透到其他地方,受访者"二师兄"觉得这往往会体现为某一方的声音在平台上越来越大,微博粉丝不满足于在微博上发声,当他们发现贴吧的力量壮大起来之后,就会来贴吧发声,希望贴吧按他们的想法去做。比如,当有人在贴吧上发了一个帖子,会有人回复帖子说你不能这么说。我很好奇为何"二师兄"会认定这些人是微博粉丝,"二师兄"说"很明显",因为体现在思维模式上。"你经常在哪个平台混,就带有哪个平台的习惯。微博粉丝很显著的一点就是敏感,很多时候很容易小题大做。""二师兄"举了个例子,如果在贴吧上发一张杨超越的搞笑图,贴吧粉丝往往比较无所谓,会笑笑;但微博粉丝会说不行,这个图丑化杨超越。贴吧粉丝偶尔会把杨超越叫成"杨超圆",微博粉丝会觉得这么叫是批评杨超越胖。就这样将之前很多贴吧没有的规则树立了起来,形成了"饭圈化"的过程,不同平台的圈子会融合起来。"二师兄"认为是微博"侵蚀"大部分的知乎用户,然后知乎剩下一部分人觉得接受不了,就会开辟出自留地,自己玩自己的。"根源还是在于杨超越的偶像运营方式,她作为偶像,产出的还是传统的文化商品,当然吸引的就是"饭圈"的粉丝。所以传统微博粉丝的力量就会越来越强大,自然会把其他平台及其文化排斥掉。"("二师兄")虽然"二师兄"如此认为,但是其他参与者看着众多平台和微博的冲突却觉得很乐观,比如"塔塔"个人也不喜欢传统化的微博粉丝社群,她观察到微博并没有影响其他平台。微博注重数据、打榜、投票和反黑,确实每天都在发动其他人参与他们的行动,但如果叫贴吧用户去反黑,贴吧用户会回复一条"哦这样啊,那你们继续聊"。

在网络社会中,不同的网络平台提供不同的可供性,也传递出不同的意识形态,这会影响人们的使用,成为人们"分配"不同行为或性格属性的一种考虑因素,并带有强烈的行动风格。比如微博鼓励我们随时随地分享新鲜事,豆瓣鼓励我们把它当作精神角落,知乎鼓励我们分享自己的知识。人们对于不同网络平台的使用共识,慢慢地在实践之中逐渐形成,继而这种实践又成为区分彼此的方式,促成了反思的形成。从这种行动风格来看,粉丝群体并不是一个统一的组织,有很多可能的冲突,比如"折丝"认为贴吧有一个反"饭圈化"的导向,就是反对"虐粉"。传统"饭圈"在偶像开演唱会的时候,一般都会"催票",号召粉丝们赶快买票,现在不买票的话就落后于其他偶像了,造成一种"我们的偶像快不行了,他只有我们粉丝啦"的舆论。在"折丝"看来,全国粉丝会在操作团票时,所有的经费都会转账进入粉丝会的账户,全国粉丝会再一起买票发给大家。这个操作涉及至少几百万元的经费,是很大的一个资金盘,也有很大的利润空间。所以"催票"是一种苦情式的表演动员,通过这样一种方式来促成集资,让更多人缴费。百度贴吧后援会对此有很多反对声音,说"催什么催,不用催""最讨厌催这个催那个",一直对全国粉丝会保持警惕的态度。

以平台特色和行动风格为基础的差异性,通过行动者们的互相碰撞,最终被上升到了"认知"和"世代"上的不同受访者,受访者"十字伤"认为平台之间的差异是思想理念的不同,传统微博粉丝觉得台面和面子比较重要,但他个人并不在乎灯牌有多亮,投票的人数有多少。在他看来,大家是因为娱乐而聚在一起玩，并没有那么要强地去争天下第一。同时，"十字伤"也觉得"年轻人"胜负心比较重。人们聚集在一起，整齐划一的集体性操作的声音会非常大，比如我们应该怎么做，不应该做什么。如果某个个体的意见希望偏向缓和一些，声音就会很小，得不到大多数人的认同，还有很多个体会选择不发声。"十字伤"甚至认为这是一场"意识形态"的斗争，"你想通过改良的、修正主义的方式是不可能的，将来肯定会爆发很严重的冲突"。"饭圈"规则在圈内圈外、旧粉新粉的冲突中不断地被协商和重新定义。

也有受访者会将不同世代的媒介技术视为网络行动区隔和社群生成的决定性因素，"折丝"认为"饭圈"的形成是因为现在智能手机普及了，"年龄比较小的人"也能在课余时间拿起手机随时随地交流，聚在一起。他回忆起自己上学时，智能手机还未普及，上网还需要打开电脑，那时"饭圈"没有如此庞大、如此激烈，没有形成的"饭圈"的技术土壤。"当年我逛天涯娱乐八卦区，用现在的话讲就是朴素的追星阶段，那个时候没有那么多条条框框。那时大家可以喜欢很多偶像，觉得这人挺好，那人也不错，并没有说一定要如何行动。但微博等社交媒体出现以后，明星也能在线展示自己了，能在线和粉丝互动了，不一定要靠传统媒体。另外就是智能手机的普及，让小孩们上网更方便了，所以慢慢形成了'饭圈'。我理解的'饭圈'就是这样形成的。"（"折丝"）

可以说，"技术入身"在当下的科技媒介环境中，已经很少只是在取代我们的肢体肌肉或者身体运作，它们更广泛、更深入地取代了我们呈现"自我"（self）和理解"他人"（others）的运作方式，延伸、转化着我们各种各样的假想和想象。

第四节　"熟人"＋"陌生人"的协作

在关于联结性网络行动的论述中，组织被视为退场的存在，弱联结更被注重。其实，网络行动各阶段具有不同的性质，需要的是不同的协作关系。而网络技术在其中也扮演着不同的角色，能促成联结却需要靠其他的具身努力来维系。

由于协作是通过网络来进行的，不可或缺的是"熟人"＋"陌生人"的协作。如果全部都是"陌生人"弱联结搭建起来的网络，行动不会长久。而从熟人在场这样的一个关键点而言，网络具身行动概念的提出是有针对性的。也就是说，成功的网络行动往往兼具陌生人之间的广度合作和熟人之间的深度合作，并且在短期合作和长期合作上会各有侧重点。

在我采访的三组参赛队伍中，有两组队伍均是"熟人"＋"陌生人"的协作模式，第三组则依靠"精神建设"完成了从"陌生人"到"熟人"的团队转变。第三组的参与者曾说："我加入以来也没有看到很多人在干活，就是指挥部这几个人主要在干活。他们是通过这次比赛认识的，但是好像现在有很多人发展到线下了。"（"塔塔"）这些具体情况会在第五节进行阐释，第四节先聚焦于"熟人"＋"陌生人"的协作。

受访者"G-World"的团队是由他和同专业的双胞胎弟弟发起的，在得知比赛之后，两个人结合自己擅长的技术方向，很快在 Github 上报名了。他们的项目 YCY Dance Now 引发了很多的关注，也因为两人身份的特殊性（著名双一流高校的双胞胎博士）而被比赛组织方的宣传小组列为重点对象。"G-World"在 Github 上提交了报名表，报名成功后就是做项目，然后提交项目，没想到比赛举办方还安排了一些采访，不仅是 QQ 上有采编组来采访，还有人直接来学校采访、拍视频。其实我也是在采编组里发现了这组队伍的特别之处，进行线下访谈时发现受访者两个人都在同一实验室（见图 4-4），因此沟通起来特别方便。这支队伍主要还是"G-World"在写算法，不时地和身边的弟弟讨论下项目中的难点该如何解决。但是算法和前端、后端在技术上是完全可以分离的，于是他们并不需要实时地和负责前端、后端的队友进行讨论。而他们队伍中其他负责前端、后端的成员，则是通过一个认识的人(可视为中间人,是协作网络成形的关键联结点)搭建起来的关系网。"我们首先是在微信开始建群,我们认识的人(中间人)去拉了两个人进群,就是做前端、后端的人,我们在微信群里会一起讨论的。中间人也懂算法,但他这次的主要工作就是拉人。"("G-World")这个使得团队得以组建的中间人,是"G-World"两兄弟线下的朋友,是计算机系的本科大二学生,住在厦门,所以他召集来的另外两个人也都是在厦门,是两个大四的学生。"G-World"两兄弟和这两位做前端、后端的队友至今没有见过面,计划之后如果有机会路过厦门可以顺便见见面。后加入团队的三个人可以说在地域和学缘上是有强联系的,整体形成了 2+1+2 的组合,两个人的组合都是强关系,通过起桥接作用的中间人联结起来,根据各自需要能进行强关系的线下沟通和弱关系的在线沟通,非常灵活。

图 4-4　"G-World"和他的弟弟在实验室进行线下协作

　　而另外一组队伍并没有这么顺利,从参与报名、组建队伍到最终做出成果,组长经历了放弃线上组织陌生人协作到选择线下熟人协作的过程。这支队伍的项目由于选题恰当也吸引了很多关注度,大概有 50 人通过受访者公布的群号加入其中,对于"小新"来说他们全都是"陌生人"。"小新"觉得群里的人都没干实事,因为当他在群里@所有人时,群里响应的人越来越少,越来越找不到任何有动机参与的人。"小新"觉得可能是因为他们各自的学习和工作都很忙,或者都在等有人直接把这个项目做出来,他们可以看代码。很多代码是需要自己手写的,而"搭便车"则轻松很多。当发现无法有效号召群内的参与者"动"起来,而项目提交的截止日期越来越近,组长"小新"痛定思痛,决定采取更加实际的办法。"小新"去找他的朋友,虽然他的朋友并不是杨超越的粉丝,甚至都不知道这个比赛。他找来了3位同学,以及原先群里的一个陌生人,因为这个陌生人和他在同一个城市,从学校坐两站公交车就可以见面,可以线下聊一聊。除此之外,"小新"觉得他是"活跃的""认真负责的",因为这位"陌生人"在群里是唯一活跃的人,交给他一些爬虫任务他会去完成。"小新"将自己定位为这个项目中的项目经理,一个项目非常需要这样督促进度的角色,因为人是比较懒的,很难动员起来。直到报名截止时,他还是期望群里所有人都能一起参与进来,找熟人做项目是排序靠后的选择。但"小新"的这个计划还是破灭了,他时不时将阶段性成果放在群里,尝试再调动大家的积极性,希望能有人来继续参加,但其他人只是给出了鼓励,并没有新人再加入。

受访者"小新"对这一段经历感触极深,笃定地认为真正要做事情还是不能仅靠网友。他比赛结束后,还写了一份很长的总结,询问大家愿不愿意后续再参与这个项目。他在群里给出了两个选择:"每周愿意花时间"和"没兴趣,退出"。选择了选项一的不超过10个人,表示会持续关注但不做事的人占了大多数。"小新"觉得非常难受,认为陌生人联合参与的模式行不通,于是他把群解散了。"一般人数控制在6~7个时,合作会比较高效,不然所有人都在等。"("小新")在熟人协作的时候,和另一支队伍一样,"小新"也采取了线下开会对接和网络讨论结合的协作方式:平时进行沟通,对接文档或者简单的问题,都可以实时解决;每周末会把成员召集到学校,找一个实验室或者办公室聊进度,进行项目的对接。

尽管科技工具让人们可以很方便地跨越时空进行在线协作,但是协作并不等同于谋划蓝图、完成任务，其间有大量的人际沟通，线下肉身的加持会让协作更加顺畅。数字青年们在实践中慢慢习得如何根据需求来灵活地调整线上线下的关系，如何让网络上的误会更少地阻碍沟通，而一旦网络沟通存在障碍，便会更多地怀念或希望"面对面"的沟通。

第五节　不同风格的体力活

同样是"爱"这样的具身情感，在不同的粉丝群组中有着多样性的呈现，技术与人、偶像之间产生的互动关系导致了多种殊异风格。当下"饭圈"为人熟知的便是他们将种种制度式的动作纳入日常生活，每天打榜、控评、"反黑"，这成为他们情感"过度"的行动体现，并被认为是"机器人账号"或"水军"/"网军"。更重要的是，只要主体更换一个目标物，便随时能将此套组织行为带入另一个场域之中。比如第三节已提及的控评、控转，粉丝们会每日不间断地在微博搜索偶像的姓名和姓名缩写，一条条翻阅搜索结果，进行初步的舆情监控，将负面微博呈报给"反黑"组。这其实非常类似于当下针对网络公共场域而展开的舆情监控。

然而，并不是说所有"饭圈"的粉丝都是以这样的行动在追星，大多数受访者将这样的追星行动视为"体力活"，是比他们更年轻的"年轻人"在做的事情。行为模式成为一种身体的"区别"，并和不同网络平台的技术特性结合在一起。受访者"子奇"很少进行传统粉丝的常规操作，比如打卡这一类的日常实践，他觉得打卡的粉丝往往对于这一行为逻辑有执念，对"饭圈"规则认同度比较高。"控评、点赞、做数据、打投等是传统'饭圈'的主体逻辑。但杨超越的粉丝比较特殊，你不认同这个逻辑也没关系。"（"子奇"）在社交媒体中被用来进行主题式分享的"转发"和"话题"功能、筛选优质评论继而置顶的功能、表示赞同的点赞等，都被粉丝再利用起来，转译成了代表明星"价值"的"数据流量"或"热度"的工具，而微博更是进一步开发了明星榜单和超级话题,鼓励粉丝围绕一个明星、一个娱乐话题进行制度式的身体行为。受访者"小新"是《创造101》节目播出时在贴吧和微博上关注杨超越的消息,看到了粉丝群号和二维码,就加入了他求学地区和老家地区的粉丝群。以肉身所处的真实地域来组织群体是最基础的方式。一般而言,加入粉丝群的门槛条件就是审查一下超话等级、有没有买过专辑等。"我当时是6级,只要你每天看看微博、签到,就会有超话等级。有时超话也会有指导的倾向性,比如说'怎么签到数这么少啊',大家就会响应去签到一下。简单的行动比较好操作。"("小新")更重要的是,粉丝们也会尝试"驯化"网络平台,利用操作可供性来影响信息的可见性。"'刷词条'就是(当人们)去微博里搜关键词'杨超越'时,在搜索栏里相关的信息会自动补起来,粉丝要使得正能量词条上去。也有软件在做,可以像人一样输入。账号大多还是人在操作,也可以买,几毛钱一个。"("子奇")在这样的身体行动中,人和机器账号的区分度非常小。"小新"觉得追星是个体力活,不是年轻人的话坚持不下去。他觉得自己没有那么"小学生化",力所能及地投投票、花花钱。"小新"觉得打榜投票这些事情都是"年轻人"在做,步骤很多,需要培训。这些任务量每天都很大,每天各个平台都有工作组发动粉丝去打榜。任务完成后,粉丝们会分享到群组里,类似信息会大量刷屏,一方面表明自己已完成了任务,另一方面也希望号召更多的人。

相较于打卡、投票、转发这些日常行为,和其他路人或其他粉丝吵架,或者演唱会催票、买票,则是更进一步地凝聚"饭圈"的行动。"子奇"认为这些行动具有内部净化的功能,通过买票、催票、争斗这些事情把不认同这一套逻辑的粉丝排挤出他们的群体。"用他们的话来说是'洗粉',以保证内部的一致性。"("子奇")由于杨超越的粉丝大多是"饭圈"中的新人,没有追星经验,所以内部的分裂和争执反而会比较明显。每次争执事件总会引发更多人的参与和争论,比如杨超越和王源在综艺节目《哈哈农夫》中的互动表现引起了粉丝之间的争执,他们互相攻击对方偶像的短板。在此争执事件刚发酵时,"子奇"去知乎上提了个问题"对这次冲突应该做什么反思?"底下就开始有激烈的争论。"我觉得会有一些争论,但没想到反响会这么大。"("子奇")

这类网络战争的事件几乎每天都在微博上发生。"杨超越杯编程大赛"这种本应平和进行的活动举行过程中,也有类似的事件,听受访者"小新"说到"杨超越和王源"粉丝大战这个事件,还是能够感受到"战斗"的激烈。这个事件恰好发生在"杨超越杯编程大赛"的进程中,各个项目组差不多完成、提交了作品。"小新"将战斗分成了两个阶段,第一个阶段杨超越粉丝处于下风,直到"反黑"组里有个"大佬"下场。"大佬就是在粉丝网上打架比较厉害的人物,他发的微博会被大家顶到比较靠前的位置,说的话也比较有用,会有很多人给他点赞。"("小新")这位粉丝下场之后,一旦看到王源的粉丝发了一条比较具有攻击性的微博,他便会转发再评论一条反击的微博,其他粉丝就只点赞和转发他的评论和微博帖子,集中攻击王源粉丝的微博。"小新"觉得这就进入了"血雨腥风"的第二阶段,所有粉丝都得行动起来,每天都有人在群里@所有人,所有的讨论群组都在战斗,最终达成了"战事"的反转。"战斗就是刷评论、举报、点赞,举报很惨烈,每天都有人在微博上发'我的号阵亡了,大家帮我救一下'。"("小新")这种日常"战争",不仅仅是属于对战双方的,网络平台也一直参与其中。比如,微博曾针对小号点赞更改了算法,一条微博如果有小号点赞,反而会影响发文账号的权重,希望能阻止小号的流通。然而,这样的一条规则也重新被利用起来,当粉丝们对某一条微博发文看不顺眼时,反而会上小号去点赞,以影响这个发文的主体账号的权重。因而,作为参与主体的三方或多方持续拉扯,共同可供性持续被粉丝组织发明出来。

有趣的是,接触到的大多数人都从这种难得的协作行动中有所收获,他们收获了久违的"集体协作",虽然每个人都各自带着不同的目的加入进来。我采访了带领一组小学生参加比赛的"阿达",他说参加这个活动后对粉丝组织的观感转变很大，很久没有这种大家一起站在起跑线往前冲的感觉了。而为了给自己的小组拉票，受访者"吉依"开始在知乎里写下自己这么多天来的参赛感受，其中包括"虽然很多时候，队友们相互沟通时还没有学会各种圆滑的社交辞令，耿直到可能要打架，但是也因为隔着互联网打不着，皮几下就好了，继续讨论各种问题"。"吉依"开始对所谓"团队协作"有了新的理解。她跟我说："团队协作，不是嘴上喊喊的，或者老师给你一个课题，说你们组个什么队，然后你们去把这个课题完成；而是我们会自发性地参与这个事件，其实这样会更有创造力，也会更团结、更有凝聚力。"（"吉依"）

与这样的身体力行相伴相随的是强烈的情绪动力。受访者"塔塔"很不喜欢这一点，认为"饭圈"过于夸张。这种夸张来自粉丝的真情实感，从"喜欢"这种情感状态而变得对所有事情都易于情绪化，不健康的情绪倒灌到各个平台、各个社群之中。"一旦'饭圈'入侵后，会有种乌烟瘴气的感觉，小事情容易被放大。"（"塔塔"）在 Hardt 和 Negri（2004）看来，情感在同等程度上既涉及身体，又涉及心灵，既涉及理性，又涉及激情；情感"既说明了我们感染/影响周边世界的力量，又说明我们被周边世界所感染/影响的力量，还说明了这两种力量之间的关系"。

"杨超越杯编程大赛"发起方百度贴吧及参与者也很想"动起来"，但他们评价自己是与传统粉丝不一样的一种身体行动模式，认为以他们的方式动起来后可以防止自己的群体"饭圈化"。"十字伤"发现在"杨超越杯编程大赛"之后，其他粉丝后援会都在陆续举办各种大赛，比如插画大赛、诗歌大赛等，但是体量越来越小，也不再有突破粉丝圈层引起大众注意力的契机。但即便这样，也比"饭圈化"的机械行动和"战争"行动要好。受访者"子奇"也觉得这次活动是在发明新的规则，借由非常奇特的粉丝构成，把一些新的文化带入传统粉丝圈。"折丝"认为打卡什么的是传统粉丝圈的行为，没有什么意义，"烦死了，男的痛恨这些东西"，不过他看重百度贴吧的明星榜单，这个榜单是依照发帖的数量来进行排行的，"杨超越是第一，后面九个加起来都没有超越多"。"折丝"认为传统粉丝的那套机械性的行为没有用,"因为你要发动人的主观能动性啊。想办法让他们自发地去做一些事情"。做到这一点"折丝"觉得很简单,不需要设那么多的死规则,就让人们愿意去发帖;如果非要别人发什么,其实会提高发帖的门槛。"如果总是莫名其妙就被删帖,或者管理员跟我说发帖要带格式,我肯定觉得'好烦,不管了,不在这儿玩了'。"("折丝")杨超越百度贴吧只设置一些重要的规则,消除其他零碎的规则,尽量给这个社群以自由,让人们能发挥自己的主观能动性,自己想发什么就发什么。"折丝"举了一个有"主观能动性"的例子:"之前超越在录节目,好久都没有消息,回来之后参加了《影响中国 2018 年度人物》。有人就在贴吧里发炒菜的帖子,说'女儿回来啦高兴啊'什么的,然后一堆人来发炒菜的视频或图片。这就是说,人们自己会找一些点,会一起玩,然后就起来了。这就是说我们会让他们自己去做话题,而不是我们给他们安排话题,比方说任何东西都可以在贴吧里分享,然后就会有讨论,会把这里当成一个可以任意表达想法的地方。"("折丝")受访者会认为这样不同的行动风格体现出来的是不同的身份和心态,打卡的粉丝被视为比较传统的粉丝,是出于"奉献者"的心态,为了获得自己的精神满足。但现在大部分人追星其实是一种消费心态:"我是来寻求快乐的,我可以为你花钱,但是这些东西我不想做我就可以不做,我是来消费的,大家都是平等的。"("十字伤")这其实很有趣,粉丝往往都被视为"消费者",但在"消费者"内部却会出现进一步区分。

当主体的身体"能动"地动起来后,会实现一种身心愉悦。这让同样倾向这种风格的具身行动的粉丝产生认同感。受访者"十字伤"的本职工作是公务员,他觉得杨超越有什么活如果需要他的话,他都会帮忙,因为他比较有空闲时间,同时也会觉得这些事儿挺有趣的。他喜欢杨超越的"知行合一,知世故而不世故",这与社会中浮躁的功利性形成了鲜明的对比,"我到这个年龄也乐于做一些比较纯粹的事情,不图钱不图名,不去争什么。这个状态很好,能做一些喜欢的事儿"("十字伤")。

让身体更具能动性地行动起来,其实更累,是另一种风格的"体力活"。"十字伤"虽然觉得事情很有趣,但大多数时候也不知道自己能干什么,就是赶鸭子上架。组织者之一的"二师兄"也不觉得自己是因为特长而站在这个位置上,多半是在"做中学",而且非常累。"编程比赛上热搜当天我就觉得很累,因为天天开会,特别累。"("二师兄")他往往是利用工作之余的时间来接洽活动的事情,会偷偷地跑到单位楼道里打电话、聊语音。另一位组织者"折丝"也有如此的感受,他在地铁上用手机沟通(见图4-5),回家后坐床上,把计算机架在小桌板上(见图4-6),去每个活动群里"走"一遍:"中午有时间还要打1个小时电话,晚上8点下班了,再聊两三个小时,就该睡觉了,早上6点还得起来上班,就觉得很苦。"("折丝")但他们都认为最累的时候是内部开始扯皮的时候,突然间觉得跟人沟通好累,在扯皮的时候会涌现好多人,而做事的时候人就不见了。"折丝"不想再将精力耗费在这种争执上,而是选择直接去找能帮忙做事的人,直接安排接下来该做的事情。其他参与者大多是因为觉得活动有趣而参与进来,在活动持续的进展过程中习得了一些新的身体技能,比如拍片子、使用协作平台等,在活动中发现好用的软件和平台还引荐到了自己的工作之中。"我在活动中接触过一些程序员,跟他们聊,听听他们的想法。因为对程序员我也很陌生,接触以后我才知道现在中国互联网确实很强大,这些人用计算机改变了这个世界。"("十字伤")

活动组织方的主要负责人都相识,沟通上相对容易一些,而对于由陌生人组成的队伍来说,让身体动起来更是需要很多建设,比如受访者"塔塔"所在的队伍就很擅长"精神建设",并且让每个人都能"体现"出来,花费了很多力气。"塔塔"之前在网上接画稿的任务,在一个工作化的网络社群中,大家都是"拿钱走人",但是"解忧杂货铺"团队会经常进行"精神建设",比如在群里"灌点鸡汤",让大家在繁忙的生活和工作之中还能心怀感动、为爱产出。

图 4-5　"折丝"下班途中在地铁上沟通活动事宜

图 4-6　"折丝"在家中床上管理活动的进行状况

"塔塔"比较晚加入"解忧杂货铺"项目组之中,那时这个小组的"精神建设"已经很频繁。"塔塔"很直观地感受到,他们前期就已经有一个凝聚大家的举动,就是给每个人都画了形象,一共 21 个形象,还做了每个人的介绍视频,让每个人都有参与感。当他们提出整合计划的时候,还能拉来很多落选的队伍,然后在群里灌鸡汤,让大家不要放弃项目和众人的心血,要提出一个更大的设想去引爆流量。类似的"精神建设"两三天会有一次，特别是组员们工作量大、身体疲倦的时候。这个方式虽然被称为"精神建设"，但其实是让个体的身体——形象也好，能力也好，能在集体中被部署起来，以获得参与感，进而能持续进行再生产。当个体的身体认为自身处于合理的部署中后，会更主动地、更多地和陌生的技术一起行动，和他人一起实践。

在整个过程中，有"做中学"的生手身体，也有"专家"身体，他们或者习得身体技术，或者已经具备经验性的技术身体。受访者"子奇"属于杨超越粉丝组织中产制视频的队伍——"茶楼"，但他之前并未有过任何有关策划视频节目、拍摄剪辑视频的经验，基本都是一边做一边学，他向我分享了这次活动中的采访经验：当时去进行视频采访的有 5 个人，带着一个小型的Go Pro 运动相机。但是所有人都没有拍摄的经验，不会调整镜头，只能比较随意地拍摄。"我还没有研究出 Go Pro 的支架到底应该怎么架，就只好用我的手举着。"（"子奇"）这恰好让我们看到了技术的可供性往往需要行动才存在，否则就只是隐藏在那里而已。但之前的认知主义往往认为人们似乎根本不需要什么行动，只是被动接受环境刺激便能以心智表征的方式发现可供性所在。"知道什么"不等于"知道怎么做"，这恰好是生手和熟练工之间技术身体的区别。

熟练工所拥有的则是已经被技术入身的身体，他们会找到最舒服的相处方式，只是技术有时会在身体上留下烙印。"塔塔"是插画专业的学生，一直在网上接活，也是杨超越的粉丝，在活动中产出杨超越形象的相关画稿。她白天上课，没事涂两笔，如果有空闲时间了，又不是很想玩游戏时，就画画。她用 iPad 趴在床上画，觉得 iPad 很方便，躺着就可以画，自由度比较高。于是画画变成了一个消遣，可以一边在群里聊聊天，一边画几笔。"塔塔"说，现在的画手基本上都是碎片式的创作，在过度集中的时间内画画对身体并不好，因为保持一个姿势会损伤肩颈。"我们虽然年纪轻轻，但身体都有毛病。我有一个朋友已经比较严重了，她是打印机的那种状态，经常坐在电脑前画,一小时可以画一张高完成度的插画。"("塔塔")"塔塔"做推拿时,推拿师说她的右边肩颈问题比较大,这让人想起栗山茂久说日本人经常觉得"肩凝",表现在身体部位虽然是僵硬紧张的肩膀,却混杂有整个身体劳累酸痛、萎靡不振、精神不济、压力很大等的感觉。各色身体便是这样带着技术深深浅浅的烙印汇聚在这场网络行动之中。

第六节　具身的物质性层次

网络技术并非简单地取消身体,有时也会突显身体不同层面的特质,更重要的是,参与主体可以根据自己的需要通过网络可供性进行隐身或显身,他们可以一起做一项任务,任务完成后也可以很轻巧地散开。当通过网络的沟通交流进展顺畅时,没有人会焦虑于触摸不到对方的身体。但是,一旦觉得对方不在场,捉摸不清对方的状态,便意味着沟通出了问题。因而,具身的沟通是一种情境决定的沟通状态。比如,之前提及的对自己组员很失望的受访者"小新",就属于因为缺乏具身反馈,而觉得"心累"的例子。"小新"觉得如果是在线下,可以随时跑到队友的身边说几句话,队友也会给出反馈或做事。但是在网上发信息,可能大半天都没有回复,那些队友可能看到了但在忙其他事情,或者晚点回复,也可能这些状况只是借口。所以网络协作进行技术含量高的行动还是非常困难的,而像投票这种简单的行动操作会比较可行一些。"子奇"一直比较积极地活跃在宣发大组和采编组里,所以他跟完了整个活动,但是他知道很多人都陆陆续续消失了。活动起初发公告进行工作组招人时,门槛设定很低,招的是有时间、有想法的人来帮忙。当时组织者忙得团团转,并没有对各个工作组进行培训。还有一些人起初加入的是微信群,但活动开始有进展后微信群被废弃了,工作组转入QQ群中,但总有人被落下,没跟上行动的进行,留在微信群里一直等着。

这次活动中的采访人员会对参与者进行线上或线下的采访,线下的面对面采访往往是组织方觉得"特别"的队伍。我个人在采编组里对参赛队伍进行在线采访时,往往是利用空闲时间,比如坐公交、地铁,或者无心工作时。但是在接触受访者的线下身体后,还是会觉得更加生动一些,可以聊得更多。"子奇"也更喜欢线下的采访,他觉得线上会有一些细节观察不到,动作和反应会观察不到,同时"距离感"也会多一些,他在线下采访"G-World"双胞胎前,也看过他们的在线采访稿,但对这个稿子没什么感觉,采访他们的人问得很简单。"大家都是业余选手。我在线上采访的感觉就是很结构化,按着提纲念下来的感觉,没法有很多交流。线下会放松很多,聊很多东西。"("子奇")

在参与网络活动的过程中,最直观的是看到他人网络身体的行动/动作,但是把握不了对方的真实想法和目的,因而会推测出很多可能性。即便是同样的行动/动作,每个人的动机或目的都极有可能是不一样的,因而,网络行动很难说有一致的目的,只能说行动的目标能最大限度囊括各种各样的想法。在活动决赛投票的时候,有一个参赛组突然从倒数直接刷票刷到了第二,其组长还在组长群里炫耀自己的项目 10 分钟内就涨了 4000 票。毫无疑问,他的这个举动引起了群内两极分化的讨论,有人认为他是用自己的实际行动来告诉大家投票机制有问题。"他真的是为了曝光机制吗?这成了未解之谜,不知道是他自己在刷票,还是有人在帮他刷票。未解之谜特别多,因为是网络行为嘛。"("小新")

同时,也因为网络的"隐身",网络行动更容易出现不稳定因素,以及各种"阴谋",网络社会的线下街头行动也容易受到这种网络不确定性的影响。"小新"发现"杨超越杯编程大赛"成为热点事件之后,肯定会被"心怀鬼胎"的各路人马盯上,因为有好几个热门项目都受到了负面舆论的攻击。"很难判断具体是谁在做这件事情,但肯定有人在'带节奏'。"("小新")像超越传说、YCY Dance Now、微信机器人几个热门项目都受到了舆论攻击,还有人质疑整个赛制,质疑没有分赛道而导致比赛不公平。参赛者"小新"是杨超越的粉丝,他觉得对于比赛整个的攻击可能是有人不希望这个事情做好,这些人很可能是黑粉或别人的粉丝,但没法确定,因为在网络上要伪装一下实在是太简单了。"我现在就可以买一个小号,装成其他明星的粉丝。也可以买号后不关注任何明星,伪装成个路人。路人的发言对于粉丝来说更重要。也不知道这种伪装到底是组织行为,还是个体行为,其实是一团浑水。网络就是这样,大家都可以随便穿衣服。"("小新")因为这种状态太常见,或者被认为频繁发生,所以整个粉丝群体都会笼罩在这种阴影之下,担心随时会出现"伪装者",所以他们的情绪也会偏激进一些。如果有一个人做出了一些不符合我们这个群体的行为,就会被认为是潜入的人,继而开除粉籍。有官方色彩的"反黑"组经常会开"反黑帖",比如说有一些黑粉来黑杨超越的话,杨超越的粉丝们会把这个帖子和人的主页贴出来,告诉大家,让大家举报或拉黑他,不承认他是粉丝。在线下活动时,粉丝往往会戴口罩,或者用应援牌将自己挡住,突显粉丝的群体特征而隐藏个体特征。将网络的隐身延续到线下,往往是担心自己的线下身体会曝光在网络上,继而锚定自己的线上身体,使得线上身体丧失了隐身或化身的可能性,之后转战其他"饭圈"没有那么便利。杨超越应援会的线下聚会如图 4-7 所示。

图 4-7　杨超越应援会的线下聚会活动

虽然网络行动中身体各异,但从粉丝这方来说,自己的身体永远和偶像绑定在一起。"杨超越杯编程大赛"的组织者觉得做活动时遇到的困难和顾虑非常多,因为他们的软肋是自己的偶像杨超越,活动不能太放肆、落人口实,得合法合规,因而小心翼翼、如履薄冰。他们甚至还成立了法务组,但凡有一点跨界的或者模糊的事情都不敢尝试。直到最后一切顺利,圆满落幕,他们才松了一口气。由于把自己和偶像绑定在一起,他们才有了给自己的责任感和压力。

而对于他人的身体,会更多地赋予对方一个身份,以区分敌我。这样的区隔阻挡了交叉接触。参赛者"G-World"是以路人的身份加入比赛的,作为热门队伍的队长他经历了粉丝们的舆论攻击,他非常愤怒,认为在他们首次踏入"饭圈",体验到的是一种负面的观感。由于他们的 YCY Dance Now 项目是根据用户给定的跳舞源视频,将视频中的表演动作转移到杨超越身上,从而生成杨超越完成该舞蹈的视频,具有一定的争议性。部分粉丝担忧这个项目一旦开放,会被有心人恶意使用,合成不雅视频。在知乎上有一个问答便是"如何评价'杨超越杯编程大赛'的 31 号作品 YCY Dance Now?","G-World"以项目负责人的身份对问题进行了详尽的回答,包括"不会开放生成接口""对生成的视频加水印,用于区分它和真实的视频"等举措,但这一回复却被部分用户批评为"控评"。那时"G-World"对控评是什么一点儿也不了解,而且很奇怪为什么有人会认为其他人每天也一定都在"控评、打卡"。他们甚至受到了来自杨超越粉丝的控诉,说"你们 YCY Dance Now 的作者不管理好自己的粉丝,让我们这些杨超越的粉丝到处控评"。"G-World"将此描述为一种非常僵化的思维模式,粉丝会把别人的一些正常行为代入粉丝的一系列常规行为中,将非粉丝的他人代入"饭圈"中的一个角色,比如"黑粉"或"伪装路人"等。就如同大多数被粉丝网络行动所中伤的受害者一样,"G-World"把这种行为归因于个人崇拜所带来的失去理智,而当粉丝成为大多数网络行动的参与者,当粉丝大量地在网络上显身,他们极易被视为"公众",一种非理性的情感公众。"这辈子不可能不接触任何跟公众相关的事情,我觉得我们从这次活动中学习到的就是一群人中总有一些思维模式极其僵化的人。"("G-World")

在和受访者的谈话之中,我发现他们几乎都对性别和年龄(并非实际年龄和性别,而是与自己相较后的说辞)特别敏感。这一点让我很有感触,尽管并非直指真实性别和年龄,但如此传统的性别和年龄划分基本成为锚定自我、界定他者的主要维度。人的身体还是有性别的,这是无可置疑的。但是,在一个性别化的身体上如何能够具有他者的概念和情感呢?从外部视角来看待一个性别的"他者"往往享受的是性别二分本身的快乐。这种区分根据人们的期待条件和规避条件部署了知觉场域和思考场域。

像现实社会中一样,男性粉丝往往会被视为一种更为理性、更具管理能力的存在。虽然缺乏一个真实的统计,或者对真实身份的了解,但杨超越的粉丝被认为以男性居多,尤其是潜在粉丝,这和传统粉丝结构很不一样,这也被受访者视为他们组织这样一个活动的原因。男性粉丝被划归为反对集资的一方,而且"折丝"还觉得男性粉丝更加具有创意,对做活动、做事情兴趣更大一些,会尝试一些新奇的东西;而女性粉丝主要采取一些习惯性的做法,比如做转发、点赞、评论的数据,"不会去想到做一个编程大赛,这真的是第一次追星的男生能想到的一些事情","折丝"还以虎扑的应援为例,说他们在杨超越的演唱会上顶了一面非常大的旗子在那边舞动,声势浩大,就像在参加足球比赛一样。

性别结构和年龄结构这与生俱来的特质被视为造成行为多样性的最终原因,而又加深了二元划分,很难意识到粉丝群体不是单独的一类人,也不是分裂的二元结构。受访者们大多觉得这次活动中年龄大的人占的比例比较大,以及男性占的比例比较大。"G-World"就觉得活动主办方都是有工作的成年人,因而行动会比较稳妥,不会有过激行为,"但是肯定也有一些小朋友准备闹事的"。受访者"塔塔"认为自己虽然是女生,却是"直男粉",当我问及另一个要素"阶层"时,"塔塔"表示她在粉丝群体中很少遇到人生坎坷的人,"比起虚无缥缈的数据,这些人更喜欢花钱,因为打榜投票需要大量的时间,如果生活事业比较稳定,才有精力去打榜投票",粉丝们大多数要么是学生(初中生、小学生还是偏少),要么是有工作的人,有工作的人往往也是工作挺顺利的才会追星。

由于男性的加入,以女性为主的传统"饭圈"被改造了,这基本是男性受访者们的感受。性别和平台绑定在一起,成为传统和改良的标志。在百度贴吧的杨超越男性粉丝看来,在演唱会现场,传统"饭圈"女性粉丝所理解的"追星"就是举灯牌,用灯牌拼字,或者是喊口号,喊得整齐响亮。而杨超越的粉丝想法会天马行空一些,比如打造出超级大的应援棒。百度贴吧也是以男性群体为主,"折丝"之前对杨超越百度贴吧的用户做过画像,基本可分为两类:一类是35~40岁的体制内男性,这种人在贴吧不发帖只浏览;还有一类是20来岁的"电竞粉","电竞粉"指的是喜欢玩英雄联盟的大学生这类人群,他们其实是主流。在"折丝"看来,贴吧用户就是喜欢玩,喜欢玩"梗",喜欢有意思的东西,而不像知乎用户表达欲望那么强,每个事情都要出一个观点。"折丝"认定自己是消费者心态,不喜欢看太长的文章,在网络上运营社群就是为了大家一起开心地玩,如果采用"为了超越我们要怎么做,偶像只有我们啦"这种卖惨的方式,会招致大多数人的反感。

男性粉丝、路人和圈外批判者都难以触及女性粉丝的个人脉络,这也是由于女性粉丝更为敏感地将自己保护了起来,过往的太多纷争和斗争让她们敏感且小心翼翼地"隐身"了。我在这次活动中只采访到了两位女粉丝,而且其中一位"塔塔"还觉得自己是"直男粉",虽然她是女性。这体现出了各异身体在"同一"社群中所带来的挑战、冲突和争执。"塔塔"知道杨超越微博粉丝社群中大多知名粉丝都是女性。这些女性粉丝在社交媒体上存在感较强,会在微博上聊自己的生活日常,感觉也是在某种意义上运营自己的粉丝,而且效果不错。男性粉丝也会进行偶像摄影、做偶像周边和举办活动,但他们彼此之间在思路上的差异性比较大。"塔塔"以全国粉丝会之前举行的一个奶茶活动为例,杨超越粉丝想跟一些比较小牌子的奶茶店合作,在店门口摆放杨超越的立牌,消费者去摆放立牌的奶茶店买奶茶可以拿到杨超越周边产品。虽然其他偶像的粉丝社群已经做过类似的事情,但这个活动提议在杨超越粉丝群体中被男性粉丝批评了,说是对杨超越个人形象的侵权,而且因为杨超越本身就有奶茶代言,如果将她的立牌放在其他品牌的奶茶店门口会有损她的商业形象。"塔塔"认为男性粉丝注意到了之前传统"饭圈"没意识到的法律问题。在多方的争辩之下,这个奶茶活动没有进行下去。"塔塔"还提及,有几次比较大的争执都是关于杨超越粉丝会的管理问题,因为杨超越粉丝会的管理层都是年纪很轻的女性粉丝,于是一些男性粉丝会质疑,年纪轻轻的人管理这么大的资金盘不现实。然而,整个"饭圈"其实都是年轻女性在进行粉丝会的管理,就像前面章节所讲述的"站姐"的故事一样。确实,这个群体有更多的、更年轻的女孩子涌入进来,很多人参加社会生活的第一次体验就是参加"饭圈",她们有非常标准化、程序化的应援模式和组织行动能力,但是也由于这种强大的标准和程序,使得个体易于受伤。她们已经知道自己也在持续被看,而为了增加"我们"的紧密感,她们善于制造外部的"敌人",直到这些"敌人"也开始视她们为"她者"。

第七节　共　振

本章第一节的内容聚焦于"站姐"、"玩家"和抖音短视频内容创作者的技术身体,从中可以看出数字青年个人的成长是由计算机技术所转译、强化的,继而发展出不同的生命层次。

在"站姐"的故事中,"站姐"已经不再是单纯的追星粉丝,而是积极学习如何使用社交媒体和其他媒体技术,将自己练成了偶像和其他粉丝之间的中介,将粉丝、账号、数据和技术积极地组织、利用起来,放大了自己在粉丝经济中的存在感，隐藏了自己的其他社会身份。早期的粉丝研究是轻视粉丝的，粉丝被视为"沉迷的个体"（obsessed individuals）或者被贬为"歇斯底里的群众"（Jensen，1992）。当涉及性别时也未曾逃脱这一概化，女粉丝（"迷妹"）往往被视为"疯狂"或"情感泛滥"，而男粉丝则倾向贴上"有攻击性的"标签（Trier-Bieniek，2015）。在社交媒体上，这些"站姐"展示出我国社会中既往女性难得一见的组织力和行动力，用追星实践抵抗着生活中的烦琐日常。文学家 Radaway（1987）在《读罗曼史》（*Reading the Romance*）一书中指出，当妇女阅读爱情小说时，她们不是在逃避现实，而是在建构束缚限制较小的现实，这是一种抵抗形式。"站姐"更多地将这种身体劳作视为甘之如饴的创制，认为更剧烈的行动强度会彰显出更强烈的情感。粉丝在情感和行为上的"过度"曾是粉丝研究的重点之一（简妙如，1996），这种"过度"一方面表现于外在行为上的某些具"生产性"的行为，另一方面呈现于内在反应上的"认同与区别"的运作。"站姐"作为一种技术性别身体的部署，首先会积极地将技术元素和符号素材加以挪用并重制，进而建立自己个别的文化。其次，"站姐"会引导粉丝过度地进行"认同与区别"，使得该群体不是享受全然的私欲，而是具有公共性。这意味着，粉丝通过日常的"共做"实践在进行有意义的生产和公开展示、交流。这让我们看到日常具身行动的意义，如果失去这些有意义的公开呈现与交流行动，她们就无法成为粉丝了，她们通过行动在网络上展现自身。

在"玩家"的故事中，首先可以看到游戏机制和社群媒体一样，有机地促成人与人、人与技术的联结。如果游戏合作机制能够使得社群内部产生合理的差异性，便能促进游戏内社会互动的形成，而一旦在游戏机制设置中"玩家"可以单独完成任务，他们的社群感就会减少。但与现实社会中的阶级再生产不同，游戏世界中的层级性并非稳固而不可变动，角色和阶层是可以自主"挑选的"，数字青年与游戏化身之间形成了更能动的具身关系。根据对"玩家"的访谈，我归纳出了"基于具身重复互动的情谊"和"玩家政治身体的形塑"这两个发现。访谈数据让我们看到"玩家"如何在游戏世界中进行"社会梳毛"(social grooming)。一方面他们会有大量的语言上的照料行为("八卦"和"闲谈")。相较于身体接触式的互相梳理，语言更能满足人类在社交上相互梳理的需求，原因就在于语言可以在进行其他活动时持续发生，并且可以同时对超过一个的社群成员进行梳理，这种行为也可被视为一种社会联结(social bonding, Dunbar, 1996)。另一方面，更重要的是游戏世界提供了大量共同协作行动的机会，资源互惠、技能互惠和信息互惠则能彰显每一个人的经验和技能，协调社群成员的利益，促成了合作行为的完成。"玩家"在时间和行动上的持续投入使得社交互动重复进行，他们非常重视游戏社群的长存性，然而又不会拔高游戏社群的意义。在线上线下、游戏内外的交错和区隔之间，游戏中的合作经验(组队、集中攻击、单体输出等)只能在特定的情况下达成有限挪移，但游戏化的行动模式无疑已成为网络行动的有效模式。

　　在抖音短视频创作者的故事中，可以更鲜明地看到数字青年"短平快"的身体节奏，以及花样显身的技术操控。由于使用轻便的手机，数字青年们得以随时随地拍摄和剪辑，短视频是更为"切身"的影音媒介载体，捕捉着碎片式的日常片段。但如果要进入较为专业的短视频内容生产领域，短短 10 秒的短视频背后其实隐藏着不断尝试、挑战的技术身体——10 秒的短视频很好拍，但要成为"流行"则需要付出大量精力钻研新的言说方式，即伴身的移动终端、10 秒的初级时长、模式简单的剪辑和丰富可选的滤镜、配乐、字幕等。在访谈的时候，我和受访者交流道："有时候，只需要看一个人拿手机拍摄的身姿，就能推断出他和手机的关系。"比如，如果看到一个人扎着马步，双手持机，将手机举至面前一臂之远，身形较为僵硬地拍摄对象，便很容易看出"相机"在该人身上所留下的烙印。短视频内容创作者凭借可视化传播、人格化表达和情感化联结等优势展示自身的存在，正如我在书中所点明的那样，"短视频的'技术语言'转译了数字青年的身体特质，即碎片的、快进的、切换的、并置的、特效的"。而与其他网络平台类似，短视频一整套的技术加持（播放量、点赞数、评论数、转发数和算法推荐、热门推荐等）又使得用户经由技术获得更大的可见度和更多的认同感。

本章第二节至第五节的内容都是围绕"杨超越杯编程大赛"这一由数字青年主导的网络具身行动而展开的。我并非杨超越的粉丝，也未曾"过度"地喜欢某位偶像，但是在这一段跟随"杨超越杯编程大赛"一起行动的过程中，却感受到了一种很纯粹的愉悦，是"做了一件很有趣的事情"那种愉悦感。只是一谈及愉悦，人们往往会认为它只是私人的享乐，不产生任何对公共事务而言积极的效果。比如McGowan(2003)在《不满的终结》(*The End of Dissatisfaction*)一书中提出了亟待对兴趣进行重新导向，认为私欲和个人情感成为社会秩序和稳定的威胁，减少了政治参与，人们不再愿意为社会整体秩序而牺牲自己的私人欢愉，而过于热情的投入会造成不文明的行为。但是，网络的公私界限并没有那么清晰，当粉丝持有"粉丝行为，偶像买单"等理念站到公众的聚光灯下时，他们便呈现出一种爱恨交织、情理冲突的复杂状态。但对于只是在参与一件很有趣的事情的我而言，这种愉悦感是纯粹的。也就是说，即便缺乏初级的对偶像的"爱"，随着有效的回馈和良性的触碰，直接的身体反应也可以带来一种"感受"(affection)，这种"感同身受"是人类的底层活动。主体在网络时空中所历经的种种过程引发了感觉及其一系列的后续效应，这便是身体经验。随之而来的，则是深访中触碰到的多个议题，我已整理为"自带平台属性的粉丝""'熟人'＋'陌生人'的协作""不同风格的体力活""具身的物质性层次"这四点，呈现在这一章中。

从这些经验材料中，我们可以细致地观察到粉丝行动主义在当下社会中的反映。部分粉丝圈子已经开始变得"组织化、规则化、程序化、纪律化"（彭兰，2017），有明确目标和分工，也拥有相应资源。当今我国"饭圈"对粉丝文化的发展，更多的是从群体互动、集体行动（如应援、打榜、控评、反黑等）层面体现出来，这种大规模、持续的集体行动之所以能协调有序地进行，依赖于数字青年日常网络生活中的粉丝自组织机制。朱丽丽(2016)[103-109]观察到,网络粉丝群体作为发起者与支持者,展示了他们强大的社会动员能力,行动既迅速又高效,参与者的互动与情感投入多,动员主体既隐秘又相对确定,"娱乐多于抗争,愉悦多于悲情"。而当粉丝群体的行动契合当下社会主题与民众心理(如爱国、权利等相关话语事件),或迎合了网民的低门槛、娱乐性参与动机,则往往会引起意料之外的"出圈"效果,得到更多粉丝群体之外的网民的支持与参与。

之前很多关于粉丝组织的研究,往往会将重心放在"认同"这一关键词上,而对营造了社群和群体的媒介环境较为忽视,对于人-媒、人-人的互动以及主体的实践经验较少深入探究。对于研究者而言,如果没有重视自己和研究对象的身体实践,很容易将自己变成"旁观者",将研究者视为"边缘人",对于群体的知觉将落成一种想象。身体的知觉、能动性、经验的切面,让粉丝与网络空间的接合形成了新的生产关系,这种生产关系又重新打造了个体与他者之间的关系。网络上的转发、点赞、评论及其对应的真实体验形成了一种共振关系,两者相互干涉,又彼此增强。这些社群组织方式、人际交流方式,甚至思考人生的方式,会动摇我们司空见惯的种种社会模式。

第五章　二元调校的中间状态

> 当我用一台 70 马力(1 马力约等于 735 瓦特)的拖拉机去耕种土地时,和当我用自己的和动物的体力去耕种土地时,我与大地就有不同的关系。
>
> ——马丁·海德格尔(Martin Heiderger),2015

第五章将围绕"田野"调查中的观察和发现,对网络具身行动进一步进行理论探讨。探讨网络具身行动,既指向技术,又指向行动主体,但并非说这两个指向是分道扬镳的。只要技术是在主体的实践之中被使用,两者便是同时被指涉的,甚至还有更多的附加延展。比如,福柯(2016)[53] 在谈技术时,把技术分为四种主要的类型,重要的是,每一种都作为实践行为的母体而存在:①生产技术,即让我们能够生产、转换或操控事物;②符号系统技术,使我们能够运用符号、意义、象征物,或者意指活动;③权力技术,它是能决定个体的行为,并使他们屈从于某种特定的目的或支配权,也就是使主体客体化;④自我技术,这是说个体能够通过自己的力量,或者他人的帮助,进行一系列对自身的身体及灵魂、思想、行为、存在方式的操控,以此达成自我的转变,以求获得某种幸福、纯洁、智慧、完美或不朽的状态。福柯主要关注的是后两种技术,即权力技术与自我技术。然而,福柯却忽视了在"自我"和"社会"之间——特别是一些并非完全以个人主义为核心的社会中,还存在以"圈子""群体""社群"等多个维度而形成的社会关系群。数字青年在实践中所依托的网络技术是这四种技术的结合。他们持续地在生产,不仅仅是运用符号、意义和象征物,甚至在创造新的符号体系;他们在突显自我主体的同时,知晓被技术、政治或商业权力客体化的风险,会通过话语和行动来进行自我调适;他们借助网络的力量,来完成自我的切换(而非转变),让自我、他人(比如偶像)或某个小团体获得某种幸福、纯洁、智慧、完美或不朽的状态。

第一节　显身与隐身

在进入"田野"之前,我一直假定我所进行的这个研究有一个"稻草人",那就是类似于"网络社会取消了主体的肉身"的判定。然而,在调查过程中,我慢慢发现,无论是"肉身永存"还是"肉身消逝"都并非行动者在实践中的关注焦点,他们关注的是"既隐身又显身"的切换技巧。"肉身"变得重要往往是因为行动出现了阻碍,例如受访者"小新"在进行在线协作时总觉得"抓不牢"他的队员,受访者"塔塔""Tuling"均因卷入网络社群纠纷而注销账号。换句话说,网络技术并非取消了身体,而是使得人们有了隐藏自己身体的可能,也有了更多突显自身维度的技术。

以往具身视角很难纳入网络行动的研究,往往会更多地涉及含有具体动作的人类行为,比如舞蹈、劳作、武术等。但当人们进行网络行动时,他们究竟做了什么呢？最明显的是含有网络数据逻辑的那些行动,发布新消息、评论、转发、点赞,制作可能会受欢迎的内容——赏心悦目的图片、引人注目的视频、文字翔实的介绍,支撑这些的是一个个具体却又尝试抹去自身面貌的数字青年,面对或大或小的屏幕在敲打键盘、滑动屏幕、点击鼠标。这些实存的行动转化成网络上的虚拟符号,但往往人们会因为网络上的符号价值而无视或轻视这些具体的行动。这些行为看起来非常一致,但也会由于他们在行动网络中的位置以及他们自身的经验特质，而产生具有不同风格的行为模式。比如，位于行动网络中间位置的人会更需要线下行动为开展线上行动提供参考，个人对于互联网的理解和曾经的经验则会体现到他们具体的操作之中。其中都会涉及一个问题，那便是"既隐身又显身"的切换技巧，这恰恰也是具身视角下网络行动最值得深入探讨之处。

数字青年们尤为擅长此道，在网络行动中自如运用身体的切换，在突显自身来推动行动的同时又保护自己的真实身体。比如，在"杨超越杯编程大赛"的进展过程中，组织者努力地运用各种媒介手段——采访稿、视频、纪录片、图像、主题曲等——来让他人看到这个比赛中的参与者们，赋予的媒介越丰富，说明他们越被看好，同时这些参与者被看到的程度越高，参与度也相应越高。对于处于行动网核心位置的人来说，他们还非常需要在线下活动中"显身"。也就是说网络行动并非像人们假想的那样纯粹地只在网络上发生，它还需要线下的各种活动的支撑，比如开会、聚会、摄制、演唱会等，才能够使得行动的进展得以推进和深化，形成一个"熟人-陌生人"的复合网络。这一点观察也吻合《行为如何传播》（*How Behavior Spreads*）（Damon，2018）一书针对复杂传播的论证：越是需要长期维持的行为难度越大，便需要越多有切身关联的个体强化认知。简而言之，越复杂的传播网络越依赖于强关系。

然而，此处所说的"显身"并非自己真实身份的完全暴露，他们希望的是自己想透露的形象或信息在网络上得到足够的关注，而非自己真实的"肉身"被永远存留下来。以行动组织方对参与者的采访为例，采编组中负责审稿的"编辑"会希望采访稿能够更多地"围绕项目、项目成员、杨超越以及个人的就业、生活和情感互助来展开"。"显身"更多地是为了互助，为了维持行动的热度。更确切地说，一件件具体的事情把"人"带出来，而如果个人身份的突显尝试压过集体的行动，或者盖过偶像的锋芒，往往会被其他行动参与者诟病为"蹭热度"而受到打击。

也恐怕是出于这样的考虑,个体行动意义的呈现会被包裹在一个小团体、小队伍和小平台之中,增强的是与模糊化的"大家"之间的联系。这曾在过去被视为"从众",但是如今的"从众"更多是一种权宜之计,个体的声音和意义希望能依托一个话题或一个组织来发声。如果自己的想法受到攻击,确实也会被迫陷入"沉默螺旋",但这并不意味着这一想法会马上被个体所放弃,他们会暂时性地隐身,再等待一个更好的契机,一个更适合的和声,一个更契合的小集体。于是,网络行动中充斥着的是各形各色的"我们"和"他们",以及时隐时现的"我"。

在研究过程中,我接触的研究对象擅长而且易于隐身。比如,我本来计划采访"杨超越杯编程大赛"中设计组的组长,却被告知"我不适合成为研究对象,平时是网络'小透明'(注:指社交网络上存在感较低或没有存在感的人),赛事结束后,连这个和粉丝群互动的QQ也很少上了"("识客")。虽然并未采访到这个行动结束后便再次"隐身"的小透明,却触碰到了他在身体切换中的心路:"我似乎有点社交恐惧。之前因为有责任,所以一直顶着。比赛完了,就可以放松一下了。"("识客")我从其他受访者那边了解到,这位组长非常负责,在整个行动过程中输出了大量的设计图稿,他不大会组织他人来进行协作,因此基本上所有的活都是他一个人完成的。这也符合我在行动中对他的观察,行动进行的过程中他是非常活跃的存在,让人印象深刻。我没有想到一个活跃的身体却承受着如此亟待"隐身"的巨大压力。

此外,由于杨超越的粉丝大多由男性组成,此次行动中也主要为男性粉丝主导和组织,女性粉丝往往处于"隐身"的状态,这确实和其他粉丝组织中,大量女性粉丝打榜、控评、点赞的行动输出形成了鲜明对比,因而杨超越女粉丝会自嘲为"又是'月芽'没有声音的一天"。她们在行动中往往是作为项目组的美工而存在的,由于是稀缺资源,而被程序员们争夺。这些自动隐身的"月芽",在接受访谈时也会希望用一种更加保护自己的方式来进行。比如,当我被介绍到一个参赛的小组中,并提出希望能采访一些"月芽"时,大多数"月芽"都没有给我任何回应，而和我对话的一位"月芽"则似乎代表了其他的沉默者，说不愿意接受线下的采访，访谈在微信群中进行就可以了，她们认为这是一个"更好的"方式。对我而言，这种似有若无的访谈自然不是一个好方式，更重要的是，这次接触让我感受到和此次行动中其他男性参与者的接触情况有非常大的差异，男性参与者们似乎更不介意线下的深度访谈，没有太多顾虑地展示他们自身。这并不是说在网络任何场域都是这样相同的情况，而是一个网络社群中既有的结构（如性别数量、社会成见）会和显身有关，也会影响后来者显身的意愿。一个个鲜活生动的身影隐藏在一个个 ID 后面，甘之如饴地托出一个闪闪发光的人，做偶像的几千万分之一。

隐身和显身并不会影响彼此的信任关系，因为在行动中，判断对方是否可以信任，除了已有的线下接触所带来的既有信任外，对方的功能性身份和相应的责任感是主要的界定方式。因为大家都明白，如果这个行动/游戏玩腻了或玩砸了大不了就是再注册一个小号、换一个身份的事情。责任感体现在身体的"共做"层面上，就像很多受访者所说，在那个当下，能接得住活很重要，能力什么都是其次，至于这个网络身份背后是怎样的人，可以在网络交往中再慢慢了解。

这样的身体切换模式甚至影响线下行动，特别地体现在"戴口罩"这一行为上。各地的粉丝站或自媒体"站子"经常会举办一些线下的活动，比如去偶像的演唱会，将偶像最近的综艺节目模式作为粉丝群活动，一起参加偶像活动进行应援，还有更简单的聚餐、聊天、K 歌等。在这些线下活动中，粉丝们会装扮起来，让自己的装扮变得特别，为了偶像而特别，但与此同时也会让真实的自己隐藏在口罩之后。他们担心自己的真实身份会被无处不在的镜头捕捉到，而永远地保存在网络上。日后若是有什么突发事件，或者想要转而喜欢另一个偶像，那么真实肉身会影响他们的身份切换。现实中也有了更多的"斜杠青年"，他们有多重身份，下班后还可以兼职，除了在学校当学生外，他们还可以有很多身份。在当下一些社会行动中，我们可以看到更加灵活多变的口号被提出，行动参与者可以时聚时散，可以因时制宜，可以"无大台"（没有统一组织）但是"不割席"（保证联合的感觉）。更重要的是，戴上口罩他们是在传递行动的讯息，摘下口罩他们又消逝在普通人群之中。在我看来，这是网络经验在线下行动中的延续。这意味着，在网络社会中，不仅仅是网络技术极大地参考线下行动的发端和进行，更重要的是运动组织逻辑的成败已经悄然开始起了变化：去中心化的无处不在，打烂战式的摧毁互信。

对于当代社会中的行动主体，Bauman（2001）、Beck 和 Beck-Gernsheim（2002）等都希望以个体化（individualization）来掌握当代社会的特性，Bauman 亦在他对自由和安全之矛盾性的探讨中，称这一群聚为液态现代性中的"挂钉社群"（peg community），呼之即来，挥之即去，但其"无关紧要（不做承诺）的合群"的个体特质却无法用来理解大多数网络行动中的凝聚强度。更加切合这一情形的是，在网络上通过形成虚拟社区而进行群体起哄活动的网民往往是以一种处于集体化与个体化之间的方式来寻求满足，进而在网络上形成时聚时散的流动群聚（黄厚铭和林意仁，2013）。他们会为了一项任务而一起做事，组一个群，完成了就解散，就是按一个按钮的动作而已。这种网络化群体超越了集体-个体的二元对立，并且是通过"既隐身又显身"的身体切换技巧得以实现。他们可以由着情绪一秒钟从路人转粉而显身，也能一秒钟从粉转黑而隐身，但是永远难以得见的是"羞愧""懊悔"等沉默的情绪。

身体的"可见"与"不可见"被重新部署起来。只是部署的权力有时并不完全掌握在个体的手中，商业的力量、政治的力量都在调校着隐身和显身。看到什么样的行动主体，以及应该让哪些主体消音，这无疑会对"围观者"起到重要的影响作用。以微博为例，热搜话题的呈现吸引了人们的注意力，使得与话题相关的人、事、物被突显出来。而粉丝们控评、刷词条、上热搜，都是通过他们身体力行的重复劳作而让自己偶像的优质身体凸显出来。能否"上热搜"是界定一次网络行动是否成功的指标。其他类似的平台功能，比如超级话题，也是将各式各样的身体统整在一个有中心的内容领域内，形成了一个个的小圈子。不过，在微博上，越来越突出的是偶像的娱乐身体，社会政治类的参与者被雪藏了，因而也不得不去其他平台寻找显身的空间。在互联网科技公司看来，当使用者变成行动主体时会带来很大的商业价值——他们的主动行动会带来更多的流量和利润，而其中情感化的身体表现形式往往会获得最大化的共鸣（转发、点赞、评论），这些表达直接、简单，传播得极迅速。网络成为青年一代情感发酵的园地，科技公司则是希望获得更多的商业机会和曝光效应。而主流媒体会积极地以话语引导青年们的行动。

在数字青年的日常生活之中，类似"杨超越杯编程大赛"这样的网络行动并不少见，他们可以在游戏中组队攻击敌军，可以一起为了偶像而组织各种各样的活动，可以自发参与或引导很多热点话题，这组成了他们的经验知识库。"经验之所以有意义，是因为它们被反省地掌握。意义是自我看待经验的方式。"（Schutz，1967）[69] 于是，对于此时此地"我"的经验客体，就是"我"所具有的可以利用的手头的知识库（stock of knowledge at hand）。在此知识库之下，每一个当下的经验，都会处于一个整体的意义脉络之中。每时每刻，这一意义脉络也就是经验都会以各种视角来面对世界并加以诠释，任何人的每一个当下时间，都持有他自己的种种经验与规则，这被 Schutz 称为经验图式（schemes of our experience）。"既隐身又显身"恰是这个网络社会中最重要的经验图式。

第二节　控制与创造

张嫱（2010）在《粉丝力量大》中是这样定义粉丝经济的："粉丝经济以情

绪资本为核心，以粉丝小区为营销手段增值情绪资本。粉丝经济以消费者为主角，由消费者主导营销手段，从消费者的情感出发，企业借力使力，达到为品牌与偶像增值情绪资本的目的。"大多数粉丝都知道这整个粉丝经济的运作逻辑，也明白网络平台是如何收割他们的身体劳作和情感资本的。她们非常清楚，但是她们会异口同声地说"为了偶像没有办法"。这是"饭圈"中大部分粉丝的感悟，这使得他们的网络行动看起来和机器人能做的事情并无差异。对于看不惯这一套做法的粉丝来说，显然很多行动是可以跳脱出互联网逻辑的，只是他们也会期望自己参与的行动能凭借有趣的形式吸引更多人的关注，实现"出圈"。这便是我在这一节要探讨的"控制"与"创造"。

自我、社群和符号秩序都是通过行动主体身体的工作而形成的。身体的不同风格代表了机械重复或随性创造，权力掌控或社会排斥，继而塑造了新的社会认可的"感觉模式"。对于倾向传统行为逻辑的粉丝而言，为偶像不断贡献是非常重要的事情，互联网平台上的数据价值可以转变为偶像的正向资产；而那些不做这些基本的事情的人，是没有混"饭圈"的资格的；那些一心只想着做各种奇怪的事情的粉丝，只是为了突显自身，并不会考虑对偶像的影响。对于这套逻辑之外的人而言（无论是其他行动风格的粉丝还是路人），传统"饭圈"的行为是毫无意义的，是没有情感自由的，他们更希望看到新鲜有趣的事情和话题，而非苦情的、机械的行为模式。可以说，由于感知方式的意义和侧重点不同，不同的社群基础结构生成了，影响了他们各自的情感规则以及其他文化表达。

对于数字青年，尤其是对于身处"数据组"的粉丝而言，"数据"是最重要的，价值主要凝聚在"明星榜"上，这承载着他们群体劳动的价值和精髓，"偶像得有转发、点赞、评论的数据，才能上榜，才能有商业价值"。这种体验影响他们的信仰与观念，其信仰与观念反过来也会塑造他们的身体感知方式。在"饭圈"之中，大家的目标非常一致，大家的话题非常一致，好像是一群志同道合的人做一件事情，这种温暖是在"饭圈"外很难找到的。这使得粉丝成为具有超强能力的行动者,虽然对于很多人而言,这恐怕是他们第一次在社会生活中行动起来。他们要"做",要不停地"做",有一套标准化、程序化的行为模式,有分工,有计划等。他们在网络上的时间以及对相关信息的关注度是任何一个群体都无法比拟的,所以当一个让他们感兴趣的动员主题出现时,他们会以最快的速度出现。他们甚至做得太多,远比偶像个体还要庞大:他们会假设偶像需要什么,设身处地为偶像着想,会想要做更多来突显意义。他们并不是被既有的互联网逻辑或粉丝经济逻辑所控制,而是相信自己的力量,继而被自己持续生成的意义链条所控制。

数字青年类似的行动逻辑往往会被称为"饭圈化","饭圈化"并不仅仅是靠粉丝过度的情感作为唯一的动力来源,网络平台自身的技术变化也展现在粉丝的身体和关系之中。微博明星榜的存在激发了不同"饭圈"的竞争心理,让他们自愿地使用微博最初的转发、点赞、评论功能,并最终绑架了这些功能,使得这些功能丧失了原本的交流意义,而成为代表流量数据的平面符码。当这样的一个逻辑尝试进入其他网络平台之时,比如知乎、虎扑、豆瓣、贴吧,有可能就会出现问题,激发矛盾。由于知乎在功能设计上尤为在意优质内容的呈现,擅长长篇大论地摆事实讲道理的数字青年会抗拒简单的流量数据,继而造成了不同"意识形态"的碰撞和争执。身份并不像我们所认为的那样透明或毫无问题。也许,我们先不要把身份看作已经完成的,然后由新的文化实践加以再现的事实,而应该把身份视作一种"生产",它永不完结,永远处于过程之中,而且总是在内部而非在外部构成再现。很多人倾向通过"饭圈化"界定粉丝,但其实这只是粉丝身份在生产过程中所持续实践的一个过程,一个成长仪式。围绕着"饭圈化"的,是不同粉丝身份的争夺和自我界定,使得网络媒体的使用共识也带有强烈的文化意味。

不同平台的隔阂也无法抵挡"饭圈化"进入其他领域。当然,这些数字青年也并非纯然是攻击方,他们也都触碰过网络暴力,比如被"反黑"组挂出来,然后被大家人肉搜索、嘲讽。这些痛楚的经历使得他们的身体更加敏感、多疑，也易于在外部环境刺激下，愈发普遍地展开党同伐异。业已存在的具身体验必然会影响我们如何体验和理解周围的世界，我们的背景和社会经济地位也会通过直接的物质性体验和间接的社会文化体验与身体互动。

这恰好像是莱考夫和约翰逊在《我们赖以生存的隐喻》(2015)中所提到的，文化中赖以生存的"活隐喻"(alive)建构了人们的种种行为。在此，数字青年的话语形式和网络的可供性，一同形成了网络行动的隐喻结构，有着极强的身体基础(physical basis)——迅速地在网络上集结、复制粘贴文字、每日打卡……这是与其他时候抑郁或散漫的身体所不同的。网络的技术元素引入了价值，尤其会通过数值来体现。不用知道某个人的真实身份，使用者就可以通过他的朋友个数、照片形象来判断这个人是否受欢迎；在网上阅读一篇文章之前，使用者也会无意识地去看文章的点赞数、分享数和留言数，数字的高低预示着内容的好坏；使用者会依据共同好友数、共同喜好、共同点赞的内容来判断两个人风格的相似度，甚至会决定联结策略。这些等价交换随着技术元素的引入开始形成，在没有社交媒体的世界，我们很难在社会生活中知道一个人的人际网络有多大，一个人的意见究竟被多少人知道或认可。这种活隐喻易于和图形用户接口的隐喻设计叠加在一起。

在粉丝们的日常生活中，诸如"数据即贡献""流量即价值""争论即战争"等程序化话语、固定表达式组成了一个隐喻结构，这个隐喻结构建构了他们对自己在网络行动中所作所为的理解，"隐喻的本质就是通过另一种事物来理解和体验当前的事物"(莱考夫和约翰逊，2015)[3]。也是在这样的系统性下，数字青年们会通过概念来理解网络沟通的每一个方面(比如以战争来理解网络上的争论)，但这一系统性也必然会隐藏此概念的其他方面，很难注意或忽视网络沟通中与该隐喻不一致的其他方面。"在激烈的争论中，当我们正全神贯注攻击对方的立场，辩护自己的立场时，我们可能忽略了争论中合作的特点。一旦有类似的情境触发点("出现敌人了""需要我们上"

等），便非常易于促使数字青年们采纳这些早已习以为常的隐喻结构。对于数字青年而言，这些隐喻所强调的方面与他们的集体经验密切对应，而它们掩藏的方面有对应的则很少。正因为如此，"它们才会在我们这样的文化中自然而然地产生。它们不仅根植于我们的身体和文化经验之中，还影响我们的经验和行为"（莱考夫和约翰逊，2015）[68]。

当然，当数字青年们暂时搁置这一隐喻结构时，便有可能逃脱完全被平台逻辑、商业逻辑所控制的境地。他们有反思的能力，但一起为偶像做一些事情的情感更真挚动人。大多数研究在探讨粉丝的参与力和创造力时，往往会认为"粉丝对于偶像制造过程的积极参与，打破和超越了传统、单向的传播过程，开创了传受双方高度互动、相互融合的新传播格局"（朱丽丽，2016）[103-109]。确实如此，粉丝们会在不挑战商业逻辑和偶像价值的隐喻结构的前提下，为偶像去做很多创造性活动，成为网络用户中活跃的一批人。比如在演唱会时让自己的头箍灯牌变得更大更亮，反过来利用平台的算法机制去攻击"敌人"，举办让人耳目一新的活动，在演唱会的现场创造出各自小站子的风格……这些创造性很容易被外部的人所忽略，或者认为这些事情毫无意义，但是从参与者的角度来看，他们在做这些事情时所获得的愉悦感、联合感已经超越了束缚在商业逻辑下的被动，而这些是不身在其中的人没法理解的。也是在这样的一个环境中，能生成群体的智慧，这些智慧在推动整个娱乐工业和网络社会发生改变，以更好地将这些智慧吸纳、卷入。在《群体的智慧》（索罗维基，2010）一书中，作者提到，产生群体智慧需要满足四个要素：多样性（个体数量和类型足够丰富）、独立性（保证个人观点不被他人左右）、分散化（确保个体的权利和地位）、集中性（汇集群体中个人的信息和智慧的机制）。如果说聚集在微博的女性粉丝们已经形成了一些较为固化、较为集中的行为模式的话，那么其他平台的崛起和参与则会对这些行为模式产生冲击，会使得更有趣的事情得以发生，比如"杨超越杯编程大赛"便是百度贴吧平台给"饭圈"带来的新模式。目前网络平台的区隔化、垂直化和差异化的可供性,恰到好处地保护了数字青年自有的多样性,因此使用什么平台,利用平台的哪些可供性,本身在行动中就是带有主观意图的。也就是说,工具不仅作为外在世界中的事物被体验,还是在计划的利益与背景之下的"主观指涉图式"(Schutz & Luckman,1973)[17]。

这些身体部署的意义并非完全虚假,而是它太多集中于尚未在现实生活中掌握实际的话语主导权或文化领导权的年轻世代群体——数字青年,因而它的种种文化生长,几乎完全依托于社交媒体,形成了较为排他的闭合空间。作为尚未有经济能力及其他社会资本的青少年,他们依靠身体的行动来获得情感上的满足,而网络成为他们参与现实社会中社群生活的一个主要渠道,以此获得一种沉浸式的极乐体验。无论是粉丝、"玩家"还是自媒体内容经营者,其中的数字青年更多地依靠身体技术、休闲时间来满足需求,"身体"能否动起来是判断有无"真情实感"的依据;而这些群体中更高阶的成年人则可以用"钱"来获得机会、成就和愉悦,在整个过程中他们希望获得的是轻松、快乐,毕竟他们行动起来的身体需要安排在更重要的"劳作"之中。"问题不在于他们太过激进,或者太过犬儒,而在于他们以纯粹的文化主义的热情,却往往把日常生活的休闲活动'政治化'为带有市场威权主义和民粹主义色彩的社会运动,甚至高度自觉地内化为一种可复制和可再生产的生活与生存方式。"(吴畅畅,2018)技术、性别、消费时代和国家仪式形态的权力深深地渗透在数字青年身体的每一个层面,相互交织。

第三节 锚定与延异

Sartre 曾区分了"我"的身体的三个"存在论向度":①"自为存在的"(being-in-itself)身体;②为他人存在的身体,被他人使用与认识;③我体验自己如同他人由我的身体而认识我。Sartre 认为,我对他人的预先认识,是从他人的身体开始的,进而通过其他方式,比如同情及其他预显了解到他人的心理状态。第三节继续探讨当数字青年在网络行动时，"他人"究竟意味着什么？喜欢上同一个偶像，可以迅速拉近粉丝们的距离：上一秒还是陌生人，确认身份后会拉着手大喊一声"姐妹"。而在"反黑"行动中，他们却可以大张旗鼓地进行猛烈斗争。

由于网络平台的互动性，网络平台上的各色功能会对人的每一个行为做出及时性的反馈，因而人与技术的关系变成实时性关系，人们很轻易地就能获得满足。比如，在游戏环境中，"玩家"的每一个行动都会触发游戏机制的回馈；在社交媒体中，轻轻"点赞"马上会变成具体的数值。这其实巩固了经验的因果连贯建构，"只要我在网络世界上做出某一行为，一定会有什么事情发生并留下相应的痕迹"。我们对网络社会的体验，便是通过这样的知觉，与它们的互动以及对它们的使用，依其固有的特色或者我们强加于其上的特色来进行。我们最简单的活动让我们知道自己处在网络的什么位置（初始条件），开始行动（开始），实现行动功能（中心部分），停止（结束），这让我们找到了一条合适的线性因果序列。比如，我在新浪微博上开始发一条微博，我输入文字，上传图片，点击发送。这是不会有任何意外发生的一条线性序列（除非网络出现任何让我们颇为不爽的故障），成为很自然的身体经验。因果关系的概念基于人对网络技术"直接操控"的原型，直接产生于网络社会中普遍存在的经验。

然而，与之形成强烈对比的，却是人和人之间的异时性，他人是在极大的不确定下与你进行交流和沟通——时间、空间、性别、身份、社会文化等。Schutz(1962)[133]认为自我理解他人的基础在于可接近性和相应感知/结对联想。可接近性指的是：①位于"我"的接触、听、看的范围内，或者"我"任意可以接触的领域；②他人的"那里"，可以成为"我"的"这里"；③具有自由变异的开放领域。但是，在网络社会，可接近性的第一点和第二点已经被消解了，他人并不位于我可以接触、听、看的范围内，而"我"不仅到不了他人的"那里"，甚至连"我"的"这里"也不再能够掌控。"我"在网络上有所举动后，并不确定什么样的人,会在什么样的时机,对"我"的举动做出什么样的反馈,并最终造成什么样的结果。这时,虽然血肉之躯似乎是一个永恒不变的基础,但是它被网络再现的各色裂变身体所掩盖了,造成人与人沟通的持续延异。这并不是说在传统的面对面沟通之中没有这种延异,在日常生活中,相互理解的核心特指面对面(face to face)。在这种情况下,自我的意识流与他人的意识流同步发生。当我们的意识发生之际,我们只是对自己有所知觉,而不可能拥有通过反省而发生的经验,因为反省与意识的发生之际永远不可能重合。也正如"自我不能在直视的同时又去直观着自身"(倪梁康,1994),人与人之间的相互理解需要彼此之间构成相似性,这种对于人之为人(humanness)以及与其自身躯体相关的"客观的"知识却已经被悬置。因此,移情理论要成立,就必然意味着原初领域之物全部暗含当下鲜活的身体(living body)。但是,他人的躯体是被"我"看到的,而"我"自己的身体则是被"我"经由内在知觉与运动感觉所感受到的,总是原初被给予的。这两个路径截然不同,而网络技术的中介无疑又增加了若干新的延异,延伸出了非常态的身体认知和身体实践。

"我"究竟坐落在哪里?我们已经无法简单地回答就坐落在自己身上了。正如前文所说,我们在网络社会并非仅使用一个平台,在一个平台身份外往往还有另一些平台身份,不停摇摆。而此中的隐身与显身的切换更是加剧了自我主体的裂变,甚至网络上的自我也可能变成一个他人。我们对自我的直视抑或对他人的审视都是交错纷杂的,无法有效地重合。就像我们在进行网络视讯时那样,由于摄像头无法直接位于沟通时视线的中点,当我们直视着屏幕上正在"面对面"进行沟通的他人的时候,对方感受到的却是你低垂的、错开的双眼。就像"杨超越杯编程大赛"中那些只是本着有趣而参加活动,却被攻击为"黑粉"的普通数字青年那样,朝向他们的目光看着他们却又看不到他们。

"我只能通过象征性符号了解他人的经验,无论是身体还是某些被制造出来的文化产物,都是这些经验的'表达领域'。"(Schutz,1967)[99]当网络技术看似越来越切合自己的身体时,他人却愈发异化,他人所展示出来的象征性符号有着太多的诠释维度和错位感。

"我"的身体,"我"能够加以控制,并通过它感知外在世界。这是还原他人的基础。当他人的身体通过我的预显而呈现时,根据相应感知与结对联想,"我"也被他人的经验所感知。这些前提在网络社会对身体的重新部署下,已经飘飘摇摇。"我"能够控制网络技术,但是"我"控制不了"我"的身体,而他人的身体也不再通过"我"的预显而呈现。只要按下 F5,"我"所感知的经验又被刷新了。如果技术仍按惯常的逻辑运转,而"我"不曾有问题,那么他人身体的显现,是需要修正的,"我"将他人显现为与"我"类似的、共存在"那里"的自我,以这种方式,成为另外一个个体在"我"的个体之中构成性的显现。他人的主体只是一个次一级的拟似主体的"我"。他人与"我"的基本现实是我们彼此所不能够接触的,我们共同生活的客观世界既非我的,也非他的。

这也就是说,在这种延异中,他人需要被锚定。数字青年们需要不断去巩固"对我有意义的每一件事物,对于他人来说也都同样是有意义的"。网络技术的设计本身在不断尝试用视觉线索(visual cues)来达成"共通认知"。前文已陈述过,在早期的计算机中介传播理论之中,大多数研究者已发现视觉线索在沟通情境中非常重要,缺乏视觉线索会带来负面效果。崔时英(2004)所提出的"共通认知"(common knowledge)更是给予网络情境中的沟通一个有力的应答。崔时英的疑问并不是从社交网站或网络技术出发的,他追问的是:政治性的典礼、节庆或仪式如何有助于统治者塑造其权威?为何啤酒、饮料、金融服务等商品的广告占据了美国超级杯球赛转播时段?在形形色色的政治、社会、经济现象中,要促成联结,都涉及协调问题,而共通认知让我们更加协调地进行集体行动。他也使用了社会网络来进行说明:社会网络显著地影响协调的能力。人际网络中的一个维度为友谊关系的"强""弱"程度。在网络联结度较弱的关系里,某人朋友的朋友,不见得为其本人的朋友。而在网络联结度较强的关系中,某人朋友的朋友,通常也是其本人的朋友。在以强联结为主的人际关系网络中,沟通及协调的行动似乎变得比较差,因为这种网络较为"错综复杂",且其间讯息传播的速度比较慢。然而,在实证研究中经常发现,较强的人际网络联结较有利于协调。对此,我们可以做以下的论述来解开此一谜团:即便较强的人际关系网络较不利于讯息传播,但是其对于产生共通认知是较为有利的,因为他的朋友们较有可能是彼此认识的,而他更有可能知道他的朋友们所知道的事情。综合而言,人作为社会性动物,往往会采用互相沟通的方式来协调问题。然而,单纯地接收讯息并不足以促使个体参与一项行动,因为每个人都想知道其他人是否也接收到同一讯息,这就是"共通认知"。这正如 Schutz 曾认为主体间性的可能性问题是可以置于日常生活中的:"通过我手头知识库对我同伴的身体行为以及表达性行为等的诠释,其行为是可以理解的,如此,我只是简单地接受他的意义行为的可能性。进而,我知道自己的行为也会相应地在他那里,被他诠释为有意义,并且'我知他知我知'。日常生活世界因此基本上就是主体间性的。"(Schutz & Luckman,1973)[16]

于是,通过视觉线索来构建具有共同目标、共同兴趣的社群尤为重要。这种共同性可以被简单而一致的集体行动所锚定,我们一同打卡,一同控评,一同刷榜。在网络上所呈现出的是一致的程序化行动,留在网络上的是没有其他诠释空间的同类符码。当我们的行为都像习以为常的因果序列链条中的网络机器一样时,便有了"我们"的感觉。同时,为了增加紧密感,我们一定会找到外面的敌人——"我们"为了变成"我们",一定要找到"他们"。在粉丝社群的操作中,便是一方面团结自己人把流量刷上去,另一方面把别人踩下去。在网络社会中,人们很容易将他人功能化,也就是倾向于锚定你对于我来说是一种什么功能,但是无法体会到你是跟我一样的人。

在这样的态势之下,网络行动的目标很容易被置换。在大多数网络行动中,行动要求的最大公约数被延迟了,最终往往变成"尽可能地保证行动不会解体"。正如在"杨超越杯编程大赛"中一样,虽然最初大家都本着在一个行动中互惠互利,尽可能地让网络技术为粉丝社群服务,然而随着行动的进行,各方参与者的想法和要求五花八门地浮现出来,行动目标被让渡为"只要能有个比较好的结果就好"。在探讨联结性行动时,设计一个包容性较大的口号是非常必要且重要的,而"我们是 99%"则隐藏了个体的差异,体现出了作为大多数人的集体感。这样的行动目标相较而言对于个体更具有"可译性",可以更为广泛地传播、分配和交换。

由于网络介于主体和他人之间,网络上的"换位"是难度很大的事情。如何保护人与人之间真实的联结?恐怕仍需呼吁人们重返身体,身体可能成为我们的一个出发点,因为如果我们真的能够体认自己的身体,体认他人的身体,我们至少会真正地再度建立主体间性,就是我是人,你也是人,我会痛,你也会痛,我的身体是脆弱的,你的身体也是脆弱的。这样人们才能在基本的意义上重新去认知他人,看到我们的身体携带着真实的欲望,而不是被建构的欲望。

第四节　网络具身行动的反思

这一反思并非错置(typo),因为这次的研究反思是真正用身体体验出来的,同时也是一次通过往回走来推进研究向前进的尝试。从身体的脉络来看,人一度从抽象的、超验的"灵魂",降落为具体的、物质性的"身体",而如今由于数字技术的出现而重新失效,又变成了虚拟的、数字的"化身"。在这个时间节点上,大多数关于网络行动的研究倾向用技术的方法来解决随技术的发展而产生的研究现象和研究问题,以抓取网络数据来了解网络行为,但若考虑数据的价值"是谁怎样生产"时,或许便有了重返人类学"田野"的必要性。只是,在网络社会中,"田野"已很难是一个有时空边界的实体场域,而是一片由"受访者"的身体牵扯出的范畴。

综合来看,"隐身与显身"是技术入身、"共做"实践和身体交错三层理论框架外的一个有趣发现。"控制与创造"的发现则进一步校正了"技术入身"中的"对象-动作模式",让我们看到了"入身"底层架构的后续,那就是将接口的隐喻设计和行动者的话语隐喻结合在一起,成为"活隐喻",继而构成了意义的再创造。借用第三章"技术入身"的相关论述来解释的话,用"数据""流量"来表达的身体行为结果被解释成身体自身的成就,而这种成就在数字青年的眼中越来越被视为一场场战争的胜利。这在某种程度上扭曲了"传播"的本意。而"锚定与延异"这一矛盾中的焦虑欲望,似乎又在敦促着重新发现共情传播的可能,实现真正的"身体交错"而非"错置"。

数字青年的网络行动和之前的社会各阶层的网络行动有较大的区别,容易从"抗争"滑向"战争",存在或创造一个外部敌人更容易让大家联合起来,这也是在"共做"实践的框架中一度未曾纳入的。虽然与类似的他者一起做一些事情可以增强群体的凝聚力,但塑造一个可能存在的共同敌人是更为有效的"共做"手段。在网络行动中,他们一方面会更多地利用各种媒介手段来进行具有娱乐性和创意性的要求传达,另一方面为了避免行动在流变过程中的损耗,又会倾向利用统一的标识或统一的口号来推动行动的继续。由此,网络行动得以开展的关键,在于通过技术身体对异质元素的持续综合,让具体与抽象运动相互持续转换、衔接,彼此截断、插入,从而调动现象身体,让行动在现象场中得以实现。

此外,在分析框架中,我所构建出的"技术入身"在"田野"调查中更加鲜明地体现为"平台身体",行动主体和技术是一起行动的共生关系,他们和"上手"的网络平台像磁石一般相互吸引,一方面行动方式易于被平台算法或平台机制所影响,另一方面他们又会积极地、能动地使用/改造各种技术来为行动的目标服务。这就好似"庖丁解牛",庖丁经由其厨艺实践,把个人的身体化为可供操持的对象,将对自然肉体运作的关注转向落实于网络上的符号运动，不断地从"身体-网络"相互匹配和相互作用的现象身体中，开拓一种具有行动力量的流变空间。也在专注于行动之中，把主体身体外在之物或之人转变为一种非肉身(incorporeal)的对象，依靠"共做"实践或形塑共同敌人来强化行动的流变空间。在此之中，行动主体的技术身体本着持续优化(optimization)的趋势，随着内在抽象运动的路径，逐步超越了惯习身体与身体图式的固有边界，成为一种尝试、挪用或转化既有(as given)之物/人的暂时性状态，直到下一次行动时又再次优化、突破。正是在这种通过对行动技巧的熟稔、与技术物质的亲密、与他人的身体交错所形成的主客难解难分的感知状态中，身体逃逸出了实体性的框限，成为交融多种力量的场所。由此看来，一个个涉身参与网络行动的身体主体很难说是同一(identity)理念下的实体想象，"自我"在行动的时空、持续延展的技术场域和碰撞的他者之中，成为处于生成过程中的切片，被某种内在的潜势推进，朝向意义创生的原初状态。我们可以确切地说，这是一种另类行动主体的想象，曾经的单数(singular)第一人称主体随着外在的一系列动作/碰撞而持续重新启动，与社会文化之意识形态若即若离，开展为一种无人称状态，直到回望时才一点点地重新锚定自身，诱发出独特自我的转化活动。

由于能够自如地切换隐身与显身，数字青年在网络行动中是主体尚未成形的隐遁样态，呼应了理论框架中的"身体交错"。交错的身体恰似在庖丁"技进乎道"的自我享用中，得到了一种非确定性的安置。这种主体的行程不再简单地框限在认同/同一的想象之中，而只能通过技术-接口操作的精进，重新生成对自我、他者和世界的思考。此中有依感觉逻辑运作的身体思维，还有享受或抵触技术入身的延展性主体。至此，网络行动中的数字青年不是失重的、消极的虚无身体，而是在"身体-技术"相互配对的过程之中，经由自我技术而衍生出超越传统的身体感知，在"共做"的过程之中持续进行自我更新、优化的积极创造。这是一种动态的主体化过程，由混杂了感觉、话语、技术、建制化意识形态的身体样态来承载。

这种主体自我生产、转化的状态,恰是一种身体性主体部署的过程。它不再汲汲营营地确认一个恒定、同一的自我,也不再指向一个恒定的存有结构,而是在无尽延绵的身体运动中,将身体转化成力量施为的场域,也经由其效应所遗留于网络的痕迹,得到一种不可见之在场的存在明证性。主体知道,"我"就在这众生之中,"我"最大限度发挥着个体独特性、异于他人的技能,为群体实践的"同"提供了形塑动能。

在这一自我技术启动而转化自身的过程中,交错的身体通过每一个瞬间的策略性思考,进入与技术、与物质、与世界交缠的生发状态,超脱了主体存有结构内部的自为运动。于是,网络行动中的身体流变为一种永远处于中间(in-between)的存在模态,身体的知觉、意识、情感、动机等整个心理结构的改变,也造成了自我主体样态的滑动,甚至启动了整个世界图式的改变。数字青年的行动力和组织力不同于与网络习惯断裂的群体,他们会以网络世界来设想现实世界,这才是网络社会得以建构的真正意义。因而,现实生活中有了更多的斜杠青年,他们有更多的身份,恰如他们在网络游戏或社交媒体中注册了多个小号;他们在职业生涯中更习惯云端型的组织,为了一项任务一起做,完成了就散掉,而不像之前的世代,认为真实世界的逻辑是需要在一个点深挖以求获得更多的红利。于是,数字青年日常生活中的种种网络行动体现了其自为的意味,继而启动了运动状态中的身体所对应的外在环境的改变,至此完成了"人-技术-世界"的回环。

第五节　小　结

第五章结合"田野"调查而进行理论探讨,主要从"隐身与显身""控制与创造""锚定与延异"来归纳、梳理及提升经验研究的含义,将网络社会的身体部署视为一个持续进行二元调校的过程,丰富、校正、深化了之前提出的分析框架。经验材料确实向我们揭示出数字青年"身体三"的状态,这个身体既是建构的身体，又是知觉现象的身体。它无法完全还原到肉身，也没有办法还原到技术。人们偶尔的极端愿望——想要消解技术或想要消解肉身，往往是由心理事实出发，是一种充满断裂感和不连续感的"失认症"。

在研究网络具身行动时，我也不免想象那些已逝的媒介研究大师会如何来看待今日的现象。譬如，数字网络消除肉身的理解很类似于 Kittler 对于打字机的理解："在标准化的文本中，纸与身体，书写与灵魂彼此分立。打字机并不存储个体；打字机的字母（letter）在被完全字母化（alphabetized）的读者随即幻想为意义之外，无法传递其他任何东西。"（Kittler, 1986）[13-14] 在 Kittler 看来，传统的书写方式可以通过"笔迹"这一"个性化"的形式在一定程度上间接地、替代性地"存储"书写者的个体性、身体性。与此截然相反，打字机的"标准化"稿件在任何意义上都无法记录（或暗示）任何超出固定的 26 个字母的任何信息。打字机使"书写"这一行为在历史上第一次脱离了人类的"身体"，而由非人的机器承担。有趣的是，网络本身并非一味地如同打字机一样意图将人"标准化"，它鼓励人们更多地体现出自己的个性特征（头像、昵称、个性化内容等），但对于其中某些行为又进行了标准化的设定——比如用点赞来统一表示赞同的意见，点击签到打卡代表一次"到此一游"，统一格式的昵称和风格类似的头像更是代表身处某个社群之中的身份标志。行动主体可以任意地在个体身体与集体身体之间进行切换，时而隐身，时而显身。在此，身体必须首先放弃自身的"物质性"，而成为一种完全"透明"的、没有任何"延迟"的信息"通道"，才能确保网络行动"普遍"的可译性。因而，与其说是网络技术彻底消除了人的肉身可见性，不如说行动主体会根据自身的需要来选择性地消除肉身可见性。而他们消除自身的方式，又有可能成为某一个特定群体的集体特征。正如 Shannon 在"信息理论"中认为"通信"（传播、交流）的问题其实并不涉及"意义"，缺失"意义"的简单的复制粘贴并非体现行动主体化为"机器人"的机械性或非人性的一个缺陷，而是准确地反映了网络社会中的行动观念：是"我"，又不是"我"，正是一种最低限度所指。

更有趣的是，Kittler（1986）认为打字机既不像电影那样制造任何想象，又不能像声音录制那样模拟实在。然而，正因为如此，打字机颠覆了文学的物质基础。在数字青年的网络行动中，我们看到网络颠倒了集体行动的性别，那就是在中国传统社会中较少参与集体行动的女性在网络社会中有了更多的行动可能性。尽管外界的声音往往倾向批判"饭圈"粉丝——尤其是女性粉丝——在网络行动中的过激情绪及相应的模式化的行动模式，但她们在一致性的行动中所找到情感支持和行动意义是无法抹去的。这些自我生成的意义也许并不会像女性主义所标榜的经典理念那么宏大，却成为日常生活中的自我抵抗，抵抗那个默默无闻的自己，抵抗那个找不到知心同伴的自己，抵抗那些不会闪闪发光的时刻。更进一步说，女性粉丝在微博上的集结，甚至改变了微博的舆论生态，女性粉丝在微博用户中更为活跃。受访者"塔塔"在访谈中曾告诉我，她觉得微博很多社会政治议题中有了更多女性主义的声音，这可能是由于微博越来越被"饭圈"所主导。我也认同她这样的一个观察，女性粉丝会在打卡追星之外接触其他更多的社会议题，会表达出自己的看法和意见，这使得我们能在"me too"运动中看到她们对"弦子与她的朋友们"的支持，看到她们以"饭圈"轮博①的方式来声援被性侵的女生、制造热搜，看到她们支持举报恋童癖的豆瓣网友，看到她们对性别歧视的激烈辩论……虽然这种极具行动力的社会参与有时也会被诟病为"中华田园女权"，因为论战中的双方仍以一种"党同伐异"的行动模式在进行社会参与，男女双方更容易不假思索地、条件反射地相互攻击，但我们确确实实重新看到了青年女性在网络上的集结。

数字青年在网络上形成了若干因共同兴趣而集结成的社会聚合体，它提醒我们重新重视"日常身体"在网络社会的意义，而将具身性纳入研究方

---

① 指轮流转发微博，提高偶像微博转发量和评论量的做法。

法是能重拾这一意义的。数字青年眼中的真实社会因缺失了"在一起"（togetherness）的感觉和意义而变得无趣、无聊，但网络世界在创造意义。在 20 世纪早期群体传播的研究中，Trotter（1917）一度提出日常群体行为中无关痛痒的问候性交谈（conversation of greeting）其实是知识共享的必要环节，因为它让交谈双方找到了是否志同道合的线索，但他的这一看法并未成为研究的主流，恐怕直到"日常生活"重新回到传播研究的视野之中，确认"日常性"（everydayness）构成了一种潜意识或无意识的沟通状态。在本研究中，数字青年们在"娱乐"和"闲聊"中形成了重复互动，其中有丰富的社交线索、自我揭露和情感交换，这对于发展信任、产生更多的人际互动是非常重要的，也正是基于此，线上-线下生活交融在一起，网络人际关系不应被视为"匿名性"的失序关系，网络社会中的身体不应被视为被取消的"虚拟身体"。

对数字青年的观察让我们看到了网络社会的社群形态如何得以超越个人-集体、线上-线下、虚-实这种种二元对立。Maffesoli（1996）[2] 用"新部落"（neo-tribe）来形容从邻里、朋友网络到网络聊天室等各色群体所表现的社会关系，在此基础上得以形成共感共应、美学、情感、消费以及社群的后现代社会，而非一味重视理性、个人和生产的现代性。Corlett（1989）也提出具有后现代特色的"无中心目标社群"（community without unity）的概念。在这样的社群中，成员互相服务而不存在宰制关系，只因每个人均视自己的服务（如送礼）之原意乃是免费而自发，并且每个人的举止行为也乐于被社群的实践（practice）所影响。最重要的是，个人为社群的实践（"同"）而不断提供个人异于他人的技能（"异"），使得个人独特性得到最大限度的发挥。数字青年在网络行动中所强调各异性的展演和互惠、一种目标性的屈服和无目标性的合群、一种情感上的共感共应都呼应了"新部落"和"无中心目标社群"这些概念中所展现的新维度。而具身角度的切入有力地揭示出了这些发现。

　　具身理论本是较为抽象的上层哲思引导,也较为集中于技术哲学、人类学、心理学、史学等"有形身体"的领域,在其进入传播学领域、切入具体的社会现象后,究竟能点亮何种光景？ 本书只是一个起步的尝试,供后续的研究参考与指正。"田野"调查中"身体速写"给我的养分,让我能看到那些无法被符号再现和数据抓取技巧所捕捉的"意义",观察对象的身体和话语都展现出他们"身在圈内"的"经验"。数字青年作为个体,在日常生活中逐步进行网络实践,"他们在某些重大事件中表现出主流意识形态的驯化和与资本力量的合谋,但在绝大多数话语生产中,他们自我设限为边缘的消费、日常生活场域"(朱丽丽,2016)[108],然而这股源自网络空间的弹性力量终将渗入公众世界。

第六章　无法完全还原的概念

> 庖丁为文惠君解牛,手之所触,肩之所倚,足之所履,膝之所
> 踦,砉然向然,奏刀騞然,莫不中音。
>
> ——《庖丁解牛·庄周》

自 2016 年决定开始写这个题目之时,我并没有预期到"具身"会成为传播学领域的一个新的"增长点",这既说明传播学领域的研究者开始反思一度占据主导地位的"科学地测量传播内容对个体与群体心理和行为的影响"的研究范式,又使得具身传播面临着沦为一种"学术时尚"而存在去脉络、去问题意识的危险。如果仅仅是对网络身体再现进行持续批判,恐怕会跑偏或耗费尽具身的思考潜能。无论如何,将具身性视为突破口对于传播学领域而言是有重大意义的,刘海龙和束开荣(2019)[80-89]通过梳理理论发现,具身性作为概念资源可以为我们反思既有传播效果研究的经验逻辑,修补网络传播的学理困境提供论述空间。也就是说,理解传播研究中的具身性,至少也是两个维度上的:其一,肯定身体在信息流动与接受过程中的物质论地位。具身立场对刺激-反应这一行为主义逻辑的反思和颠覆,可以进一步延展到新传媒技术及其身体实践的检视,以此在一定程度上突破彻底"去身体化"的技术神话,具身性的传播实践可以为我们思考那些被技术所包裹的传播与身体叙事另辟蹊径,借此平衡离身观念的话语霸权。其二,承认身体观

念在意义生产与维系中的基础作用。我们对基本范畴的划分、概念系统的搭建以及主观经验的言说，多数是具身的，只不过它们中的绝大部分早已沉淀并被一系列符码、话语自然化了，因此才被当作文化建构的产物来认识和理解。

将具身立场引入传播研究有助于后者更有效地与其他学科领域围绕传播与身体问题的研究展开对话，借此拓宽传播研究的视野。诚然，从目前来看，具身性主要还是一个跨学科概念，在第二章梳理身体相关研究时也不难看出，因学者的背景主要集中在人类学、文学、史学、宗教学等领域，所以身体的相关研究也不见传播学的踪影，如何将其逻辑纳入传播研究是本研究着重探究的问题。本书至少完成了通过经验资料去探究如何将"具身性"相关概念资源进行互动和整合，使得传播与身体研究的论述在拥有一些共识的基础上变得更加多元，以此进一步开拓传播研究的想象力。我探讨网络社会的身体部署，是在着重考虑从理论上层往下走去做中层的传播研究，这正是为了使我们能够真切地重新回到"现象"的层面，不同于对网络身体再现等议题的泛泛之论，而是反思由"数字技术革命"所造成的一系列极为迫切的理论与现实问题。正如第一章所述，网络通信技术及信息管理/流通技术构成了基础建设，网络社会具有再生产和体制化的特色，而当下最鲜明、最活跃的一个症候现象是数字青年的网络行动，这些现象挑战了"惰性身体""懒人行动主义"的宣称。同时，由于"具身"庞杂与繁复，本书不可能对其进行全面讨论，于是我选择了"网络行动"这一视角作为本书的主要切入点。"网络行动"这一研究范畴在理论和现实中都提出了一些待解的难题。接下来，我再对本研究中已完成及未尽的一些内容进行梳理和总结。

第一节　作为行动主体的"数字青年"

由于网络技术联结万物、去疆域化的特质，在具身性研究（或许也是所有新媒体研究)之中往往会面临概念化、命名上的难点问题。本书中的"数字青年"，事实上可以被视为一些较为积极的"数字行动者"，但我仍然决定使用"数字青年"，主要是为了同时呈现出当下行动者之技术具身在物质性和行动风格上的特质；目前，大多数"数字行动者"主要是与数字技术一起成长的青少年；与此同时，在网络行动进行过程中，大多数行动者会习得、生成与技术一起行动的积极风格。

数字青年很好捕捉，却又很难捕捉。在传统针对社会人口的社会科学研究中，一般会对人进行年龄的划定，例如儿童、青少年、中年或老年。我在最初做数字青年的研究时，也在思考是否需要给研究对象一个年龄的划分，像数字原住民一般以出生年代来界定，或以具体的年龄阶段来界定。但当我重新开始从"技术性-社会性"视角来思考研究对象时，发现数字青年恐怕不是一个能用变量来定义的本质主义的存在，而更多地需要从现象层面捕捉他们对数字技术对自我价值的意义，会通过和技术一起进行多元而丰富的行动，来调整、修正和创造情境。于是，虽然我自己熟悉的是15～18岁的数字青年，他们的行动力和表现力非常强烈地凸显在我眼前，令我一度很纠结要怎样"选择"我的研究对象，但我想，不如就暂时搁置这个问题，先进入现象里去看看吧。

有趣的是，当我带着疑惑不安的心情进入"田野"时，有一位我计划要跟随的行动主体这样问我："简单介绍下，我35岁，公务员，男性，体重200斤，符合你采访的样本吗？"这确实让我很惊讶，因为在前期网络沟通中，我一直以为该受访者是女性，可能是他的昵称和头像影响了我的判断。也有一位受访者笑着驳斥我说："'二师兄'的年龄也没有很大吧，他在手机游戏中还充了几万元钱，他不是数字青年吗？"正是和受访对象的这些交流让我看到了"数字青年"这个概念的内在力量，它突破了之前大多数研究的条条框框，却更多地让现象、行为、文化成为一种界定方式，更加动态地进行一种"超域"的观察，因为本身数字青年也是"超域"的。在本书中，"数字青年"呈现出了"超域性"的特点,不仅包括那些日常生活中已经与数字技术保持亲密关系的青年,还囊括了那些在网络行动中认为"我与技术一起行动"的人。人和人、技术和技术在行动中碰撞,有人在网络行动中变成数字青年,将那些被视为娱乐休闲的活动领域的资源带入了他的正职工作。

但是,这并不是说年龄或性别等人口变量完全没有意义,在"田野"调查中,我发现这些变量变成一种用于锚定"自我"和"他者"的符码。比如,"自我"的理性的特质是与"那些年轻的小女生"进行对比后凸显出来的,而且"他者"的年龄或性别为何也更多是一种假设或想象,而非一种确认。所以,人口变量(如"性别")的意义成为一种动态的划界,而非一种固定的本质。这种特质并不像在线下生活中一样是普遍可见、普遍存在的,而是在网络交往沟通的碰撞过程中才会浮现的。

"数字青年"所拥有的是一种进行时状态,有很多值得传播学研究者去关注的现象。他们的媒介素养和网络技能应该被视为一项社会技能,往往是在一个较大社群中的互动方式,而不应仅被简单地视为个人表达的技巧。数字青年在日常的网络使用中积极地与传播技术一起实时参与行动,让技术扮演了比行动组织更为积极的角色,快速扩散个人故事和个人表达。要透视这一现象特征,需要探讨当下网络行动中的物质性和主体性的关系,以关系论而非决定论的方式来探讨人与技术的关系、人与自我的关系,以及人与他人的关系。

在本书所概述的种种现象中,我们能看到数字青年往往是在日常生活中通过"社会习得"主动学习和使用网络技术,在很多情况下会根据自己的经验或常识形成对媒介运作、媒介效果和功能、媒介内容和受众的关系等各方面的感知,构成他们常识性的"知识库"(经验结构)。这种日常生活交织着教育、商业和政治的维度,此种混杂性使得数字青年无法仅被视为玩物丧志、亟待拯救的网瘾少年,或是商业发展中作为消费主力的年轻用户。是否能真正理解数字青年,是对于有可能变为"落伍的局外人"的研究者的一个极大挑战，抱持同理心进行观察、厚描和理解是需要勇气和技巧的。

当然，需要承认的是，受限于研究者的时间和精力，本书暂时搁置了网络社会中并非均匀分布的技术时空，只集中精力为较为典型的数字青年进行画像，受访者"塔塔"也曾表示她在"饭圈"内并未太感受到阶级的差异和城乡的差异，因为"活得还不错的人才会有时间、精力参与进来"。技术发展的时空差异会形塑出不同风格的数字青年。在我国，互联网其实有着多样的面孔，至少有"两张网"：一线城市是手机、iPad、计算机、Wi-Fi 几乎无处不在，4G 网络充分覆盖；二、三线城市的网络基本建设条件则明显弱很多，手机是主要的网络介入装置，而且移动通信网络所提供的那些与平台绑定的流量包，具有非常强大的引流效果，它会使得人们更多地去使用"包流量"的网络平台。这就意味着，就中国乃至全球而言，因为信息沟通技术在不同地域的发展阶段的不同，数字青年的网络世界体现出两个基本割裂的状态。二、三线城市当然也有数字青年，他们打游戏，刷抖音，形成跨越地域空间的小社群，但他们的具身行动逻辑和模式恐怕是另一番面貌。残酷的现实是，二、三线城市的数字青年，恐怕才是高度依赖于互联网的，因为他们的娱乐更加单调和趋同，并且容易产生重度网瘾。之后若有机会，我非常想再次涉身进入二、三线城市"数字青年"具身行动的场域。

第二节　究竟谁具有先验性？

区别于从社会文化角度切入数字青年的研究，我选择"数字青年"，是希望通过观察他们，着重讨论技术在社会动态进程中如何被数字青年使用，以及他们如何通过不同的技术使用实践活动来建构出主体的想象。在此，人和技术之间是一种双向建构的共生关系。在技术现象学的脉络中重新思考技术与群体之间的关系，一方面是不将数字青年视为一个无差异的群体，另一方面技术也不再被视为一个具有决定性作用的元素。网络平台提供了数字青年与其传播行动相关的情境,同时,这一情境的可供性又促成了他们网络传播行为的生成。我发现,虽然网络技术的设计者们提供了平台或工具,但在实际使用中,使用者们会共同建构他们使用工具的方式,而这种方式是设计者们始料未及的。因而,"数字青年"应被视为和其他用户一同创造数字世界的主动用户,他们被这一共同创造的网络文化影响的同时又影响着网络文化的发展。

当网络技术的发展构成了人们身在其中的日常环境时,技术便无法被切割为一个负面的批判对象,而应该重新定义网络社会中人与技术的关系。其中有一个辩论已久的问题,则是身体或技术谁的先验性更为先?Merleau-Ponty 也面对"不可能有完全的还原"的现象学极限,但他选择以"身体"作为一个最初的起点。譬如,在他的论述中,艺术的创作是通过"寻例开示"的方法,对于运作意向所构成的"模糊、混沌、莫名",且无始无终的知觉加以聚焦,进行一种艺术表达的还原。也正因为如此,当多样态的媒介介入静观的存在结构与积极的生存表达交错之际,我们才得以经由抽象运动的投射,自为地创造一个相似的空间,从而获取一个完形的感知,说明现实生活中的许多"非自然"的知觉经验。同样是针对这一问题,Kittler 通过对"蜡版"和"电影"两个媒介的知识考古,试图思考"媒介"与"人"的关系,他认为"在媒介提供了模型与隐喻之前,我们对自身的感官一无所知"(Kittler,2009)[34]。也就是说,如果没有"蜡版"这一媒介技术在前,古希腊的哲学家们根本无从构想"灵魂"这一概念;如果没有"电影"这一视觉性的"技术媒介"在 19 世纪末的发明和普及,在科学话语与日常生活中,也绝不可能出现一种显然是完全源于"电影"的媒介形式的"濒死体验"。Kittler(2009)[35]还进一步指出,在这两个例子中并不存在任何"必然性"或"决定论",因为"……采取某种技术媒介作为想象'人类'或'灵魂'的模型与隐喻的历史倾向,正如我所例示,是完全偶然的"。虽然这具有偶然性,但Kittler 仍在反复强调"历史-技术先验性",因为无论在任何历史时期(古希腊或是今天的数字时代），都必须先存在某种"媒介技术"，才可能出现诸如"人"或"灵魂"等与媒介技术相对应的衍生概念。也就是说，当我选择和Merleau-Ponty 及 Kittler 进行对话，并将他们置于"身体"一端和"技术"一端，这一场喋喋不休的争论恰是因为两人均执着于唯一的、可还原的"先验性"。

　　无论是 Merleau-Ponty 还是 Kittler，在追寻一维的先验性时，都搁置了过程中的动态多义性。在不同的文化社会中，虽然没有"蜡版"，但也可能产生类似的关于灵魂的理解。因而，先验性恐怕并非绝对的，而是在一定条件下的可能。我不再想要进行一个身体或技术先验性的探讨，在回溯历史中去研究究竟是身体感知决定了技术的发展，还是技术为身体提供了模型与隐喻，而是想探讨人、技术以及他人在交往沟通这一过程中的相互交织。换句话说，与其执着于一个静态的点，不如观察一条动态的线。我们无妨经由Ihde 的揭示，返回 Merleau-Ponty 对于接口感知的思考。Ihde 认为在科技环境中，知觉身体不再进行自发的组构，却依然进行对于整体结构意义的想象，经由"接口"与"界面"交互侵扰之差异共构，自然知觉开始被截断、扭转、变异，甚至重新脉络化，并于其间诱发出一种既相异又趋同的样态。网络中介的身体成为数字青年意义身体中不可分割的一部分，它们一起构成了一种最初的情境和后人类的决定性特征。

　　在技术入身、"共做"实践和身体交错的分析框架下，我带着研究问题进入"田野"研究中，看到了冲在追星前线的激进身体、在游戏虚拟世界中联合协作的玩家身体、手机和充电宝不离手的短视频创作者，以及在"杨超越杯编程大赛"的网络行动中种种自带平台属性的粉丝身体。在网络具身行动中，热点生成和传播时的随机社交网络有利于将话题传播到更大的网络中，但是行为若要延续下去、维系下去，则需要越多有切身关联的个体来互相强化认知。如果受到那些拒绝接受新行为或新提议继而沉默的群体的影响，个体容易孤立无援，进而放弃原来践行的行为。在有一定社交关联的前提下，相对于社群内的合作或个体间的竞争，社群间的竞争（往往体现在不同的行动风格上）更能促进成员坚持长期付出的需求及行为。

在这一既将网络行动视为技术的又视为具身的研究过程中，我进一步发现了网络社会的身体部署中非常重要的几个维度：一是显身与隐身，二是控制与创造，三是锚定与延异。网络行动被视为一个持续通过技术身体对异质元素进行综合的过程，丰富、校正、深化了之前提出的分析框架，让行动在现象场中得以实现。

第三节　带出"田野"的身体

第三个研究意义是关于具身性纳入方法的可能。本书一度卡顿于研究方法之处，这也是很多传播学者需要将抽象哲思纳入具体经验研究时令人头疼的问题，具身传播研究到底应该采用何种具体的研究方法？而我最终所采用的以"身体速写"为主的调查法是一个可能的答案，或者至少是一个可以"倒逼"研究者在当下去切身接触研究对象的方法。

首先，本研究的"田野"是由研究对象的身体带出来的，并且大部分的侧重点放在了实体的空间之中。对于日常媒介实践中的研究对象（"Tuling""梅子""阿K""奇宗"），我关注的是他们的日常状态，这是一种均值/常态。如果说人类学者往往被要求在"田野"中待一年以上，这种"田野"时间是由四季的转变而来，那么对于日常的媒介实践，其时空并没有那么明显的节奏感，更多的是日复一日的线上线下融成日常的均值体验。而"杨超越杯编程大赛"这一个案，是一个进行时的运动状态，这个"田野"有着限定的时空。该个案在网络上的活动进程有较为明确的时间线索，但参与者个体的时空是各异的，需要经由他们的"身体"带出来，经由相关的速写最终拼贴出一幅更具细节的图景。

正如前文所指出的，研究网络行动，采取数据捕捉还是具身性的研究方法，实质上是基于完全不同的认识论，也就是网络行动的意义是它呈现于网络上的整体结构、过程和目标，还是其中鲜活的参与者的意义生成。何谓有意义的行为？确实，数字足迹的捕捉可以从宏观层面告诉我们到底发生了什么事，但不一定能告诉我们为什么会发生。而在网络集体行动中，数字足迹更容易捕捉到行动主体的"同"，却难以碰触到个体的"异"。因此，用"身体速写"的研究方法我们也许可以让行动主体重新在场，虽是"速写"却是"厚描"，结合网络足迹、参与观察和深度访谈，去抓住现象背后的社会脉络。更重要的是，当下的网络现实也在促成这一认识论和方法论上的转变。比如，在粉丝的网络行动中，他们会非常疯狂地使用话题符号"＃"，而"＃"的使用并不意味着内容主题的集结，或者是一个有效传递诉求的内容联结。使用何种"＃"取决于偶像明星近期的代言或者热门活动，为了增加这一话题的热度和可见度，因而无论是和原帖微博内容相关还是不相关，粉丝都会程序式地将这些"＃"作为回复。另外，在微博中也可能会抓取到大量的"日行一善"或"正能量"，这也是意义的逃逸。行动的功能性和组织性要远远大于话语的字面意思，或者说，此时信息是没有任何意义的，它只是一个透明的通道，需要穿过它去看到藏在信息后面的活生生的群体。本研究正是因为采用了"身体速写"的研究方法进路，将具身体验的直觉性和文化意义的多重性综合起来，令那些在网络社会中极具行动力的数字青年得以通过具体形象和翔实细节跃然纸上。

另外，采用这一研究方法也意味着研究者的在场。在大多数传播学的实证研究中，研究者往往扮演一个客观且中立的角色，与受访者的距离很远，更倾向一个自上而下的统揽视角。而有血有肉的"我"从来不在研究中出现，研究者通过隐身来行使这一角色在研究和论述中的理性功能。或者以"笔者"来自我指涉，使得自己成为一个静坐书斋的书写者，摈弃了研究行动的其他可能性和多样性。我无法确保自己在此研究中已经彻底摆脱了这样一个研究者理想形象的桎梏，但努力尝试让自己在场，去参与、跟踪及倾听。我并不像粉丝一样具有强烈的情感动力和强大的行动力,也习惯于在网络社会中隐身,未曾沉溺于任何平台,未曾倾心于某个社群,可以说就是一个"社交恐惧症患者"。这样的我去做网络具身行动的研究,其实需要很努力地跳出自己的安全区域。抱持着同理心,我或许能逐步理解自己所接触的那些数字青年,并将我这"只取一瓢"的理解呈于纸上。因而,这份研究也是具身的,它若有局限性,那便一定是源自我自身的特性和立足点。

在现有的网络空间里,能持续跟随一次网络行动尚存在一定的困难,遇见一次大型网络行动的机会也很难得。在写完前三章并进行完开题答辩后,我一度陷入了绝望,以为自己等不到研究的契机了。最后,我终于等到了"杨超越杯编程大赛"作为本次研究的主要案例,它可能不是一次"最理想的"(如果有的话)研究案例,但它是完整的,让我有可能看到网络社会中数字青年们的身体如何部署。同时,隐身和显身的切换习惯也让"身体速写"研究方法的实施变得越来越困难。如今,大多数进行网络研究的研究者都习惯于"虚拟民族志",但经由网络的访谈难以速写出身体,较难观察到行动者的表情和肢体语言,往往只能看到身体的再现,或者经由多重掩饰而呈现的留白。在我这次研究过程中,不乏"隐身者",那些拒绝面对面接触、拒绝参与研究的行动者,甚至都不需要对我说声"不",他们只需要沉默,我便无法碰触到他们。也有人向我建议,"你在群里把要问的问题提出来就好了,我们来回答"。这也是为何在"杨超越杯编程大赛"中,女性受访者更少,因为她们的身体确实更为敏感。数字青年们希望安全地身处在群体之中,选择性地显身,习惯性地隐身。我以绘图展现身体的具身性,像是一种"强迫症"般的逆流而上,让研究对象"显身"于我的研究中,并经由我的研究被其他读者看到。在网络社会中,"身体速写"对研究者和潜在研究对象都提出了极大的挑战,这种种难度恰好也点出了这一研究方法的意义。

第四节　如何做传播研究？

当社会科学研究遭遇互联网之后，传播学一跃成为社会科学中的"显学"，新媒体研究在学术话语和学术体制中逐渐占据主要地位。新的媒介技术给传播学带来了新的生命力，得以融合或超越传统的大众传播和人际传播。在这一学术发展进程中，研究者们较容易被先进技术的光环所迷惑，仅研究技术媒介本身，而忽视人如何因地制宜、因时而动地使用技术。本研究提出"网络具身行动"的概念框架和经验资料，一是希望在更开阔的平台上思考传播问题，而不是局限于大众传播和人际传播的传统；二是希望恢复传播物质性的传统，将其与侧重观念、精神和符号交流基础的传统同等看待。具体而言，"可供性""具身性""身体部署"等概念带来的关系性视角，是有助于去中心化的、去二元论的，将"技术"去遮蔽化有助于理解"人"，将"人"去本质化有助于理解"技术"。这是做传播学研究的一种方式，邀请研究者躬身入局。

就传播教育而言，其本质是如何与青年人一起做传播研究。新技术、新现象、新文化层出不穷，数字青年的模样和情况会持续刷新，这确实给教育者提出了极大的挑战。在我国媒介素养的研究领域中，往往较为重视通过自上而下的教育来引导受众以建立理想的媒体社会，将课堂教育视为主要的领域。但是，媒介素养并非仅教导公众理解媒介信息的生产，更强调如何使受众成为具有行动能力的"积极贡献者"（陆晔和郭中实，2007）。在本书中，我们可以看到，青年网民在日常网络使用中如何积极地与传播技术一起参与行动，如何让技术扮演了比传统组织更为积极的角色，快速扩散个人故事和个人表达。青年人更多地通过参与式"社会习得"来主动学习和使用媒介，在很多情况下会根据自己的经验或常识形成对媒介运作、媒介效果和功能、媒介内容和受众的关系等各方面的感知，构成他们潜移默化的常识体系。教育者恐怕也需要通过切身实践来弥补代际鸿沟,更多地重视青年网民的行动能力和参与式实践,肯定他们在进行文化消费和社交休闲时所投入的大量的情感劳动。教育者亦是实践者,应积极介入青少年的数字媒介日常生活之中,深入观察和研究他们的"具身经验结构"。

本书以技术现象学为基础,提出以身体作为认知起点的分析脉络,回到行动者与技术的具身关系,为理解数字青年网络行动的形成提供双向辩证的关系论新视角。青少年的身体危机让我看到数字媒介环境下身体的复杂性,促使我在技术现象学的脉络中重新思考技术与群体之间的关系,一方面是不将数字青年视为一个无差异的群体,另一方面技术不再被视为一个具有决定性作用的元素。本书认为,只有从身体出发,才能捕捉到个体主动操控技术、改造环境的经验。同时,技术环境不再是外在于个体的刺激物,也不是让身体消散的决定性力量,而是与数字青年的身体融合在一起,使之成为网络行动浮现的充分条件。在这个研究之中,我希望读者们能看到,身体实践的意义在于它不能被还原成只外在于身体行为的分离符号。在关系性的、结构性的总体框架(身体部署)之中,我们持续追问身体如何作为数字青年在网络社会行动的物质基础,并在这个基础之上反思技术与性别、娱乐、政治、国家等其他脉络之间的复杂关系。数字青年网络行动中有很多新兴的萌芽现象,蕴含着新的社会动员、社会组织与政治传播方式。如果我们见微知著,多对这类萌芽现象加以研究,必将加深对未来社会行动和政治传播的理解与预测。

任何研究其实都是以一个逗号来作为结尾的,我深知它的不完美。虽然每位研究者在拟想选题的最初都希望能画下一个句号,但无法被完全还原的种种仍将一直存在于世,亟待更多研究的跟进和深化。比如,可继续以主体与技术互动中的"身体感"作为切入的侧重点,去捕捉网络社会的青少年主动操控技术、改造环境的经验,并更好地理解背后更大的科技社会、政治经济、跨文化沟通的科技全球化。不同的技术对应不同的感知铭刻

(sensory-inscribed)，对应不同的具身实践。未来的研究可以从几个具体的数字媒介技术来着手进行，比如虚拟现实的"虚拟感"、自拍技术的"美颜感"、网络游戏的"愉悦感"和网络社群的"集体感"等。人和物的共同演化，是一场纵横几千年的盛会，而个体每次的技术具身经验是他们生命之流的片段。围绕具身性，我们可进一步展开历时性的技术具身史研究，探讨"身体"在数字媒介科技史脉络中可能扮演的角色与演变过程，也可以考虑进行共时性技术具身实践的对比研究，在不同社会文化、不同区域范畴（城市和乡村）、不同社会阶级之中，哪些技术特性是与身体经验、身体感息息相关的。如果主体和客体的分歧来源于西方，而我们重新使用庄子的哲学去思考技术和人的关系，又会打开怎样的学术前景呢？这些研究视野拓展的不仅是"如何生活"（比如，如何选择特定网络技术）的问题，还是关于"如何存在"（比如，在更根本的层次上成为什么样的存在形式）的反思。本书对于网络社会身体部署的种种探问仅仅是一个开端，这个混杂多元、变动剧烈的生活世界需要的是更多的"理解"。

> 一股鲜活的气息在大海中喷涌，
> 修复我的灵魂……呼吸咸味的效用！
> 让我们奔向大海，在惊涛拍击后生还！
> 是的，壮阔的大海有如此放浪不羁的才华，
> 有着豹纹般的皮肤和多孔的披挂。
> 它筛取太阳千变万化的肖形，
> 桀骜的怪物在你蓝色的血肉中饮醉。
>
> ——Valery，1920

参考文献

巴尔尼,2012.网络社会的概念:科技、经济、政治与认同[M].黄守义,译.新北:韦伯文化国际出版有限公司.

巴洛,2004.网络空间独立宣言[J].赵晓力,译.互联网法律通讯,1(2):4.

彼得斯,2003.交流的无奈:传播思想史[M].何道宽,译.北京:华夏出版社.

博依德,2015.键盘参与时代来了[M].陈重亨,译.台北:时报文化出版社.

蔡铮云,2001.从现象学到后现代[M].台北:五南图书出版股份有限公司.

曹家荣,2012.理解移动电话:流动的媒介与日常生活[D].台北:台湾政治大学.

车致新,2019.媒介技术话语的谱系:基特勒思想研究[M].北京:北京大学出版社.

陈天虹,胡泳,2018.文化针灸模式的粉丝行动主义[J].新闻爱好者(8):30-32.

崔时英,2004.理性的仪式:文化、协调与共通认知[M].张慧芝,谢孝宗,译.台北:桂冠图书股份有限公司.

邓蕾,2016."重返"文化:青年研究未来发展的进路探寻——国内青少年文化研究前沿报告(2008—2015)[J].中国青年研究(1):84-89.

杜威,1990.民主主义与教育[M].王承绪,译.北京:人民教育出版社.

冯仕政,2013.西方社会运动理论研究[M].北京:中国人民大学出版社.

福柯,2001.词与物:人文科学考古学[M].莫伟民,译.上海:上海三联书店.

福柯,2016.自我技术:福柯文选Ⅲ[M].汪民安,编.北京:北京大学出版社.

格雷克,2013.信息简史[M].高博,译.北京:人民邮电出版社.

龚卓军,2006.身体部署:梅洛-庞蒂与现象学之后[M].台北:心灵工坊文化事业股份有限公司.

韩炳哲,2019.在群中:数字媒体时代的大众心理学[M].程巍,译.北京:中信出版集团.

黑格尔,1979.精神现象学(上卷)[M].贺麟,王玖兴,译.北京:商务印书馆.

黄旦,2012."传播"的想象:兼评中国内地传播学本土化之路径[M]//冯应谦,黄懿慧.华人传播想象.香港:香港中文大学出版社:75-99.

黄厚铭,林意仁,2013.流动的群聚:网络起哄的社会心理基础[J].新闻学研究,115:1-50.

黄上铨,2016.婉君你好吗? 给觉醒乡民的 PTT 进化史[M].新北:群学出版有限公司.

黄淑琳,2013.行礼如仪:探讨 Facebook 互动仪式链与互动策略[D].台北:台湾政治大学.

简妙如,1996.过度的阅听人:"迷"之初探[D].台北:台湾政治大学.

江飞,2017.场景研究:虚拟民族志的逻辑原点[J].学海(2):130-135.

卡夫卡,2014.给米莲娜的信[M].彤雅立,黄钰娟,译.上海:上海文艺出版社.

卡斯特,2001.信息时代三部曲:经济、社会与文化[M].夏铸九,王志弘,译.北京:社会科学文献出版社.

莱考夫,约翰逊,2015.我们赖以生存的隐喻[M].何文忠,译.杭州:浙江大学出版社.

勒布雷东,2010.人类身体史和现代性[M].王圆圆,译.上海:上海文艺出版社.

李满,2018.三流站姐回忆录:我的追星之路是如何走到尽头的[EB/OL].
　　(2018-12-06).https://www.thepaper.cn/newsDetail_forward_2712861.

梁永炽,梁靖雯,赵蒙旸,2014.新媒体与青少年研究[M]//洪浚浩.传播学
　　新趋势(上册).北京:清华大学出版社:433-458.

刘海龙,束开荣,2019.具身性与传播研究的身体观念——知觉现象学与认
　　知科学的视角[J].兰州大学学报,2:80-89.

刘汉波,2017.表情包文化:权力转换下的身体述情和身份建构[J].云南社
　　会科学(1):180-185.

刘慧雯,柯籈晏,2016.迈向厚数据:以"诠释型信息工具"进行意义分析的概
　　念基础[C].嘉义:2016台湾传播学会年会.

刘婷,张卓,2018.身体-媒介/技术:麦克卢汉思想被忽视的维度[J].新闻与
　　传播研究(5):47-69,127-128.

陆斗细,2018.围观式政治参与:中国网络参政的深层透视[D].长沙:湖南
　　师范大学.

陆晔,郭中实,2007.媒介素养的"赋权"作用:从人际沟通到媒介参与意向
　　[J].新闻学研究(92):1-36.

罗泽,2008.第二个和第三个身体,或者:成为一只蝙蝠或住在另一个星球上
　　会是什么情景[M]//克莱默尔.传媒、计算器、实在性.孙和平,译.北京:
　　中国社会科学出版社.

梅洛-庞蒂,2001.知觉现象学[M].姜志辉,译.北京:商务印书馆.

梅洛-庞蒂,2007.眼与心:身体现象学大师梅洛-庞蒂的最后书写[M].龚卓
　　军,译.台北:典藏艺术家庭股份有限公司.

倪梁康,1994.现象学及其效应:胡塞尔与当代德国哲学[M].北京:生活·
　　读书·新知三联书店.

潘忠党,刘于思,2017.访谈潘忠党:何以为"新"?"新媒体"话语中的权力陷
　　阱与研究者的理论自省[J].新闻与传播评论,春夏卷:2-19.

彭兰,2019.移动互联网时代的"现场"与"在场"[J].湖南师范大学社会科学学报(3):142-148.

企鹅智库数据中心,2017.95后报告:未来消费主力的今日喜好[R/OL].(2017-08-17). https://wj.qq.com/article/single-170.html.

施密茨,2012.身体与情感[M].庞学铨,冯芳,译.杭州:浙江大学出版社.

时昱,沈德赛,2018.当代中国青年社会参与现状、问题与路径分析[J].中国青年研究(5):5-38.

孙玮,2018.交流者的身体:传播与在场——意识主体、身体-主体、智能主体的演变[J].国际新闻界(12):83-103.

索罗维基,2010.群体的智慧:如何做出最聪明的决定[M].王宝泉,译.北京:中信出版集团.

索洛,兰吉尔,托米克,2006.电脑中介传播:人际互动与网际网路[M].谢光萍,吴怡萱,译.新北:韦伯文化国际出版有限公司.

特克尔,2014.群体性孤独:为什么我们对科技期待更多,对彼此却不能更亲密?[M].周逵,刘菁荆,译.杭州:浙江人民出版社.

汪民安,陈永国,2003.后身体:文化、权力和生命政治学[M].长春:吉林人民出版社.

王洪喆,李思闽,吴靖,2016.从"迷妹"到"小粉红":新媒介商业文化环境下的国族身份生产和动员机制研究[J].国际新闻界(11):33-53.

王宜燕,2012.阅听人研究实践转向理论初探[J].新闻学研究(113):39-75.

王喆,2016."今晚我们都是帝吧人":作为情感化游戏的网络民族主义[J].国际新闻界(11):56-71.

维利里奥,2004.解放的速度[M].陆元昶,译.南京:江苏人民出版社.

翁秀琪,2001.民意与大众传播研究的结合[M]//翁秀琪.大众传播理论与实证.2版.台北:三民书局:195-214.

吴畅畅,2018.偶像养成与粉丝经济的再度崛起[EB/OL].(2018-07-17).

https://www.sohu.com/a/241768258_232950.

吴志远,2018.离散的认同:网络社会中现代认同重构的技术逻辑[J].国际新闻界(11):112-134.

希林,2011.文化、技术与社会中的身体[M].李康,译.北京:北京大学出版社.

严宇鸣,2015.青年外来务工人员利益表达方式研究[J].青年研究(6):11-18.

杨国斌,2013.连线力:中国网民在行动[M].桂林:广西师范大学出版社.

詹金斯,2017.参与的胜利:网络时代的参与文化[M].高芳芳,译.杭州:浙江大学出版社.

张放,2017.想象的互动:网络人际传播中的印象形成[M].北京:北京大学出版社.

张惠萍,2003.因特网的隐喻分析:运用概念合成理论的初探性研究[D].台北:台湾政治大学.

张连海,2015.感官民族志:理论、实践与表征[J].民族研究(2):55-67.

张嫱,2010.粉丝力量大[M].北京:中国人民大学出版社.

郑长忠,李威利,2015.重建整体性的组织逻辑:新形势下的共青团团属社会组织发展研究[J].北京青年工作研究(3):47-52.

郑宇君,2016.社交媒体之双重性:人的联结与技术的联结[J].传播文化政治(4):1-25.

郑宇君,陈百龄,2016.探索线上公众即时参与网络化社运:以台湾"3·18"运动为例[J].传播研究与实践,6(1):117-150.

钟蔚文,2015.从行动到技能:迈向身体感[M]//余舜德.身体感的转向.台北:台湾大学出版中心:37-62.

朱丽丽,2016.网络迷群的社会动员与情感政治[J].南京社会科学(8):103-109.

朱丽丽，2018.数字青年：一种文化研究的新视角[M].南京：江苏人民出
　版社.

AGAMBEN G，2009. What is an apparatus? and other essays [M].
　Stanford：Stanford University.

ALAC M，2011. Handling digital brains：a laboratory study of
　multimodal semiotic interaction in the age of computers [M].
　Cambridge，MA：The MIT Press.

BALSAMO A，1995. Forms of technological embodiment：reading the
　body in contemporary culture [J]. Body & society，1(3/4)：215-237.

BANAJI S，2011. Disempowering by assumptions："digital natives" and
　the EU Civic Web Project [M]//THOMAS M. Deconstructing digital
　natives：young people，technology and the new literacies. New York：
　Routledge：49-66.

BAUMAN Z，2001. The individualized society [M]. Cambridge；
　Malden：Polity Press.

BECK　U，BECK-GERNSHEIM　E，2002. Individualization：
　institutionalized individualism and its social and political consequences
　[M]. London：SAGE.

BEER D，2009. Power through the algorithm? participatory web cultures
　and the technological unconscious [J]. New media society，11 (6)：985-
　1002.

BENFORD R D，SNOW D A，2000. Framing processes and social
　movements：an overview and assessment [J]. Annual review of
　sociology(26)：611-639.

BENNET W L，SEGERBERG A，2012. The logic of connective action
　[J]. Information，communication & society，15(5)：739-768.

BENNET W L, SEGERBERG A, 2013. The logic of connective action: digital media and personalization of contentious politics [M]. New York: Cambridge University Press.

BERRY D M, 2011. The computational turn: thinking about the digital humanities [J]. Cultural Machine(12): 1-22.

BERS M U, CHAU C, 2006. Fostering civic engagement by building a virtual city [J]. Journal of computer-mediated communication, 11(3): 748-770.

BEVIR M, 1999. Foucault, power, and institutions [J]. Political studies, 47(2): 345-359.

BLAIR L B, CLASTER P N, CLASTER S M, 2015. Technology and youth: growing up in a digital world [M]. Bingley: Emerald Group Publishing Limited.

BLUMER H, 1969. Collective behavior [M]//LEE A M. Principles of sociology. New York: Barnes & Noble: 67-121.

BOND R M, FARISS C J, JONES J J, et al., 2012. A 61-million-person experiment in social influence and political mobilization [J]. Nature, 489(7415): 295-298.

BOURDIEU P, 1977. Outline of a theory of practice [M]. Cambridge: Cambridge University Press.

BOURDIEU P, 1990. The logic of practice [M]. Cambridge: Polity Press.

BOYD D, 2011. Social network sites as networked publics: affordances, dynamics, and implications [M]//PAPACHARISSI Z. A networked self: identity, community and culture on social network sites. New York: Routledge: 39-58.

BOYD D，2014. It's complicated: the social lives of networked teens [M]. New Haven: Yale University Press.

BOYD D，ELLISON N，2007. Social network sites: definition, history, and scholarship [J]. Journal of computer-mediated communication, 13 (1): 11.

BRAIDOTTI R，1994. Nomadic subjects: embodiment and sexual difference in contemporary feminist theory [M]. New York: Columbia University Press.

BRUGGER N，2015. A brief history of Facebook as a media text: the development of an empty structure [J]. First Monday, 20(5): 1-20.

BRUNSTING S，POSTMES T，2002. Social movement participation in the digital age: predicting offline and online collective action [J]. Small group research(33): 525-554.

CAREY J，1989. Communication as culture: essays on media and society [M]. New York: Routledge.

CASTELLS M，2007. Communication, power and counter-power in the network society [J]. International journal of communication (1): 238-266.

CHARTRAND T L，BARGH J A，1999. The chameleon effect: the perception-behavior link and social interaction [J]. Journal of personality and social psychology, 76 (6): 893-910.

CHI E H，2008. The social web: research and opportunities [J]. Computer, 41(9): 88-91.

CLARK A，2007. Re-inventing ourselves: the plasticity of embodiment, sensing, and mind [J]. Journal of medicine and philosophy, 32(3): 263-282.

CORLETT W, 1989. Community without unity: a politics of Derridian extravagance [M]. Durham: Duke University Press.

COTE M, 2011. Technics and the human sensorium: rethinking media theory through the body [J]. Theory & event, 13(4): 12-14.

COULDRY N, 2003. Media rituals: a critical approach [M]. London: Routledge.

CROSSLEY N, 1995. Merleau-Ponty, the elusive body and carnal sociology [J]. Body and society, 1(1): 43-63.

CROSSLEY N, 2006. Reflexive embodiment in contemporary society [M]. Maidenhead: Open University Press.

CROSSLEY N, 2011. Towards relational sociology [M]. New York: Routledge.

CSORDAS T J, 1997. The sacred self: a cultural phenomenology of charismatic healing [M]. Berkeley: University of California Press.

CSORDAS T J, 1999. Embodiment and cultural phenomenology [M]// WEISS G, HARBER H F. Perspectives on embodiment: the intersections of nature and culture. New York: Routledge: 143-162.

DAFT R L, LENGEL R H, 1986. Organizational information requirement, media richness and structural determinants [J]. Management science, 32: 554-571.

DAHLGREN P, 2003. Net-activism and the emergence of global civic cultures [C]. The 16th Nordic Conference for Media and Communication Research, Kristiansand, Norway.

DAMON C, 2018. How behavior spreads: the science of complex contagions [M]. Princeton: Princeton University Press.

DAVIDSON C, 2011. Now you see it: how the brain science of attention will transform the way we live [M]. New York：Viking.

DECEMBER J，1997. Notes on defining of computer-mediated communication [J]. Computer-mediated communication，3(1)：1-14.

DELEUZE G，1992. What is a dispositive? [M]//ARMSTRONG T J. Michel Foucault，philosopher：essays translated from the French and German. New York：Harvester Wheatsheaf.

DEWEY J，1964. Impressions of Soviet Russia and the revolutionary world：Mexico，China，Turkey，1929 [M]. New York：Teachers College Press.

DEWEY J A，PACHERIE E，KNOBLICH G，2014. The phenomenology of controlling a moving object with another person [J]. Cognition，132：383-397.

DINGLI A，SEYCHELL D，2015. The new digital natives：cutting the chord [M]. Heidelberg：Springer.

DROTNER K，2005. Media on the move：personalised media and the transformation of publicness [M]//LIVINGSTONE S. Audiences and publics：when cultural engagement matters for the public sphere. Bristol：Intellect：187-212.

DUBROVSKY V K，1985. Real-time computer-mediated conferencing versus electronic mail [C]. Proceedings of the human factors society 29th annual meeting. Santa Monica：Human Factors Society.

DUBROVSKY V K，KIESLER S，SETHAN B N，1991. The equalization phenomenon：status effects in computer-mediated and face-to-face decision-making group [J]. Human computer interaction(6)：119-146.

DUNBAR R，1996. Grooming，gossip，and the evolution of language

[M]. Cambridge: Harvard University Press.

DURKHEIM E, 1984. The division of labor in society[M]. London: Macmillan.

EARL J, KIMPORT K, 2011. Digitally enabled social change: activism in the Internet age [M]. Cambridge: The MIT Press.

ELIAS N, DUNNING E, 1986. Quest for excitement: sport and leisure in the civilizing process [M]. Oxford: Basil Blackwell.

FANG K, REPNIKOVA M, 2017. Demystifying "little pink": the creation and evolution of a gendered label for nationalistic activists in China [J]. New media & society, 1-24.

FISKE S T, 2010. Social beings: core motives in social psychology [M]. Hoboken: Wiley.

FLORIDI L, 2011. The construction of personal identities online [J]. Minds and machines, 21(4): 477-79.

FOLEY J D, VAN DAM A, FEINER S K, et al. , 1990. Computer graphics: principles and practice [M] 2nd ed. Boston: Addison-Wesley Longman Publishing Company Inc.

FOUCAULT M, 1977. Language, counter-memory, practice: selected essays and interviews [M]. Bouchard, Ithaca: Cornell University Press.

FOUCAULT M, 1990. The history of sexuality: an introduction [M]. New York: Vintage Books.

FUSAR-POLI P, STANGHELLINI G M, 2009. Merleau-Ponty and the "embodied subjectivity" (1908 — 1961) [J]. Medical anthropology quarterly, 23(2): 91-93.

GALLAGHER S, 2014. Phenomenology and embodied cognition [M]//

SHAPIRO L. The Routledge handbook of embodied Cognition. New York：Routledge：9-18.

GAMSON W A，WOLFSFELD G，1993. Movements and media as interacting systems ［J］. The annals of the American academy of political and social science(528)：114-125.

GARDNER H，DAVIS K，2013. The App generation：how today's youth navigate identity，intimacy，and imagination in a digital world ［M］. New Haven：Yale University Press.

GARFINKEL H，1967. Studies in ethnomethodology ［M］. Englewood Cliffs：Prentice-Hall.

GEE J P，2008. Video games and embodiment ［J］. Games and Culture，3 (3/4)：253-263.

GEERTZ C，1973. The interpretation of cultures ［M］. New York：Basic Books.

GEERTZ C，1983. From the native's point of view：on the nature of anthropological understanding ［M］//GEERTZ C. Local knowledge：further essays in interpretive anthropology. New York：Basic books：55-70.

GIBSON J J，1979. The ecological approach to visual perception ［M］. Boston：Houghton Mifflin.

GIDDENS A，1991. Modernity and self-identity：self and society in the late modern age ［M］. Cambridge：Polity Press.

GOLDIN-MEADOW S，2003. Hearing gesture：how our hands help us think ［M］. Cambridge：Harvard University Press.

GRAU O，2003. Virtual art：from illusion to immersion ［M］. Cambridge：MIT Press.

GRIFFIN M, HERRMANN S, KITTLER F, 1996. Technologies of writing: interview with Friedrich A. Kittler [J]. New literary history, 27(4): 731-742.

GROSHEK J, AI-RAWI A, 2013. Public sentiment and critical framing in social media content during the 2012 U. S. presidential campaign [J]. Social science computer review, 31(5): 563-576.

HABERMAS J, 1984. The theory of communicative action [M]. Boston: Beacon Press.

HALBERSTAM J, LIVINGSTONE I, 1995. Posthuman bodies [M]. Bloomington: Indiana University Press.

HALL S, 1908. Adolescence [M]. London: Appleton.

HANSEN M B N, 2004. New philosophy for new media [M]. Cambridge: MIT Press.

HANSEN M B N, 2006. Bodies in code: interfaces with digital media [M]. New York: Routledge.

HARDT M, NEGRI A, 2004. Multitude: war and democracy in the age of empire [M]. New York: Penguin Group.

HART-BRINSON P, YANG G, AROLDI P, 2016. Techno-social generations and communication research [M]. NUSSBAUM J F. Communication across the life span. New York: Peter Lang: 91-106.

HAYLES C, 1999. How we became posthuman: virtual bodies in cybernetics, literature, and informatics [M]. Chicago: University of Chicago.

HEIDEGGER M, 1992. Parmenides [M]. Bloomington: Indiana University Press.

HERRING S C, 1996. Computer-mediated communication: linguistic, social, and cross-cultural perspectives [J]. Journal of the association for information science & technology, 50(9): 859-860.

HILTZ S R, TUROFF M, 1978. The network nation: human communication via computer [M]. Reading: Addison-Wesley.

HIRZALLA F, VAN ZOONEN L, 2011. Beyond the online/offline divide how youth's online and offline civic activities converge [J]. Social science computer review, 29(4): 481-498.

HOFFNER C A, LEE S, PARK S J, 2016. "I miss my mobile phone!": self-expansion via mobile phone and responses to phone loss [J]. New Media & Society, 18(11): 2452-2468.

HOMMEL B, MUSSELER J, ASCHERSLEBEN G, et al. 2001. The theory of event coding (TEC): a framework for perception and action planning [J]. Behavioral and brain sciences, 24: 849-937.

HUTCHINS E, 1991. The social organization of distributed cognition [M] //RESNICK L, LEVINE J, TEASLEY S. Perspectives on socially shared cognition. Washington: American Psychological Association: 283-307.

HUTCHINS E, 2010. Imagining the cognitive life of things [M]// MALAFOURIS L, RENFREW C. The cognitive life of things: recasting the boundaries of the mind. Cambridge: McDonald Archaeological Institute: 91-101.

IHDE D, 1979. Technics and praxis [M]. Boston: D. Reidel Publishing Cooperation.

IHDE D, 1983. Existential technics [M]. Albany: State University of New York Press.

IHDE D, 1990. Technology and the lifeworld: from garden to earth [M].

Bloomington: Indiana University Press.

IHDE D, 2002. Bodies in technology [M]. Minneapolis: University of Minnesota Press.

IHDE D, 2015. Acoustic technics [M]. Lanham: Lexington Books.

ILLOUZ E, 2007. Cold intimacies: the making of emotional capitalism [M]. Cambridge: Polity Press.

INNIS H, 1972. Empire and communications [M]. Toronto: University of Toronto Press.

JEFFERSON T, 1973. The teds: a political resurrection [C]. Discussion paper, Birmingham, UK: Centre for Contemporary Cultural Studies, University of Birmingham.

JENSEN J, 1992. Fandom as pathology: the consequences of characterization [M]//Lewis L. The adoring audience: fan culture and popular media. London: Routledge: 9-26.

JOHNSON M, 1987. The body in the mind: the bodily basis of meaning, reason and imagination [M]. Chicago: University of Chicago Press.

KIESLER S, 1986. The hidden messages in computer network [J]. Harvard business review(64): 46-54, 58-60.

KINSBOURNE M, JORDAN J S, 2009. Embodied anticipation: a neurodevelopmental interpretation [J]. Discourse processes, 46(2/3): 103-126.

KITTLER F, 1986. Grammophon, film, typewriter [M]. Berlin: Verlag Brinkman & Bose.

KITTLER F, 2009. Optical media [M]. Cambridge: Polity Press.

KNOBLICH G, BUTTERFILL S, SEBANZ N, 2011. Psychological research on joint action: theory and data [M]//ROSS B. The

psychology of learning and motivation. Burlington：Academic Press：
59-101.

KRUEGER M W，1993. An easy entry artificial reality ［M］.
WEXELBLAT A. Virtual reality：applications and explorations.
Cambridge：Academic Press Professional：147-162.

LAFRANCE J P，1996. Games and players in the electronic age：tools for
analyzing the use of video games by adults and children ［J］. The French
journal of communication，4(2)：101-132.

LASH S，2002. Critique of information ［M］. Thousand Oaks：SAGE.

LATOUR B，2005. Reassembling the social：an introduction to actor-
network-theory ［M］. Oxford：Oxford University Press.

LEUNG T L，2009. Users-generated content on the internet：an
examination of gratifications，civic engagement，and psychological
empowerment ［J］. New media & society，11(8)：1327-1347.

LEVINAS E，1985. Ethics and infinity ［M］. Pittsburgh：Duquesne
University Press.

LICOPPE C，2005. "Connected presence"：the emergence of a new
repertoire for managing social relationships in a changing
communication technoscape ［J］. Environment and planning D：society
and space(22)：135-156.

LOCK M，FARQUHAR J，2007. Beyond the body proper：reading the
anthropology of material life ［M］. Durham：Duke University Press.

LORENZ J，RAUHUT H，SCHWEITZER F，et al. 2011. How social
influence can undermine the wisdom of crowd effect ［C］. Proceedings of
the National Academy of Sciences of the United States of America，108
(22)：9020-2025.

MAFFESOLI M, 1996. The time of the tribes: the decline of individualism in mass society [M]. London: SAGE.

MAGEO J, 2011. Empathy and as if attachment in Samoa [M]// HOLLAN D W, THROOP C J. The anthropology of empathy: experiencing the lives of others in Pacific societies. New York: Berghahn Books: 69-94.

MAHRT M, SCHARKOW M, 2013. The value of big data in digital media research [J]. Journal of broadcasting & electronic media, 57(1): 20-33.

MANNHEIM K, 1952. The problem of generations [M]// KECSKEMETI P. Essays on the sociology of knowledge. London: Routledge and Kegan Paul: 276-320.

MANOVICH L, 2011. Trending: The promises and the challenges of big social media [EB/OL]. (2011-04-28). http://manovich. net/index. php/projects/trending-the-promises-and-the-challenges-of-big-social-data/64-article-2011. pdf.

MASON H, PATIL D J, 2015. Data driven: creating a data culture [M]. New York, NY: O'Reilly.

MASSUMI B, 2002. Parables for the virtual [M]. Durham: Duke University Press.

MAUSS M, 1973. Techniques of the body [M]. Economy and Society, 2(1):70-88.

MAYALL B, 2013. A History of the sociology of childhood [M]. London: Institute of Education Press.

MCADAM D, MCCARTYH J, ZALD M N, 1988. Social movements [M]//SMELSER N. Handbook of sociology. Newbury Park: SAGE.

MCCARTHY J, ZALD M N, 1977. Resource mobilization and social movements: a partial theory [J]. American journal of sociology, 82: 1212-1241.

MCGOWAN T, 2003. The end of dissatisfaction [M]. NewYork: State University of New York Press.

MCLUHAN M, 2001. Understanding media [M]. London: Routledge.

MCLUHAN M, FIORE Q, 1967. The medium is the message [M]. New York(123), 126-128.

MCNEIL D, 2005. Gesture and thought [M]. Chicago: University of Chicago Press.

MCPHAIL C, MILLER D, 1973. The assembling process: a theoretical and empirical examination [J]. American sociological review (38): 721-735.

MELUCCI A, 1989. Nomads of the present: social movements and individual needs in contemporary society [M]. London: Hutchinson Radius.

MELUCCI A, 1994. A strange kind of newness: what's "new" in new social movements? [M]// ARANA E, JOHNSTON H, GUSFIELD J R. New social movements: from ideology to identity. Philadelphia: Temple University Press: 101-130.

MELUCCI A, 1996. Challenging codes: collective action in the information age [M]. Cambridge, UK: Cambridge University Press.

MERAZ S, PAPACHARISSI Z, 2013. Networked gatekeeping and networked framing on # Egypt [J]. The international journal of press/politics, 18(2): 138-166.

MERLEAU-PONTY M, 1995. The visible and the invisible: followed by working notes [M]. Evanston: Northwestern University Press.

MEYROWITZ J, 2002. Media and behavior: a missing link [M]//MCQUAIL D. McQuail's reader in mass communication theory. London: SAGE: 99-112.

MILLER D, SLATER D, 2000. The internet: an ethnography [M]. Oxford: Berg Publishers.

MILNE E, 2010. Letters, postcards, email: technologies of presence [M]. London: Taylor & Francis.

NAPOLI A, 2014. Social media use and generational identity: issues and consequences on peer-to-peer and cross-generational relationships: an empirical study [J]. Journal of audience and reception studies, 11(2): 182-206.

NARVANEN A, NASMAN E, 2004. Childhood as generation or life phase? [J]. Young, 12 (1): 71-91.

NGUYEN D, ALEXANDER J, 1996. The coming of cyberspace time and the end of the polity [M]//SHIELDS R. Cultures of Internet. London: SAGE.

NORMAN D A, 1988. The design of everyday things [M]. London: MIT.

NORMAN D A, 2004. Emotional design: why we love (or hate) everyday things [M]. New York: Basic Books.

OBERSCHALL A, 1973. Social conflict and social movements [M]. Englewood Cliffs: Prentice-Hall.

OCHS E, CAPPS L, 1996. Narrating the self [J]. Annual review of anthropology, 25: 19-43.

OLSON M, 1965. The logic of collective action: public goods and the theory of groups [M]. Cambridge: Harvard University Press.

PALFREY J, GASSER U, 2008. Born digital: understanding the first generation of digital natives [M]. New York: Basic Books.

PAPACHARISSI Z, 2011. Conclusion: a networked self [M]// PAPACHARISSI Z. A networked self: identity, community and culture on social network sites. New York: Routledge: 304-318.

PARK R E, BURGESS E W, 1921. Introduction to the science of sociology [M]. Chicago: University of Chicago Press.

PEPPERELL R, 2003. The posthuman condition: consciousness beyond the brain [M]. Bristol: Intellect Books.

PETERS J D, 2015. The marvelous clouds: toward a philosophy of elemental media [M]. Chicago: The University of Chicago Press.

PORTER D, 1997. Internet culture [M]. New York: Routledge.

PRENSKY M, 2000. Digital game-based learning [M]. New York: McGraw-Hill.

PRENSKY M, 2011. Digital wisdom and homo sapiens digital [M]// THOMAS M. Deconstructing digital natives: young people, technology and the new literacies. New York: Routledge: 49-66.

RADWAY J, 1987. Reading the romance: women, patriarchy, and popular literature [M]. London: Verso.

RICE R E, LOVE G, 1987. Electronic emotion: socioemotional content in a computer-mediated network [J]. Communication research, 14: 85-108.

ROBINS K, 1995. Cyberspace and the world we live in [J]. Body and society, 1(3/4): 135-155.

ROGERS R, 2013. Digital methods [M]. Cambridge: The MIT Press.

ROMANYSHYN R D, 1989. Technology as symptom and dream [M]. London: Routledge.

ROSENBERGER R, 2009. The sudden experience of the computer [J]. AI and society, 24: 173-180.

ROSENBERGER R, VERBEEK P-P, 2015. A field guide to postphenomenology [M]//ROSENBERGER R, VERBEEK P-P. Postphenomenological investigations: essays on human-technology relations. Lanham: Lexington Books: 9-41.

RULE J, TILLY C, 1975. Political process in revolutionary France: 1830—1832 [M]//MERRIMAN J M. 1830 in France. New York: New Viewpoints: 41-85.

RUTTER D R, 1987. Communicating by telephone [M]. Oxford: Pergamon Press.

SANDERS J T, 1997. An ontology of affordances [J]. Ecological psychology, 9(1): 97-112.

SCHEGLOFF E, 1982. Discourse as an interactional achievement: some uses of "uh huh" and other things that come between sentences [M]// TANNEN D. Georgetown University roundtable on language and linguistics: analyzing discourse and talk. Washington, DC: Georgetown University Press: 71-93.

SCHMIDT R C, O'BRIEN B, 1997. Evaluating the dynamics of unintended interpersonal coordination [J]. Ecological psychology(9): 189-206.

SCHMIDT R C, RICHARDSON M J, 2008. Dynamics of interpersonal coordination [M]//FUCHS A, JIRSA V. Coordination: neural, behavioral and social dynamics. Berlin: Springer.

SCHUTZ A，1962. Collected papers Ⅰ：the problem of social reality [M]. The Hague：Matinus Nijhof.

SCHUTZ A，1967. The phenomenology of the social world[M]. Lehnert：Heinemann Educational Books.

SCHUTZ A，LUCKMAN T，1973. The structures of the life-world [M]. Evanston：Northwestern University Press.

SEARLE J，1990. Collective intentions and actions [M]//COHEN P，MORGAN J，POL-LACK M E. Intentions in communication. Cambridge：Bradford Books，MIT Press.

SENNETT R，1994. Flesh and stone [M]. London：Faber and Faber.

SERRES M，2015. Thumbelina：the culture and technology of millennials [M]. SMITH D W. London：Rowman & Littlefield International Ltd.

SHERIF M，1936. The psychology of social norms [M]. Oxford：Harper.

SHILLING C，1993. The body and social theory [M]. Newbury Park：Sage Publications.

SHNEIDERMAN B，1998. Designing the user interface：strategies for effective human-computer-interaction [M]. Reading：Addison Wesley Longman.

SILVERSTONE R，HIRSCH E，1992. Consuming technologies：media and information in domestic spaces [M]. London：Taylor & Francis.

SIMMEL G，1971. George Simmel on individuality and social forms [M]. Chicago：University of Chicago Press.

SMART P R，2012. The Web-extended mind [J]. Metaphilosophy，43 (4)：426-445.

SOLIMAN T，GLENBERG A M，2014. The embodiment of culture

[M]//SHAPIRO L. The Routledge handbook of embodied Cognition. New York: Routledge: 207-219.

SOMERS M R, 1993. Citizenship and the place of the public sphere: law, community, and political culture in the transition to democracy [J]. American sociological review(58): 587-620.

SPEARS R, LEA M, 1992. Social influence and the influence of the social in computer-mediated communication [M]. Hertfordshire: Harvester Wheatsheaf.

SPROULL L, KIESLER S, 1986. Reducing social context cues: electronic email in organizational communication [J]. Management science(32): 1492-1512.

STEELCASE, 2013. Global posture study [EB/OL]. (2013-06-20). https://www.steelcase.com/content/uploads/2019/05/global-posture-study.pdf

STERELNY K, 2003. Thought in a hostile world: the evolution of human cognition [M]. Oxford: Blackwell.

STIEGLER B, 1998. Technics and time 1 [M]. Stanford: Stanford University Press.

SUBRAHMANYAM K, SMAHEL D, 2011. Digital youth: the role of media in development [M]. Berlin: Springer.

SUCHMAN L S, 2007. Human-machine reconfigurations: plans and situated actions [M]. 2nd ed. Cambridge: Cambridge University Press.

SUSI T, 2014. Embodied interaction, coordination and reasoning in computer gameplay [M]//SHAPIRO L. The Routledge handbook of embodied cognition. New York: Routledge: 184-194.

TAPSCOTT D, 2009. Grown up digital: how the net generation is changing your world [M]. New York: McGraw-Hill.

TAYLOR C, 1971. Interpretation and the sciences of man [J]. The review of metaphysics, 25(1): 3-51.

THOMPSON E, 2007. Mind in life: biology, phenomenology, and the sciences of mind [M]. Cambridge: Belknap Press of Harvard University Press.

TILLY C, 1979. Repetoires of contention in America and Britain, 1750-1830 [M]//ZALD M N, MCCARTHY J D. The dynamics of social movements: resource mobilization, social control, and tactics. Cambridge: Winthrop Publishers: 126-155.

TRIER-BIENIEK A, 2015. Feminist theory and pop culture [M]. Rotterdam: Sense Publishers.

TROTTER W, 1917. Instincts of the herd in peace and war [M]. New York: Macmillan.

TURNER F, 2006. From counterculture to cyberculture: Stewart Brand, the Whole Earth Network, and the rise of digital utopianism [M]. Chicago: University of Chicago Press.

URRY J, 2000. Mobile sociology [J]. British journal of sociology, 51(1): 185-203.

VAN DIJCK J, 2013. The culture of connectivity: a critical history of social media [M]. New York: Oxford University Press.

VAN ULZEN N R, LAMOTH C J, DAFFERSHOFER A, et al., 2008. Characteristics of instructed and uninstructed interpersonal coordination while walking in pairs [J]. Neuroscience letters(432): 88-93.

VERBEEK P-P, 2011. Moralizing technology: understanding and designing the morality of things [M]. Chicago: University of Chicago

Press.

VESPER C, BUTTERFILL S, KNOBLICH G, et al. , 2010. A minimal architecture for joint action [J]. Neural networks(23): 998-1003.

WALTHER J B, 1992. Interpersonal effects in computer-mediated interaction: a relational perspective [J]. Communication research, 19 (1): 52-90.

WESTERMAN D, SPENCE P R, VAN DER HEIDE B, 2012. A social network as information: the effect of system generated reports of connectedness on credibility on Twitter [J]. Computers in human behavior(28): 199-206.

WOLPERT D M, DOYA K, KAWATO M, 2003. A unifying computational framework for motor control and social interaction [J]. Philosophical transactions of the royal society(358): 593-602.

WU A X, 2014. The shared pasts of solitary readers in China: connecting web use and changing political understanding through reading histories [J]. Media, culture & society, 36(8): 1168-1185.

ZAHAVI D, 2003. Husserl's phenomenology [M]. Stanford: Stanford University Press.

附　　录

附录 1　《深度访谈知情同意书》

尊敬的受访者：

您好！

我是"网络社会具身联结性行动"的研究者。我邀请您参加访谈，以积累研究资料，随后的研究则是根据您和其他受访者提供的资料分析网络行动中的行为模式及具身经验。

一、简要介绍

访谈者将对您进行最多三次访谈，每次 1 小时，间隔一周左右。在访谈期间会对您使用数码和媒介技术的行为进行录像，并收集相关的在线数据；访谈以您介绍为主，访谈者负责把握方向。内容主要包括：①您日常生活中使用数码技术和数字媒介的习惯；②您的网络社群关系和网络行动参与经验；③您在网络行动中的自我意识和集体意识。

二、风险

您在受访过程中的言行将被详细记录；访谈者会录制您使用数码和媒介技术的行为；访谈者会要求您提供与访谈内容相关的在线数据；访谈者可能会在提问中涉及较为敏感的问题；过长的访谈可能会占据您的宝贵时间。

三、权利

1. 您可以完全自愿地选择是否参加本次访谈，您在访谈中随时可以中断参与，同时有权拒绝回答访谈者的问题。

2. 成文报告将请您过目，您认为不合适的地方我们会无条件修改或删除。

3. 您拥有绝对隐私权，包括要求身份保密而不被泄露的权利。我们会避免列示访谈地点或受访者名称。

四、收益

您将获得 100 元现金或等价 100 元的生活物品。

五、记录的保密性

1. 对于您的访谈和影像记录，除研究小组外，只有您自己才能看到。

2. 对于您的访谈录音和影像记录，转录工作完全由研究小组独立完成，转录文稿由研究小组直接拥有和保存，并在两年后销毁或根据您的要求归还于您。

六、发布

研究报告将基本尊重受访者原话式的表述，研究结果将在学术研讨中广泛交流，并在研究者日后的论文、著作中进行引用。

七、联系信息

如果受访者仍有疑问，可向我们进行咨询。

研究负责人：王喆

浙江省杭州市下沙高教园区学源街 998 号浙江传媒学院

邮箱：thethe. wang@foxmail. com

是 / 否　　我的访谈记录、影像数据和相关在线数据可以为此研究所使用。

协议：通过您的签名，您就同意参加这次研究。您将收到一份知情同意书的复印件。

受访者签名：

日　期：

我亲自向受访者说明了这次研究，并回答了所有问题，我相信，他 / 她理解了在这份同意书中描述的信息，并自由地表示同意参加。

访谈者签名：

日　期：

附录 2　受访者基本情况介绍

昵称	性别	年龄	教育程度	基本情况介绍
Tuling	女	27 岁	研究生	白宇粉丝站子的"站姐"
梅子	女	22 岁	本科	有 10 年《英雄联盟》游戏经验
阿 K	男	27 岁	研究生	高中 3 年级开始打游戏,喜欢玩《穿越火线》
奇宗	男	21 岁	本科	抖音网红,10 岁时开始拍短视频
二师兄	男	27 岁	本科	"杨超越杯编程大赛"主要负责人之一,在北京事业单位工作
折丝	男	23 岁	高中	杨超越百度贴吧吧主,"杨超越杯编程大赛"主要负责人之一,在北京娱乐公司工作
十字伤	男	33 岁	本科	"杨超越杯编程大赛"宣传组负责人,公务员
子奇	男	20 岁	本科	"杨超越杯编程大赛"采编
小新	男	22 岁	研究生	"杨超越杯编程大赛"参赛队伍队长,专业方向为自然语言处理
G-World	男	21 岁	研究生	"杨超越杯编程大赛"参赛队伍队长,专业方向为机器学习
阿达	男	30 岁	本科	"杨超越杯编程大赛"参赛队伍队长,尝试少儿编程教育的创业
塔塔	女	19 岁	本科	"杨超越杯编程大赛"参赛队伍画手,在海外就读插画专业
吉依	女	23 岁	本科	"杨超越杯编程大赛"参赛队伍队员

索　引

后　记

在 2016 年拟想"网络社会的身体部署"这个题目时，我万万想不到整个社会在一次席卷全球的疫情中进一步网络化，而自己也将在"云答辩"中结束这六年的负笈之途。毕业典礼自然也是身不能至，同时还埋首于此书付梓，我在繁体、简体和格式的转换中焦头烂额。我在毕业的欣喜之余也多了一丝怅然，不知何日能再切身重温美丽岛的情怀。

于是，这份后记或许将是一份长情的告白。在阅读前辈们学位论文的后记时，在撰写论文的各个章节时，我曾无数次幻想自己写后记时的欢欣和动情，但此时深吸一口气，竟不知该从何处下笔又如何收笔。也许是因为这奔波于台湾和大陆的六年博士生涯过于漫长曲折，又或许是因为有着太多值得铭记的人与事，我无法一一道来。

首先，要特别感谢我在台湾政治大学的指导教授陈百龄老师。陈百龄老师在收我入门前，曾问我觉得博士论文应该达到什么样的要求。无疑，他所希望看到的是一篇在认识论或方法论上有所建树的论文。这种无形的压力，以及老师一字一句地用心修订，都让我在每一个想要放弃的时刻挣扎着扛了过去，也在论文的不完美中看到了自身的局限性。感谢组委会的师长们，翁秀琪老师、吴筱玫老师、张玉佩老师、郑宇君老师、林日璇老师给我提供了种种宝贵意见和鼓励。感谢钟蔚文老师、臧国仁老师、徐美苓老师、方孝谦老师、冯建三老师、孙秀蕙老师、苏蘅老师、孙式文老师、方念萱老师、柯裕棻老师、黄厚铭老师和郑力轩老师,以及香港中文大学的陈韬文老师、罗文辉老师和邱林川老师,各位老师在课内课外给了我指导与建议,他们的教学和品格给了我丰富的学术滋养。

本研究曾经在 2017 年"全球数码文化:消费连接纷争"第九届浙江大学国际前沿传播理论与研究方法高级研修班上进行了最初的汇报,也在 2019年南京大学"媒介中国研究百人会"和中国人民大学"具身传播研究工作坊"上进行了阶段性报告,感谢潘忠党老师、杨国斌老师、吴飞老师、陈卫星老师、刘海龙老师、孙玮老师、夏可君老师的建议和支持,让我有力量继续前行。

然后感谢博士班的同伴们,指南山中的时光如此珍贵,只要重聚,我们依然有书可读。还要感谢我在浙江传媒学院的同事们,用"铁人三项"替我消解了那么多焦虑和躁郁。

最后,也是最重要的,感谢一直伴我同行的家人,感谢你们支持我在半半未满一岁时离家去读博,并一直是我最坚强最温柔的后盾,让我坚持走完了这段路程。谢谢半半和匠宝,你们总是在我写论文时跑来坐在我腿上,虽然你们对计算机的兴趣明显大于我的论文,我好想知道你们会变成什么样的数字少年。感谢化腐朽为神奇的鹿先生,千言万语,这本书从有了第一个字开始就是要献给你的。

一杯看剑气,二杯生分别,三杯上马去。

王 喆

2021 年 3 月 1 日